KB065268

환율의 이해와 예측
개정판

이승호 지음

환율의 이해와 예측

저자_ 이승호

초판 1쇄 인쇄_ 2012. 02. 24
초판 4쇄 발행_ 2018. 12. 06
개정판 1쇄 인쇄_ 2020. 09. 15
개정판 1쇄 발행_ 2020. 09. 25
        2쇄 발행_ 2021. 11. 29

발행처_ 삶과지식
발행인_ 김미화
편집_ 김선옥
디자인_ 다인디자인(E. S. Park)

등록번호_ 제2010-000048호
등록일자_ 2010. 8. 23.

주소_ 서울특별시 강서구 강서로47길 108
전화_ 02)2667-7447
이메일_ dove0723@naver.com

ⓒ 2021 이승호

ISBN 979-11-85324-50-0 93320

• 이 책은 저작권법에 따라 보호받는 저작물이므로 무단전재와 무단복제를 금합니다.
• 이 책의 내용 일부 또는 전부를 이용하려면 반드시 저작권자와 삶과지식의 서면 동의를
  받아야 합니다.
• 잘못된 책은 구입처에서 교환해 드립니다.

존경하는 부모님께 이 책을 바칩니다.

Contents

제2부 거시경제정책과 환율

제4장 물가와 환율

제5장 통화정책과 환율

제6장 재정정책과 환율

제3부 환율제도와 환율정책

제7장 환율제도

제8장 균형환율

제9장 외환시장개입

제4부 외환위기와 정책대응

제10장 외환 · 금융위기와 환율

사례 차례

참고 차례

　환율은 우리나라 경제의 발전과정과 더불어 줄곧 국가경제와 경제주체들에게 광범위한 영향을 미쳐왔다. 전통적으로 높은 수출의존형 경제구조로 인해 원화환율의 가파른 하락은 기업의 수출경쟁력과 수익성을 떨어뜨리고 나아가 경제성장을 저해하는 요인으로 인식되고 있다. 반면 1997년 외환위기와 2008년 글로벌 금융위기시와 같이 환율의 급등은 금융시장의 변동성 확대와 실물경제의 급격한 위축을 초래하고 우리 경제주체들에게 위기에 대한 트라우마를 안겨주기도 하였다. 변동환율제도를 채택하고 있는 우리나라에서 환율은 가격조절기능을 통해 경제의 안정화에 기여하는 순기능에도 불구하고 단기간내 급격한 환율변동은 수출경쟁력 유지와 금융안정이라는 두 가지 정책목표의 달성을 어렵게 하는 주된 요인이 되어 왔다.

　글로벌 금융위기 이후 10여년 동안 우리 경제는 대외부문의 체질 개선과 위기대응력이 강화되는 긍정적 구조변화가 나타나고 있다. 특히 국내 인구구조의 고령화와 저금리 기조가 지속되는 가운데 큰 폭의 경상수지 흑자기조의 정착과 대외증권투자의 증가로 우리나라는 대외금융자산이 부채보다 많은 순대외채권국의 지위를 갖게 되었다. 이러한 변화는 과거 외자의 안정적 조달이 주된 과제이던 외환부족의 시대에서 벗어나 향후 대외국부자산의 효율적 운영이 매우 중요한 과제가 되고 있음을 의미한다. 따라서 환율은 수출경쟁력과 금융안정 목표 못지않게 향후 우리나라의 대외증권투자의 증가에 따른 수익률 제고와 위험관리의 핵심변수의 하나로서 그 중요성이 커질 것으로 생각된다.

　이런 점에서 환율에 대한 체계적인 이해와 합리적인 예측은 앞으로도 우리 경제주체들에게 매우 중요한 과제라 하겠으나 이는 쉽지 않은 과제이다. 환율에 영향을 미치는 대내외 요인들은 매우 다양하며 이론적인 연구들이 실제 시장가격에 일관되게 나타나지 않는 경우도 많다. 외환시장에는 환율의 상승요인과 하락요인이 항상 혼재되어 있고 장기적인 요인과 단기적인 요인이 서로 복잡하게 얽혀 있다. 또한 나라마다 특정 요인이 환율에 미치는 요인이 다르고 한 나라에 있어서도 시기별로 그 영향이 차이를 보이기도 한다. 국제금융시장의 불확실성이 커지면 투자자들의 위험선호 심리가 변하면서 환율의 결정이 비합리적으로 이루어지기도 한다.

더욱이 글로벌 금융위기 이후 대내외 경제의 불확실성 증가는 환율예측을 더욱 어렵게 하고 있다. 미국 등 선진국의 양적완화와 같은 비전통적 통화정책의 시행과 이의 정상화 과정에서 국제자본이동이 확대된 결과 신흥국 환율의 변동성이 커진 바 있다. 글로벌 경제의 저성장 및 저금리 시대가 이미 뉴노멀(new normal)로 받아들여지고 있으며 미국과 중국 간의 무역갈등과 같은 비경제적 요인도 가세하면서 환율예측의 불확실성을 더하고 있다. 최근에는 코로나(COVID-19) 위기의 장기화로 글로벌 경제의 위축이 지속되고 금융환경도 과거와는 다른 양상을 보이고 있다.

환율에 대한 이해의 폭을 넓히고 합리적인 예측을 위해서는 우선 다양한 환율변동 요인들에 대한 체계적인 이해의 바탕위에 실제 각국의 사례를 접목함으로써 종합적인 직관력을 갖추는 것이 무엇보다 중요하다. 본 개정판에서는 환율에 영향을 미치는 다양한 요인들을 체계적으로 설명하고자 하였으며 초판에서 다루지 못한 부분을 보완하여 책의 구성을 총4부 12장으로 확대하였다. 환율에 관한 각 주제들을 기술함에 있어 환율이론에 바탕을 두되 주요국의 현실감 있는 사례를 풍부하게 소개함으로써 환율이론과 현실간의 괴리를 좁혀 환율에 관한 독자들의 이해를 돕고자 하였다.

아무쪼록 우리나라 금융기관 종사자, 기업의 외환담당자, 정책당국 및 환율에 관심이 있는 일반인 등 많은 경제주체들이 환율에 대한 이해와 예측을 통해 환율변동에 따른 두려움을 극복하고 글로벌 경제의 불확실성을 헤쳐 나가는 데 이 책이 도움이 되기를 바란다.

2020년 9월
저자 이승호

제1부 외환시장과 국제수지

제1장
외환시장과 환율

The motives for currency exchange have expanded over the centuries originally from trading in goods and services to include speculation, hedgings and arbitrages.

- Michael R. King, 2012

개 요

외환시장이란 서로 다른 두 통화간에 매매가 일어나는 시장으로 두 통화간의 매매시 적용되는 교환비율이 환율이다. 환율을 정확하게 이해하고 예측하기 위해서는 외환시장의 구조와 거래메커니즘에 대해 살펴볼 필요가 있다. 이 장에서는 외환시장의 의의 및 특징과 시장구조, 거래유형 등을 살펴보고 글로벌 및 우리나라 외환시장 현황을 소개하였다. 아울러 외환시장에서 환율이 결정되는 과정과 장단기 변동요인에 대해 개괄적으로 설명하였다.

외환시장은 두 통화간의 매매가 일어나는 시장

개방경제하에 있는 전 세계 대부분의 나라에서 과거보다 국제 무역이나 서비스 거래는 물론 다양한 형태의 금융거래가 확대되면서 대외거래를 위한 외환foreign exchange의 매매 필요성이 커져왔다. 국가간 또는 국경간 실물 및 금융 거래를 위해서는 주로 미달러화와 같이 국제적으로 널리 통용되는 외환을 필요로 하기 때문이다.

대외거래에서 외환매매가 일어나는 예는 매우 다양하고 광범위하다. 개인이 해외여행을 가는 경우 자국통화를 현지통화로 교환하여야 하며 수출기업이 미달러화로 벌어들인 수출대금은 궁극적으로 국내에서 자국통화로 환전하여 사용하게 되므로 외환시장에서 두 통화간의 매매가 발생한다. 금융거래의 경우에도 해외기업을 인수하는 직접투자나 해외 주식시장에 투자하는 증권투자는 물론 해외 부동산을 구입하는 경우에도 모두 현지통화나 국제적으로 통용되는 외환을 필요로 하게 된다. 또한 외국인이 우리나라의 주식이나 국채를 매입하는 경우에도 외환을 우리나라 원화로 환전한 후 이를 이용하여 투자하여야 하므로 반드시 외환시장 foreign exchange market 을 거치게 된다.

이처럼 한 나라의 경제주체가 국가간 경제활동을 영위하기 위해서는 필연적으로 서로 다른 두 통화간에 매매가 발생하는데 이 과정에서 두 통화간의 매매 장소 또는 거래메커니즘을 외환시장이라고 할 수 있다. 또한 환율 exchange rate 은 외환시장에서 두 통화간 매매가 일어나는 경우에 적용되는 교환비율로서 두 통화의 상대적 가격을 나타낸다.

외환시장은 다른 금융시장과 비교하여 다음과 같은 특징이 있다. 첫째, 외환시장은 주식시장이나 파생상품시장 등 다른 금융시장에 비해 거래규모가 훨씬 크다. 국제결제은행이 조사한 전 세계 일평균 외환거래 규모 daily turnover 는 2016년의 경우 약 5조달러로 뉴욕증권시장의 일평균 거래규모의 약 170배에 달한다.[1] 이는 국경간 무역 및 금융거래가 과거 수십 년간 비약적으로 확대됨에 따라 대외거래를 위해 필수적인 외환거래의 규모도 그만큼 같이 증가해온 데 따른 것이다.

둘째, 외환시장은 범세계적 시장으로서 24시간 거래가 연속되는 속성을 갖는다. 세계 주요 금융중심지인 뉴욕, 동경, 런던 등의 외환시장이 시차를 두고 연속적으로 개장되기 때문이다. 예를 들면 뉴욕외환시장에서 미달러화와 엔화 등 특정 두 통화간 거래가 종료되기 전에 동경외환시장에서 이들 통화의 거래가 개시되며 다시 런던외환시장을 거쳐 다음날 아침 뉴욕 외환시장에서의 거래로 이어진다. 따라서 세계 주요 외환시장에서 결정되는 환율은 전 세계적으로 연속되는 속성을 갖고 있다.

---

1 국제결제은행 BIS 은 매 3년마다 「외환 및 장외파생상품 시장조사 Triennial Central Bank Survey of Foreign Exchange and Derivatives Market Activity」 보고서를 발표하고 있다.

아래의 <그림 1-1>은 전 세계 주요 외환시장의 시차와 일평균 거래량을 나타낸다. 이중 런던외환시장의 일평균 거래규모가 2017년 기준 2조 3,800억달러에 달하여 독보적인 위치를 유지하고 있으며 뉴욕외환시장이 그 다음으로 큰 규모를 나타내고 있다.

그림 1-1   전 세계 주요 외환시장의 시차 및 규모

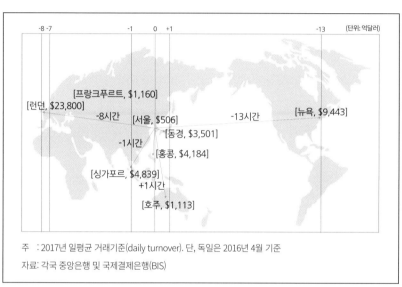

주 : 2017년 일평균 거래기준(daily turnover). 단, 독일은 2016년 4월 기준
자료: 각국 중앙은행 및 국제결제은행(BIS)

셋째, 외환시장에서의 거래는 주로 장외거래OTC: over-the counter의 성격을 갖는다. 장외거래란 외환거래의 주된 창구 역할을 하는 은행의 거래카운터에 개별 고객이 외환매매를 요구하는 경우 은행이 거래상대방의 제시가격이나 신용도 등을 감안하여 개별적으로 거래가격을 결정함을 의미한다. 통상 은행은 외환거래의 고객이라 할 수 있는 기업이나 개인의 신용도 차이 등을 감안하여 차별적으로 환율을 적용한다는 점에서 거래소exchanges를 통해 참여하는 주식시장 거래와 구별된다. 즉 거래소를 통한 주

식거래의 경우 상대적으로 보다 엄격히 정해진 거래메커니즘을 많은 참가자들이 동일하게 적용받는 반면 외환시장 거래는 고객의 신용도 등 개별적인 특성을 바탕으로 이루어진다.

넷째, 외환시장은 매우 효율적인 시장이다. 외환시장에서 형성되는 가격인 환율은 각 시장간에 괴리가 발생하는 경우 신속히 조정된다. 예를 들어 뉴욕외환시장과 동경외환시장에서 형성된 엔/달러환율이 차이가 나는 경우 외환거래자들은 한 시장에서 상대적으로 더 싼 통화를 매입하여 다른 시장에서 파는 차익거래를 통해 이익을 얻을 수 있다. 이러한 두 통화간 차익거래는 두 시장에서의 환율이 거의 동일한 수준이 될 때까지 계속된다. 최근에는 전산거래기법의 발달과 프로그램매매 비중이 높아지면서 두 시장간 환율이 조금만 차이가 나도 거래가 신속히 이루어짐으로써 시장의 효율성이 더욱 높아지고 있다.

다섯째, 글로벌 외환시장에서는 미달러화, 유로화, 엔화 등 3대 통화의 비중이 매우 높다. 국제결제은행의 조사에 따르면 전 세계 외환거래에서 이들 3대 통화의 거래비중은 약 70%에 달한다. 이는 글로벌 외환시장에서 통화가 갖는 가치의 척도unit of account, 교환의 매개medium of exchange, 가치저장store of value 수단으로서의 기본적인 기능을 충족하여 국제 무역결제, 해외채권 발행, 외환보유액 구성 등에 실제 활용되는 통화는 이들 3대 통화에 집중되고 있기 때문이다.[2] 우리나라의 경우에도 무역거래의 대부분이 미달러화로 결제되고 있다. 그 밖에 외환거래 비중이 큰 국제통화로는 영국 파운드화, 호주 달러화 등을 예로 들 수 있다. 아래의 <표 1-1>은 전 세계 주요 통화별 외환거래 비중을 나타낸다.

---

2 국제통화의 의의 및 기능에 대해서는 <참고 1-1>에서 자세히 설명하였다.

표 1-1　　　　　　　　　주요 통화별 외환거래 비중

(단위: %)

순위	통화	2007	2010	2013	2016	2019
1	미국 달러화	85.6	84.9	87.0	87.6	88.3
2	유럽연합 유로화	37.0	39.0	33.4	31.4	32.3
3	일본 엔화	17.2	19.0	23.0	21.6	16.8
4	영국 파운드화	14.9	12.9	11.8	12.8	12.8
5	호주 달러화	6.6	7.6	8.6	6.9	6.8
6	캐나다 달러화	4.3	5.3	4.6	5.1	5.0
7	스위스 프랑화	6.8	6.3	5.2	4.8	5.0
8	중국 위안화	0.5	0.9	2.2	4.0	4.3
9	홍콩 달러화	2.7	2.4	1.4	1.7	3.5
10	뉴질랜드 달러화	1.9	1.6	2.0	2.1	2.1
11	스웨덴 크로나화	2.7	2.2	1.8	2.2	2.0
12	한국 원화	1.2	1.5	1.2	1.7	2.0
13	싱가포르 달러화	1.2	1.4	1.4	1.8	1.8
14	노르웨이 크로네화	2.1	1.3	1.4	1.7	1.8
15	멕시코 페소화	1.3	1.3	2.5	1.9	1.7
16	인도 루피화	0.7	0.9	1.0	1.1	1.7
17	러시아 루블화	0.7	0.9	1.6	1.1	1.1
18	남아공 랜드화	0.9	0.7	1.1	1.0	1.1
19	터키 리라화	0.2	0.7	1.3	1.4	1.1
20	브라질 헤알화	0.4	0.7	1.1	1.0	1.1
	기타	11.1	8.5	6.4	7.1	7.7
합계		200.0	200.0	200.0	200.0	200.0

주 : 1) 각 연도 4월중 일평균 기준

　　 2) 순위는 2019년 기준

　　 3) 외환거래시 양방향의 통화를 합산하였으므로 전체 합계는 200%로 표시되며 조사대상 금융기관간 거래는
　　　 제외한 수치임

자료: 국제결제은행

일반적으로 통화 국제화란 한 나라 통화가 거주자와 비거주자
간의 거래는 물론 비거주자간 거래에서도 자유롭게 사용됨으로써
그 나라 통화의 사용범위가 해외로 확대되는 것을 의미한다(Peter
Kenen, 1983). 이는 미달러화와 같이 전 세계 통화의 환율산정 기
준이 되는 기축통화^{vehicle currency}보다 광의의 개념이라 할 수 있다.

통화 국제화가 진전되는 경우 그 나라 통화가 화폐로서 갖는 계
산단위, 결제수단 및 가치저장의 기능이 국내에서 국제적으로 확대
된다. 여기서 계산단위라 함은 무역 및 국제금융거래에서 한 나라
의 통화가 계산의 단위로서 표시됨을 의미하며 결제수단이란 민간
부문의 대외거래에서 실제 지급 및 결제가 그 나라의 통화로 이루어
지거나 외환당국의 외환시장개입시 매매통화로 사용됨을 말한다.
또한 가치저장 수단이란 통화의 대체^{currency substitution}수단으로 기능
하면서 예금, 대출, 채권발행 등에 사용되거나 주요국 외환보유액의
구성통화로 활용되는 경우를 말한다.

국제통화의 기능

기 능	민간 부문	공공 부문
계 산 단 위	무역거래·국제금융 거래의 표시단위통화	환율표시통화 또는 환율 페그시 기준통화
지급·결제수단	무역대금결제·대외채무 상환 수단이 되는 통화	외환시장개입 통화
가치저장수단	예금, 대출, 채권발행 등에 사용되는 통화	외환보유액 구성통화

자료: Kenen, P.B.(1983)

외환시장은 은행간시장 및 대고객시장으로 구성

외환시장에 참가하는 경제주체들은 은행은 물론 은행과 거래하는 다양한 고객들이라 할 수 있는데 이에는 기업, 비은행금융기관, 개인, 정부, 외국인 등을 모두 포함한다. 이러한 거래주체별 구분에 따라 외환시장을 나누어 보면 크게 은행들간에 외환매매가 이루어지는 은행간시장interbank market과 은행과 고객간에 외환매매가 이루어지는 대고객시장customer market으로 구분할 수 있다.[3]

그림 1-2   외환시장의 구조

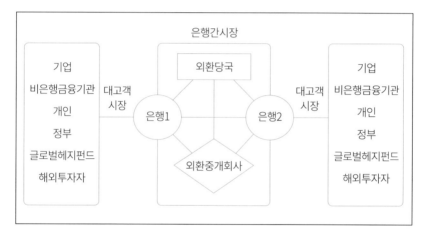

◆ 은행간시장

은행간시장은 외환시장에 참가하는 은행들간에 통상 거액의 금액이 거래되는 일종의 도매시장으로서 외환시장의 중추적인 역할을 담당한다.

---

3 최근에는 대고객시장을 세분하여 비은행금융기관과 기업, 개인 등 비금융고객으로 구분하기도 한다. 이에 관해서는 <사례 1-2>를 참조하기 바란다.

또한 은행간시장은 국내 외환시장과 국제금융시장을 연결하는 기능을 수행한다. 통상 우리가 대중매체 등을 통해 접하는 환율은 은행간시장에서 결정되는 환율을 의미하며 은행들이 대고객 거래를 할 때는 실시간 변동하는 은행간 환율을 기준으로 대고객 환율을 결정한다.

　은행간시장이 외환시장의 중심적인 기능을 하는 것은 은행이 전통적으로 다음과 같은 외환거래 동기를 가지고 있기 때문이다. 첫째, 은행은 수출입기업 등 주요 고객의 외환거래 주문^{order}을 처리하는 역할을 담당한다. 예를 들어 한 수출기업이 자신의 주거래 은행에 대해 수출로 벌어들인 미달러화를 매도하는 경우 은행은 수출기업이 지정한 환율을 이용하여 은행간시장에서 외환을 매도하고 수출기업에 원화를 지급하게 된다. 이러한 외환거래의 결과 은행은 원화자산이 줄어드는 동시에 외화자산이 늘어나면서 환리스크를 부담하게 된다. 은행은 수출입 기업 이외에도 다양한 고객의 외환거래 주문에 따라 은행간시장에서 매매를 수행한다.

　둘째, 은행은 대고객 거래의 결과 보유하게 된 외환에 대해 환리스크를 회피^{hedging}하거나 적극적인 외환매매를 통해 차익을 추구^{speculation}하며 이 과정에서 은행간시장을 통해 연쇄적인 거래가 발생한다. 예를 들어 수출기업과의 외환거래를 통해 외화자산이 늘어난 은행의 경우 환율이 하락하면 외화자산에 대한 평가손실이 발생하므로 은행간시장에서 외환을 매도하여 환리스크를 줄이려고 한다.[4] 또한 은행들은 환율예측을 바탕으로 자기계산으로 적극적으로 외환거래를 함으로써 매매차익을 추구하기도 하는데 만약 은행이 향후 환율이 상승(하락)할 것으로 전망하는 경우 은행간시장에서 외환을 매입(매도)하여 환율변동에 따른 차익을 얻고자 한다.

---

4 은행은 환리스크를 줄이기 위해 외화부채를 늘리는 경우도 있다.

셋째, 규모가 큰 대형은행의 경우에는 외환시장에 외화유동성을 공급하는 시장조성자^{market maker}의 기능을 수행한다. 시장조성자란 외환시장에 양방향 호가^{two way quote}를 제시하며 시장에 유동성을 공급하는 기관을 의미한다. 즉 시장조성자는 위기상황과 같이 시장의 불안감이 커져 은행간 외환거래시 최적 매도가와 매입가의 괴리^{bid-ask spread}가 커지고 거래가 위축되는 경우 주도적으로 매입-매도 스프레드 간격을 줄이는 양방향 호가를 제시하여 유동성을 공급함으로써 외환시장의 효율성과 안정성을 높이는 역할을 수행한다.

한편 은행간시장에서의 거래는 거래 당사자인 두 은행의 외환딜러^{dealer}간에 호가나 물량 등 정보교환을 통해 직접 거래가 이루어지기도 하나 보다 원활하고 효율적인 거래체결을 위해 대부분 외환중개사^{FX broker}를 통한 중개거래 형태를 띠고 있다. 한 은행의 딜러가 외환시장에서 최적의 매매 가격과 물량을 직접 탐색하기 위해서는 큰 비용이 수반되기 때문이다. 외환중개사는 각 은행들로부터 제공받은 매입 또는 매도 호가와 물량 정보를 거래플랫폼을 통해 참가 은행들에게 실시간으로 제공하면서 은행에 대해 중개수수료 수입만을 획득하는 중개인의 역할을 담당한다.[5]

그 밖에 은행간시장의 참여자로 외환당국을 들 수 있는데 통상 정부(재무부)와 중앙은행이 이에 해당되며 외환시장에서의 원활한 거래유지와 시장의 안정 및 발전을 주된 목표로 한다. 즉 외환당국은 필요시 외환시장의 유동성조절 기능 등을 통해 환율의 급변동을 억제하고 외환시장의 안전성을 유지함은 물론 원활한 시장기능을 유지함으로써 거시경제의 안정을 도모한다.

───────────────

5 1990년대 이전까지 외환중개사들은 주로 전화주문을 통해 중개업무를 수행^{voice broker} 하였으나 이후 전산화기법의 발달로 외환중개업무도 전자중개방식^{electronic broker system}으로 전환되었다.

우리나라의 은행간 외환시장에는 국내은행과 외은지점 등 대부분의 은행들과 대형 증권사가 참여하고 있으며 외국환중개회사로는 서울외국환중개사와 한국자금중개사, 그리고 다수의 외국계 중개사가 있다.

은행간 외환시장에서 거래되는 통화는 원/달러 및 원/위안 두 시장만 존재한다. 원/달러 현물환거래의 경우 외환중개회사를 통한 중개거래가 대부분으로 최소 거래단위는 100만달러, 중개거래 시간은 주식시장 개장시간과 마찬가지로 오전 9:00 ~ 오후 3:30으로 되어 있으며 환율의 표기방식은 소수점 한자리(10전 단위)까지 표기하고 있다.[6] 이러한 세부적인 사항은 은행간 외환시장참가자들의 자율협의기구인 '서울외환시장운영협의회'에서 정하고 있다.

원/위안 시장은 2015년 서울과 중국 상해에 각각 교차 설립되었으며 시장개설 초기 유동성 확보를 위해 대형은행들 위주로 시장조성자^{market} ^{maker}를 지정하여 운영하고 있다.

은행간 외환시장의 거래관행

구분	원/달러시장	원/위안시장
거래종류	현물환, 선물환, 외환스왑거래	
거래시간	오전 9:00 ~ 오후 3:30	
거래단위	최소 100만달러 이상, 100만달러 단위 증액	최소 100만위안 이상, 100만위안 단위 증액
호가방법	10전단위로 호가	1전단위로 호가
거래체결	전화 또는 전자주문(EBS)에 대해 전산으로 자동체결	

주 : 기존의 거래시간(오전 09:00 ~ 오후 03:00)에서 2016년 8월 이후 30분 연장
자료: 한국은행(2016)

---

6 외환시장은 24시간 연속된 시장이므로 엄밀한 의미에서 종가가 있을 수 없으나 한국은행에서는 외국환중개사의 영업마감시간인 오후 3:30분을 정하여 그 날의 종가환율을 산정하고 홈페이지(ecos.bok.or.kr)에 은행간 환율의 시가, 종가, 최고가, 최저가를 매일 발표하고 있다.

◆ 대고객시장

대고객시장은 은행과 고객간에 외환거래가 이루어지는 소매시장이다. 대고객시장에서 결정되는 대고객환율은 은행간 시장에서 결정되는 은행간환율을 기준으로 고객의 신용도 등을 감안한 일정률의 매매수수료를 가감하여 은행이 자율적으로 결정한다. 따라서 은행간 환율이 실시간 변동하면 은행들의 대고객에 대한 매입 및 매도 환율도 연동하여 변동하며 은행별로 환율이 다소 상이할 수 있다. 통상 은행들은 거래상대방의 신용도나 거래규모 또는 거래유형에 따라 고객별로 차등적으로 거래수수료를 부과하며 기업에 비해 개인에 대해서는 수수료를 더 받는 경우가 일반적이다. 또한 거래 유형별로 볼 때에는 보관 및 거래 비용이 가장 큰 현찰매매율의 수수료가 가장 높으며 여행자수표(T/C), 전신환매매율의 순으로 수수료가 낮아진다. 아래표는 한 국내은행이 특정일에 제시한 대고객환율표의 일부를 나타낸다.

표 1-2   대고객 환율고시표(예시)

통화	현 찰				송 금		T/C 사실때	외화수표 파실 때
	사실 때	스프레드	파실 때	스프레드	보낼 때	받을 때		
미국 USD	1,124.33	1.75	1,085.67	1.75	1,115.80	1,094.20	1,118.26	1,093.00
일본 JPY(100)	1,020.41	1.75	985.31	1.75	1,012.68	993.04	1,012.88	992.57
유로 EUR	1,304.60	1.99	1,253.70	1.99	1,291.94	1,266.36	1,298.33	1,265.81
중국 CNY	179.23	5.00	162.17	5.00	172.40	169.00	0.00	0.00
홍콩 HKD	143.56	1.97	138.02	1.97	142.19	139.39	0.00	139.27
태국 THB	35.50	5.00	31.79	6.00	34.14	33.48	0.00	33.46
대만 TWD	29.94	9.00	34.09	7.00	0.00	0.00	0.00	0.00
필리핀 PHP	22.55	9.00	19.87	4.00	20.89	20.49	0.00	0.00
싱가포르 SGD	831.08	1.99	798.66	1.99	823.01	806.73	0.00	805.96
호주 AUD	833.98	1.97	801.76	1.97	826.04	809.70	830.13	808.73

주: 스프레드(spread)는 매입 또는 매도환율과 매매기준율의 차이(%)를 의미

2000년을 전후하여 글로벌 외환시장에서 외환거래에 참가하는 고객은 전통적인 수출입기업이나 개인에 비해 비은행금융기관의 비중이 크게 확대되었다. 이에는 글로벌 헤지펀드, 뮤추얼펀드, 공적연기금, 보험회사 등이 대표적인데 이들 비은행금융기관이 자산관리자로서 글로벌 포트폴리오 투자를 늘림에 따라 외환거래의 필요성과 규모가 확대된 데 기인한다. 최근에는 개인들도 단순한 외화환전을 넘어 외환투자를 전문적으로 추구하는 개인투자자들이 점차 증가하고 있으며 이를 뒷받침하는 외환중개기능도 빠르게 발전해 가고 있다.

한편 글로벌 외환시장에서는 전산기법의 꾸준한 발달로 대고객 거래도 다양한 형태로 발전하고 있다. 즉 은행과 외환거래를 하는 고객은 대체로 적지 않은 매매수수료를 은행에 지불하여야 할 뿐만 아니라 실시간 거래가격 정보에 대한 접근에도 제약이 있었으나 최근에는 대고객 중개기능이 다양하게 발전하면서 거래의 효율성이 크게 향상되었다. 그 예로 국제투자은행이나 로이터 등 통신사들이 비은행금융기관 등 기관투자자나 기업에 대해 독자적인 중개시스템을 개발·보급하면서 외환중개사prime broker의 기능을 수행하는 경우가 늘어나고 있다.[7] 이를 통해 헤지펀드 등 전통적인 고객은 은행의 아이디ID를 이용하여 직접 은행간시장에 접근하는 것이 가능해졌다. 또한 개인투자자들도 외환거래를 위해 소매중개사retail aggregator 등을 활용함으로써 거래비용이 절감되고 편의성은 크게 향상되었다.[8]

---

[7] 외환중개사의 역할을 병행하는 국제투자은행이 자체 시스템을 이용하는 경우를 단일은행시스템SBP: single bank platform이라하며 여타 은행들의 시스템을 통합적으로 이용하는 경우를 다중은행시스템MBP: multi-bank platform이라 한다.

[8] 이에 관한 자세한 내용은 Michael R. King · Carol Oster · Dagfinn Rime(2011)을 참조하기 바란다.

또한 외환거래에도 인공지능^{AI:Artificial intelligence}이 도입되고 미리 설계된 주문방식에 따라 자동적으로 주문이 실행되는 알고리즘 트레이딩^{algorithmic trading}이 발전하면서 고빈도매매^{HFR: high frequency trading}가 빠르게 증가하고 있는 것도 주요한 변화라 할 수 있다. 아래 <그림 1-3>은 선진화된 대고객외환시장의 구조를 나타낸다.

그림 1-3   대고객 외환시장의 구조

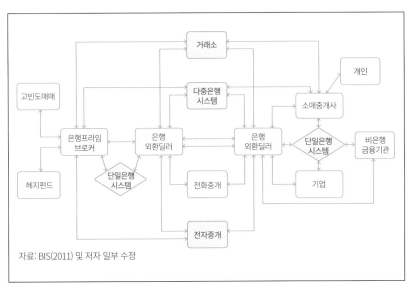

자료: BIS(2011) 및 저자 일부 수정

이러한 변화에 따라 대고객 거래시의 매매수수료 등 거래비용이 낮아지고 매입-매도 스프레드가 축소되면서 외환거래의 투명성과 효율성이 크게 높아지고 있다. 또한 외환시장 거래기법의 발달은 외환시장의 구조는 물론 환율결정에도 영향을 미쳐 환율의 결정이 보다 신속하게 이루어지고 특정국가의 환율변동이 다른 나라 환율에 미치는 파급영향도 커지고 있다.

　　2010년 이후 글로벌 외환시장에서 은행과 비은행금융기관과의 거래는 은행간 거래는 물론 은행과 기업간 거래 규모를 능가하고 있다. 비은행금융기관의 외환거래 증가는 첫째, 글로벌 헤지펀드, 뮤추얼펀드, 공적연기금, 보험회사 등 비은행금융기관의 외환거래가 증가하였고 둘째, 대형은행들도 이들과의 거래 편의성을 높이기 위해 프라임브로커 기능 확대나 거래플랫폼 개발에 노력하였으며 셋째, 전산화 기법 및 알고리즘 트레이딩의 발달로 거래가 보다 신속하고 저렴해졌기 때문이다. 이러한 변화는 과거 은행과 기업으로 대별되던 대고객 외환시장 구조가 보다 다층적으로 진화하고 있음을 의미한다.

세계 외환시장의 주체별 거래규모

(단위: 일평균, 십억달러)

거래 상대방별	2007	2010	2013	2016	2019
은행 對 은행	1,392	1,545	2,072	2,120	2,522
은행 對 비은행금융기관	1,339	1,896	2,812	2,564	3,595
은행 對 비금융고객	593	532	472	382	474

자료: 국제결제은행

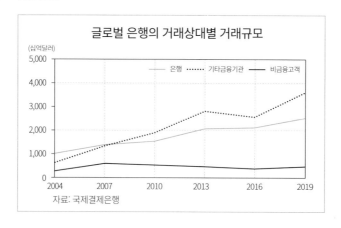

자료: 국제결제은행

외환시장거래는 현물환 및 외환파생상품 거래로 구분

은행간 및 대고객 외환시장에서 일어나는 외환거래의 형태는 크게 현물환거래와 외환파생상품거래로 구분할 수 있다. 현물환거래와 더불어 외환파생상품거래중 선물환 및 외환스왑거래는 전통적 외환거래로 분류된다.[9]

그림 1-4   외환거래의 형태별 구분

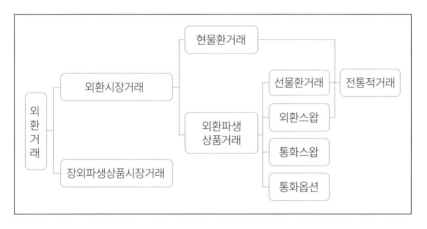

현물환거래란 두 통화간의 거래계약 체결후 2영업일 이내에 외환의 인수도와 결제가 이루어지는 거래를 말하며 이때 적용되는 환율이 현물환율$^{spot\ exchange\ rate}$이다. 현물환거래가 체결되면 두 통화에 대한 거래상대방의 소유권이 완전히 이전된다.[10] 반면 외환파생상품거래는 매매계약 체결후 결제일이 3영업일을 초과하는 특정일에 외환의 인수도와 결제가 이루

---

9 국제결제은행의 외환거래분류 방식에 따른 것이다.

10 외환시장은 이종통화를 특정 환율로 사고파는 매매거래가 일어난다는 점에서 외화를 일정 기간 동안 빌려오거나 빌려주되 소유권이전은 일어나지 않는 외화자금시장$^{FX\ funding\ market}$과 구별된다.

어지는 거래로 이에는 선물환^{forward}과 외환스왑^{FX swap} 거래가 대표적이다.

선물환거래는 선물환율^{forward rate}로 미래의 환율변동을 고정하되 외환의 인수도는 미래 특정일에 일어나는 거래를 말한다. 가령 미래 일정시점에 외환을 필요로 하는 거래자의 경우에는 선물환매입 거래를 통해 고정된 가격(선물환매입환율)으로 외환을 미리 확보할 수 있다. 반대로 향후 외환을 매도하고자 하는 경우에는 현재의 선물환매도환율을 이용하여 선물환매도 계약을 체결하면 된다. 두 경우 모두 고정된 선물환율을 통해 미래 환율이 변동하는데 따른 위험을 회피할 수 있다.

외환스왑거래는 두 거래상대가 현재의 계약환율로 서로 다른 두 통화를 교환하고 만기시점에 계약시점에 정해 놓은 선물환율에 따라 원금을 재교환하는 거래로 현물환거래와 선물환거래를 동시에 행하는 것과 같다. 외환스왑시장에서는 선물환율과 현물환율의 차이인 스왑레이트^{swap rate}를 통해 시장의 외화수급 및 유동성 사정을 파악한다는 점에서 현물환율을 통해 이를 판단하는 현물환시장과 구별된다.

그 밖의 외환시장거래로는 통화스왑^{CRS: currency swap}과 통화옵션^{currency option} 등이 있으며 금리스왑 등 장외파생상품시장거래도 광의의 외환거래로 볼 수 있다.[11]

현물환거래 이외의 다양한 외환파생상품거래가 일어나는 주된 이유는 은행이 외환매매의 결과 발생하는 외환 익스포져^{exposure}에 대해 환율변동 위험을 헤지하거나 또는 적극적으로 외환관련상품 투자를 통해 수익률을 높이기 위함이다. 또한 은행들은 기업의 환헤지거래 수요에 대해 거래상대방이 되어 줌으로써 고객과의 주거래 관계를 유지하기 위한 경우도 적지 않다.

---

11 외환파생상품거래에 관한 보다 자세한 사항은 제3장 외환파생상품거래와 환율에서 설명하였다.

전 세계 외환시장에서의 일평균 거래량(은행간 및 대고객 거래 포함)은 2019년 현재 약 6.6조달러에 달한다. 이는 2007년의 일평균 거래량(3.3조달러)에 비해 10년동안 두 배 증가한 것으로 2008년 글로벌 금융위기 여파에도 불구하고 전 세계 외환거래 규모는 비교적 꾸준한 증가세를 보여 왔다.

거래유형별로는 전통적 거래중 외환스왑거래가 가장 큰 비중(48.6%)을 차지하며 그 다음으로는 현물환거래(30.3%) 순이다. 통화스왑 및 통화옵션의 거래량은 상대적으로 크지 않다.

글로벌 외환시장의 거래형태별 규모[1]

(단위: 일평균, 십억달러)

		2007	2010	2013	2016	2019
전통적 외환거래	현물환	1,005	1,489	2,047	1,652	1,987
	선물환	362	475	679	700	999
	외환스왑	1,714	1,759	2,240	2,378	3,202
	소계	3,081	3,723	4,966	4,730	6,188
비전통적 외환거래	통화스왑	31	43	54	82	108
	통화옵션[2]	212	207	337	254	294
합계		3,324	3,973	5,357	5,066	6,590

주 : 1) 각 연도 4월중 기준, 국내외 조사대상 금융기관간 중복거래(double-counting) 제외
      2) 기타 외환파생상품 포함
자료: 국제결제은행

한편 우리나라 외환시장의 거래규모도 전통적 외환거래인 현물환, 선물환 및 외환스왑거래가 대부분을 차지하고 있다. 이중 현물환거래는 우리나라 무역 등 실물경제 발전과 내·외국인 증권투자자금 유출입 규모 확대 등으로 그 규모가 꾸준히 확대되어 2019년 기준 일평균 198.3억달러를 기록하였다.

　　선물환거래는 우리나라의 조선 및 중공업체 등 수출기업들의 환헤지 수단으로 가장 널리 이용되어 왔다. 또한 1999년 4월 이후 국내 외국환은 행과 비거주자간의 역외 차액결제선물환[NDF] 거래가 허용된 이후 동 거래 비중도 선물환거래의 상당부분을 차지하고 있다. 그러나 은행간시장에서 의 선물환 거래규모는 크지 않은 편이다.

　　외환스왑거래는 원화와 외화자금의 과부족을 해결하거나 환헤지 수 단 등으로 주로 이용되어 왔다. 특히 외은지점이 환리스크 없이 본국으로 부터 외화자금을 조달하여 국내에서 재정차익거래에 활용하는 수단으로 사용하기도 한다. 최근에는 우리나라의 해외증권투자가 꾸준히 증가하면 서 투자자들이 환리스크를 회피하기 위한 외자조달 방법으로 널리 활용 되고 있다.

　　그 밖에 통화스왑과 통화옵션 등의 외환관련상품도 거래되고 있으나 그 규모는 매우 작은 편이다.

우리나라의 형태별 외환거래 규모[1]

(단위: 일평균, 억달러)

		2007	2010	2013	2016	2019
전통적 외환거래	현물환	187.5	165.8	181.8	194.3	198.3
	선물환	71.6	65.2	71.3	95.9	119.9
	외환스왑	121.6	179.2	195.4	184.0	226.2
	소계	380.7	410.2	448.5	474.2	544.4
비전통적 외환거래	통화스왑	15.8	6.3	7.1	7.8	11.1
	통화옵션[2]	68.6	2.4	4.2	1.8	2.3
합계		465.1	418.9	459.8	483.8	557.8

주　: 1) 외국환은행의 은행간 및 대고객거래 기준
　　　2) 기타 외환파생상품 포함
자료: 한국은행

환율은 외환시장에서 결정되는 두 통화간 교환비율

환율은 외환시장에서 두 통화간의 매매시 적용되는 교환비율을 의미한다. 교환비율이 두 통화의 상대적 가치를 나타내기 위해서는 계산단위로서 기준이 되는 통화가 필요한데 통상 미달러화가 주요국 환율을 산정하는 기준이 된다. 예를 들어 미달러화 한 단위인 1달러와 교환하기 위해 원화 1,100원이 필요하다면 원/달러환율이 1,100원으로 표시된다. 만약 원/달러환율이 1,200원으로 상승한다면 이는 1달러를 얻기 위해 원화가 더 많이 필요하게 되어 원화의 가치가 하락(원화 약세)한 것으로 이해할 수 있다. 외환시장에서 외환의 수요와 공급 변동에 의해 원/달러환율이 상승하는 경우를 가리켜 원화가 미달러화에 대해 평가절하[depreciation]되었다고 표현하며 반대로 환율이 하락하는 경우에는 원화가 평가절상[appreciation]되었다고 말한다.

미달러화를 기준으로 하는 일반적인 환율표기방식과 달리 전 세계에서 특정 4개 통화(유로화, 파운드화, 호주달러화, 뉴질랜드달러화)는 자국통화를 기준으로 미달러화를 표시한다. 만약 미달러화에 대한 유로화 환율(달러/유로)이 1.1735라면 이는 유로화 한 단위인 1유로와 교환하기 위해 미달러화가 1.1735달러가 필요함을 나타낸다. 따라서 이들 통화의 환율표기 방식에 따를 경우 유로환 환율이 상승(가령 1.2)하면 이는 다른 통화들과는 반대로 유로화의 강세를 의미하며 반대로 환율이 하락하면 유로화가 약세를 보였음을 나타낸다.

전 세계적으로 통용되는 주요 통화에 대해 글로벌 주요 통신사 및 언론 매체들은 각국의 환율을 3대 주요 통화에 대해 아래 <표 1-3>과 같이 제공하고 있다.

표 1-3 국가별 통화 및 환율

국 가	통 화	환 율		
		달러대비	유로대비	엔화대비
미국	달러	-	1.1735	0.9036
한국	원	1135.1	1334.0	1026.0
일본	엔	110.67	129.88	-
중국	위안	6.6855	7.8402	6.0513
유로지역*	유로	1.1735	-	0.7700
영국*	파운드	1.2869	0.9119	0.7021
덴마크	크로네	6.3375	7.4371	5.7260
스위스	프랑	0.9725	1.1412	0.8787
스웨덴	크로나	8.0735	9.4750	7.2945
체코	코루	22.293	26.159	20.135
노르웨이	크로네	7.9640	9.3498	7.1878
폴란드	즈워티	3.6562	4.2904	3.3034
헝가리	포린트	259.30	304.31	234.27
러시아	루블	59.706	70.062	53.999
홍콩	달러	7.8238	9.1813	7.0690
인도네시아	루피	13,361	15,706	12,106
말레이시아	링깃	4.2955	5.0510	3.8811
싱가포르	달러	1.3669	1.6040	1.2353
필리핀	페소	51.406	60.408	46.467
대만	달러	30.302	35.595	27.380
태국	바트	33.295	39.073	30.081
호주*	달러	0.7821	1.5004	1.1553
뉴질랜드*	달러	0.7236	1.6219	1.2490
캐나다	달러	1.2757	1.4971	1.1527
멕시코	페소	17.807	20.896	16.100
아르헨티나	페소	17.062	20.046	15.425
브라질	헤알	3.1702	3.7210	2.8650
칠레	페소	649.24	761.86	586.19
페루	누에보솔	3.2452	3.8070	2.9321
남아공	란드	13.316	15.626	12.030
이집트	파운드	17.758	20.839	16.041
이스라엘	셰켈	3.6167	4.2462	3.2681
사우디아라비아	리얄	3.7502	4.4010	3.3900
터키	리라	3.5353	4.1497	3.1938

주 : *는 자국통화 기준을 의미
자료: Bloomberg(2017.8.15)

여기서 제시된 환율정보를 이용함에 있어서는 다음과 같은 점에 유의하여야 한다. 첫째, 이 가격은 명목환율$^{nominal\ exchange\ rate}$을 의미한다. 명목환율이란 통화의 실질가격과 상대되는 개념으로 그 나라 통화가 갖는 구매력 등 실질적인 가치변화와 무관하다. 둘째, 제시된 환율은 한 나라 또는 특정 외환시장의 은행간 환율로 은행간 외환시장에 참가하는 외환딜러들의 외환매매의 결과이다. 따라서 은행들이 은행간 환율을 바탕으로 기업이나 개인에 대해 일정 스프레드를 가감하여 적용하는 대고객 환율과 구별된다. 셋째, 환율에 대한 정보는 거래가 이루어진 외환시장과 정보를 제공하는 매체에 따라 약간의 가격차이가 있을 수 있다. 따라서 제시된 환율이 어느 외환시장에서 언제 체결된 거래가격인지를 확인할 필요가 있다.

한편 두 통화간에 은행간 외환시장이 존재하지 않는 경우에는 간접적인 방식으로 환율을 계산할 수 있다. 예를 들어 우리나라의 은행간 외환시장에는 원/달러 시장과 원/위안 시장만 존재하므로 원화와 엔화가 직접 거래되는 원/엔 은행간시장이 없다. 따라서 은행간시장 매매의 결과로서 결정되는 원/엔환율은 존재하지 않는다. 이 경우 원/엔환율은 서울외환시장에서 결정된 은행간 원/달러환율과 동경 또는 뉴욕 외환시장에서 형성된 엔/달러환율의 비율을 이용하여 산출한 후 고시되고 있다. 가령 미달러화에 대한 원/달러환율이 1,100원이고 같은 시간대에 동경외환시장에서 형성된 엔/달러환율이 105엔이라면 원/엔환율(100엔당)은 1,047.6원(=1,100/105)으로 구할 수 있다.[12] 원화에 대한 유로화환율이나 여타 통화들의 환율도 이와 같이 결정되는데 이러한 방식으로 결정된 환율을 재정환율$^{arbitrage\ rate}$이라 부른다.

---

12 원/엔환율 추이에 관해서는 <사례 1-4>를 참조하기 바란다.

그림 1-5   재정환율의 결정

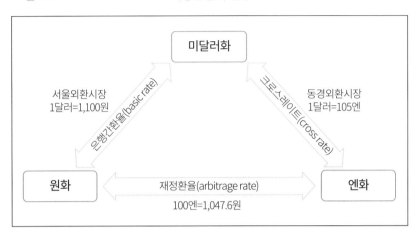

원/엔환율은 해외시장에서 우리나라와 일본과의 상대적인 수출가격 경쟁력에 영향을 미치는 중요한 변수로 인식되어 왔다. 아래 그림은 1990년대 이후 원/엔환율의 추이를 나타낸다.

1990년대 초반 이후 원/엔환율은 엔/달러환율의 추세적 하락 등으로 상승추세를 보이다 1997년 우리나라의 외환위기 당시에는 처음으로 100엔당 1,000원을 상회하였다. 2000년대 중반경에는 원/달러환율의 하락으로 원/엔환율이 800원 내외로 하락하였으나 글로벌 금융위기 이후에는 원화의 약세로 다시 큰 폭으로 상승하여 1,500원을 상회하기도 하였다.

2012년말경부터 일본의 적극적인 통화정책과 엔화 약세를 도모하는 이른바 '아베노믹스' 정책 시행으로 2015년에는 엔/달러환율이 미달러당 120엔 수준까지 크게 상승하면서 원/엔환율도 1,000원 내외로 다시 하락하였다.

우리나라의 외환위기 이후 원/엔환율 추이를 전체적으로 살펴보면 글
로벌 금융위기 직후를 제외하고 대략 1:10의 수준을 중심으로 변동해 온
것으로 나타나고 있다. 이는 장기적인 시각에서 미달러화에 대해 엔화의
강세(약세)시 원화도 동반 강세(약세)를 보이는 원화와 엔화의 동조화 현
상에 일부 기인하는 것으로 볼 수 있다.

주 : 월평균환율 기준
자료: 한국은행

환율은 장단기요인에 의해 수시로 변동

환율은 개별 국가의 경제상황이나 글로벌 환경변화 등 다양한 요인의 영향을 받아 수시로 변동한다. 보다 직접적으로 환율은 은행간 외환시장에서 외환딜러들이 제시하는 호가와 매매결과에 따라 실시간 결정된다고 할 수 있는데 결국 국내외의 다양한 경제적 또는 비경제적 요인의 변화와 이에 대한 외환딜러 및 시장참가자들의 반응이나 행태가 환율을 결정한다고 할 수 있다.

환율변동을 가져오는 다양한 요인들은 크게 국내 요인과 글로벌 요인으로 분류할 수 있으며 성격에 따라 중장기적인 요인과 단기적인 요인으로도 구분해 볼 수 있다. 예를 들어 한 나라가 국제수지 악화 등 기초경제여건의 악화에 의해 통화가치가 하락한다면 이는 국내 요인에 의해 환율이 변동하는 경우라 할 수 있으며 선진국의 통화정책 기조 변화나 대외불확실성 증대 등은 환율에 영향을 미치는 글로벌 요인이라 할 수 있다. 또한 통화의 구매력 변화와 같은 장기적인 요인도 있으나 투자자들의 위험선호나 기대 변화 등 단기적인 요인도 적지 않다.

환율을 합리적으로 예측하기 위해서는 환율에 영향을 미치는 개별 요인들을 잘 이해하는 것이 중요하다. 실제 외환시장에는 환율의 상승요인과 하락요인이 항상 혼재되어 있고 장기적인 요인과 단기적인 요인도 서로 복잡하게 얽혀 있다. 또한 나라마다 특정 요인이 환율에 미치는 영향이 다르고 한 나라에 있어서도 시기별로 그 영향이 차이를 보이기도 한다. 뿐만 아니라 국제금융시장의 불확실성이 커지면 외환시장 참가자들의 외환매매가 특정 방향으로 집중되는 경우도 발생한다. 따라서 다양한 환율변동요인을 체계적으로 이해하고 이를 각국의 경제상황을 바탕으로 종합적으로 분석하는 것이 환율을 예측하는데 매우 중요하다.

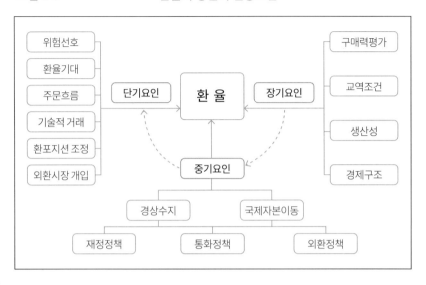

본 책자는 다양한 환율변동 요인을 설명하기 위해 다음과 같이 구성하여 기술하였다. 제1장부터 제3장까지의 제1부에서는 외환시장과 국제수지에 대해 설명하였다. 제2장에서는 국제수지가 환율에 미치는 영향을 설명하였으며 제3장에서는 은행의 외환파생상품거래가 외환포지션 변동을 통해 환율에 영향을 주는 경로를 다루었다.

제4장부터 제6장까지의 제2부에서는 거시경제정책 변화가 환율변동에 미치는 영향을 설명하였다. 제4장에서는 거시경제정책 변화에 따른 물가변화가 환율에 미치는 장기적인 영향을 설명하였다. 제5장에서는 통화정책 변화가 환율에 미치는 이론적 경로와 주요 선진국의 통화정책 변화에 따른 환율 영향을 다루었다. 제6장에서는 재정정책 변화에 따른 장단기 환율 영향을 분석하였다.

제7장부터 제9장까지의 제3부에서는 환율제도와 환율정책을 소개하

였다. 제7장에서는 다양한 형태의 환율제도를 소개하고 환율제도 운용사례를 설명하였다. 제8장에서는 균형환율의 개념 및 산출방법을 설명하였으며 제9장에서는 환율정책의 주된 수단이라 할 수 있는 외환시장개입에 대해 상술하였다.

제10장부터 제12장까지의 제4부에서는 외환위기와 이에 대한 정책대응을 다루었다. 제10장에서는 외환위기의 원인 및 사례를 분석하였으며 제11장에서는 외환 및 금융부문의 안정성을 유지하기 위한 자본유출입 관리정책을 살펴보았다. 마지막 제12장에서는 범세계적 위기대응 노력의 일환인 글로벌 금융안전망을 소개하고 위기대응을 위한 다층적인 방어막을 설명하였다.

요 약

외환시장이란 두 통화간에 매매가 일어나는 시장으로 은행간시장과 대고객시장으로 구분할 수 있다. 은행간시장은 외환시장의 중추적 역할을 담당하고 있으며 최근에는 글로벌 대고객시장이 전산기법의 발달과 비은행금융기관의 참여 등으로 시장구조가 빠르게 진화하고 있다. 외환거래의 형태별로는 현물환, 선물환 및 외환스왑 등 전통적 외환거래 위주로 거래량이 꾸준히 증가하고 있다. 환율은 외환시장에서 두 통화간의 교환비율로 정의할 수 있는데 국내외 및 장단기 요인에 의해 복합적으로 영향을 받고 통화별 특성을 반영하고 있으므로 이에 대한 체계적인 이해와 종합적인 분석능력을 갖추는 것이 합리적인 환율예측에 중요하다.

참고문헌

BIS, 2011, "High-frequence trading in the foreign exchange market", *BIS Market Committee*.

___, 2019, *Triennial Central Bank Survey of Foreign Exchange and Derivatives Market Activity in 2019*.

Blume, L., Easley, D., O'Hara, M., 1994, "Market Statistics and Technical Analysis: The Role of Volume", *Journal of Finance*, pp.153-181.

Bollerslev, T., Melvin, M., 1994, "Bid-Ask Spreads and Volatility in the Foreign Exchange Market", *Journal of International Economics* 36, pp.355–372.

Copeland, L.S., 1994, *Exchange Rates and International Finance*, Addison-Wesley Publishing Company.

Dornbusch, R., 1975, "Exchange Rate Dynamics", Massachusetts Institute of Technology (MIT), Department of Economics, *Working papers* 167.

IMF, 1996, "Establishing an Interbank Foreign Exchange Market: Institutional and Operational Modalities", *MAE Operational Paper* No. 96/2.

Kenen, P.B., 1983, "The Role of the dollar as an International Reserve Currency", *Business & Economics*.

King, M., Osler, C., Rime, D., 2011, "Foreign Exchange Market Structure, Players, and Evolution", Norges Bank, *Working Paper* No. 10.

Krugman, Paul R., 1984, "The International Role of the Dollar: Theory and Practice" *in Exchange Rate Theory and Practice*, University of Chicago Press.

Lyons, R.K., 2001, *The Microstructure Approach to Exchange Rates*, MIT Press.

Rime, D., Schrimpf, A., 2013 "The anatomy of the global FX market through the lens of the 2013 Triennial survey", *BIS Quarterly Review*.

Rosenberg, M.R., 1996, *Currency Forecasting: A Guide to Fundamental and Technical Models of Exchange Rate Determination*, McGraw-Hill.

Sarno, L., 2005, "Towards a Solution to the Puzzles in Exchange Rate Economics: Where Do We Stand?", *Canadian Journal of Economics*, Vol. 38, No. 3, pp. 673-708.

___, and Taylor, M.P., 2003, *The Economics of Exchange Rates*, Cambridge; New York: Cambridge University Press.

Weisweiller, R., 1990, *How the Foreign Exchange Market Works*, New York Institute of Finance.

Williamson, J., 2008, "Exchange Rate Economics", *Commission on Growth and Development Working Paper* No. 2.

Zurich, M.M., 2009, "A Primer On Exchange Rate Policies", *UBS Investment Research*.

Wei, S.J., 1994, "Anticipation of Foreign Exchange Volatility and Bid-Ask Spreads", *NBER Working Paper Series*, No. 4737.

이승호, 2002, "환율변동효과의 비대칭성 분석", 『대외경제연구』, 제1호, 대외경제정책연구원

한국은행, 2016, 『우리나라의 외환제도와 외환시장』.

한국은행 보도자료, 외국환은행의 외환거래 동향, 각호.

제2장
국제수지와 환율

Trade balances are virtually uncorrelated with exchange rate movements in major-currency FX market, ... given that trade in goods and services accounts for only a small fraction of currency trading.

- Richard Lyons, 2001

재화 및 금융자산의 통상적인 시장가격결정 원리와 마찬가지로 환율도 외환시장에서 외환의 수요와 공급의 상대적 크기에 따라 결정된다. 그러나 한 나라의 외환수급 상황을 나타내는 국제수지가 환율에 미치는 단기적인 영향은 국별 및 시기별로 일관되지 못한데 이는 국제수지 변화에 따른 외환순공급이 은행의 외화유동성 또는 외환포지션에 변화를 주지 않는 경우가 발생하기 때문이다. 이 장에서는 국제수지가 환율에 영향을 미치는 경로를 설명한 후 국제수지와 은행간시장의 외환수급이 괴리를 보이는 예를 소개하였다. 아울러 경상수지 적자국과 흑자국의 사례를 통해 국제수지와 환율과의 장기적인 관계를 살펴보았다.

환율은 외환의 수요와 공급에 따라 결정

환율은 외환시장에서 외환의 수요와 공급의 상대적 크기에 따라 결정된다. 특정 외환시장에서 외환(가령 미달러화)에 대한 수요가 공급보다 크면 자국통화에 대한 외환의 가치가 올라가고 반대로 외환에 대한 공급이 수요보다 더 크면 외환의 가치가 하락한다. 이처럼 일정기간 동안 외환시장에서 외환 플로우^{flow}의 크기에 따라 환율변동을 설명하고 향후 외환순공급이나 국제수지 전망을 토대로 미래 환율을 예측한다는 점에서 이를 플로우접근법$^{flow\ approach}$ 이라고 한다.

만약 우리나라의 국제수지가 흑자를 보여 서울외환시장에서 외환의 공급이 수요보다 크면 외환의 상대적 가치가 하락(원화의 상대적 가치 상승)하므로 원/달러환율이 하락한다. 반대로 국제수지 적자로 외환의 공급이 수요보다 작으면 외환이 상대적으로 부족해져 환율이 상승한다. 여기서 외환의 공급이란 기업의 수출이나 외국인의 국내 주식투자 등으로 외화가 국내로 유입되어 외환시장에 공급됨을 의미한다. 반대로 외환에 대한 수요는 상품수입이나 해외여행, 해외투자 등을 위해 외환시장에서 외환을 필요로 하는 경우를 말한다.

외환의 공급 및 수요가 환율을 결정하는 과정을 무역거래에 국한하여 간단히 설명하여 보자. 국내기업이 수출을 통하여 벌어들인 외환을 은행에서 자국통화와 환전하는 과정에서 외환시장에 외환의 공급이 늘어난다. 반대로 수입기업의 경우 해외로부터의 수입을 위해서는 외환을 필요로 하므로 외환에 대한 수요가 발생한다. 만약 한 나라 전체의 수출이 수입을 초과하여 무역수지 흑자가 발생한다면 이는 상품거래에서 수출을 통한 외환공급이 수입에 필요한 외환수요를 초과한 경우이다. 이를 간단한 그림으로 설명해 보면 아래 <그림 2-1>과 같다.

그림 2-1   무역수지와 환율결정

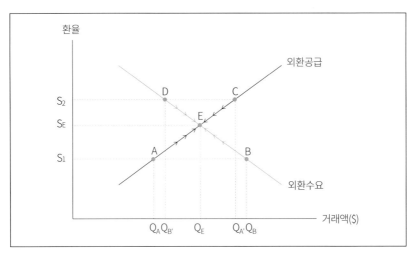

여기서 세로축은 환율을, 가로축은 외환거래액을 나타낸다. 환율이 상승하면 수출기업은 수출로 벌어들인 자국통화표시 금액이 증가하므로 가격경쟁력 우위를 바탕으로 수출물량$^{export\ volume}$을 늘리려고 한다. 따라서 외환의 공급을 나타내는 직선은 우상향하는 형태가 된다. 반대로 수입기업은 환율이 상승하면 지불해야 하는 자국통화표시 수입금액이 증가하므로 수입수요가 감소한다. 따라서 외환에 대한 수요는 환율과 반비례하여 우하향하는 형태가 된다. 결국 환율은 외환에 대한 수요와 공급이 일치하는 점인 E에서 결정되고 이때 환율수준은 S_E, 거래량은 Q_E 수준에서 이루어진다.

만약 어떤 다른 요인으로 환율이 시장에서 형성된 균형수준(S_E)보다 낮게 형성된다면(가령 S_1) 환율수준이 시장균형환율 수준보다 낮으므로 수출기업의 채산성이 악화된다. 따라서 이 환율수준에서 수출기업은 수출물량을 줄이려고 하므로 수출액은 Q_A 수준(점 A)으로 감소한다. 반대로 수입업자는 S_1 환율수준에서 자국통화 기준으로 보다 저렴하게 수입을 할 수 있어 수입량을 Q_B 수준(점 B)으로 늘리려고 한다. 따라서 외환시장에서 외환에 대한 수요가 공급을 초과하여 외환 부족이 발생하며 그 결과 환율은 점차 균형수준으로 상승압력을 받게 된다. 이는 무역적자가 환율상승을 초래하는 과정이라 할 수 있다.

반대로 환율이 현재의 균형수준보다 높은 S_2에서 형성된다면 수출기업은 가격경쟁력 개선으로 수출물량을 $Q_{A'}$(점C)로 늘리려고 하는 반면 수입업자는 수입물량을 $Q_{B'}$(점D)로 줄이려고 하므로 외환시장에 외환의 공급이 수요를 초과하여 무역흑자가 발생하고 그 결과 환율이 점차 균형수준으로 하락압력을 받는다. 결국 외환시장에서 환율은 외환의 수요와 공급이 일치하는 S_E 수준에서 결정된다.

국제수지 흑자는 외환시장으로의 외환순공급을 의미

외환에 대한 수요와 공급은 한 나라의 무역거래 뿐만 아니라 금융거래를 포함한 다양한 형태의 대외거래를 통해 발생하는데 이를 항목별로 일목요연하게 집계한 것이 국제수지표[BOP: Balance of Payments]이다. 즉 국제수지표란 일정기간동안 한 나라의 거주자[resident]와 비거주자[non-resident] 사이에 발생한 모든 경제적 거래를 체계적으로 기록한 통계로 정의할 수 있다.[13] 국제수지 흑자란 일정기간중 그 나라로의 외환 유입이 유출보다 많아 외환시장에서 외환의 공급이 수요를 초과함을 의미한다. 반대로 국제수지 적자는 외환의 유출이 유입보다 커서 외환의 수요가 공급보다 큰 경우를 말한다.

국제수지표의 구성은 <그림 2-2>에서 보는 바와 같이 크게 경상수지[current account balance]와 자본·금융계정[capital and financial account]으로 구분된다.[14] 경상거래는 상품의 수출입거래 외에도 다양한 형태의 서비스거래 등을 포괄한다. 자본·금융계정에는 직접투자[foreign direct investment], 증권투자[portfolio investment], 파생상품 거래는 물론 은행의 차입, 신용공여 등 금융거래가 포함된다. 국제수지표는 복식부기 방식으로 계리되므로 경상수지와 자본·금융계정을 합하면 원칙적으로 영이 된다. 따라서 국제수지표를 이용하여 외환순공급 규모를 파악하기 위해서는 국제수지표 작성체계와 세부항목에 대해 좀 더 자세히 살펴볼 필요가 있다.

---

13 거주자[residents]와 비거주자[non-residents] 간의 거래라 함은 경제활동의 주소재지가 국민경제 영역 내에 있는 경제주체와 영역 밖에 있는 여타 경제주체간의 거래를 의미하는데, 거주자와 비거주자의 구분은 법률상의 국적보다는 거래이익이 귀속되는 이익의 중심[center of interest]이 어디에 속하는가를 기준으로 한다.

14 IMF는 2010년 1월에 국제수지편제 매뉴얼[BOP Manual] 제6판을 발표하였으며 우리나라도 IMF의 편제방식에 따라 한국은행이 국제수지표를 매월 작성하여 발표하고 있다.

자료: 한국은행

경상수지는 크게 상품수지, 서비스수지, 본원소득수지 및 이전소득수지로 구분된다. 상품수지는 수출과 수입의 차이인 무역수지로 이해할 수 있다.[15] 서비스수지는 여행, 운수, 통신, 보험, 특허권 사용료 등 다양한 형태의 서비스 거래의 결과 한 나라가 벌어들인 외화와 지급한 외화의 차이를 계상한다. 본원소득수지는 한 나라가 외국에 투자한 결과 벌어들인 배당금, 이자 및 급료 등에서 외국에 지급한 금액의 차이이다. 이전소득수지는 다른 나라와 아무런 대가없이 주고받은 대외송금, 기부금, 정부간 무상원조 등을 포함한다.

다음으로 자본 · 금융계정은 크게 자본계정과 금융계정으로 구분된

---

15 국제수지기준 수출입은 통관기준 수출입을 바탕으로 실제 경제적 활동이 발생하였는지에 초점을 두고 조정하여 집계한다.

다. 자본계정은 국내외 재산의 반출입과 같은 자본이전을 계상한다. 금융계정은 기업의 경영참여를 목적으로 한 직접투자수지와 주식 및 채권 등에 투자하는 증권투자수지, 파생상품수지, 그 밖의 대출 및 차입, 무역신용, 예금 등의 금융거래를 계상하는 기타투자수지로 구분된다.

금융계정중 주식투자자금 유출입의 경우를 예로 들어 국제수지와 외환순공급 간의 관계를 살펴 보자. 외국인이 우리나라 주식시장에서 주식을 매수하면 자본·금융계정의 흑자 요인으로 작용한다. 외국인이 국내 주식에 투자하기 위해서는 외환을 가져와 우리나라 외환시장에서 원화로 교환한 뒤 주식을 매입하여야 하기 때문이다.[16] 이 과정에서 외환시장에 외환의 공급이 늘어나 환율하락 압력이 생긴다. 반대로 외국인이 보유하고 있던 주식을 매도하여 본국으로 자금을 회수해 가면 원화를 외환으로 교환하므로 외환수요가 발생하고 환율은 상승압력을 받는다. 다른 예로 우리나라 거주자가 해외 주식형펀드 등에 가입하여 해외 주식시장에 투자하는 경우에도 마찬가지로 국내 외환시장에서 외환수요 및 환율상승 압력이 발생한다. 이 경우 외환이 해외로 유출되므로 국제수지표의 자본·금융계정에 적자가 계상된다.

기타투자수지는 은행의 현금이나 예금, 해외은행과의 대출 또는 차입, 기타 대외청구권 변동 등을 포함한다.[17] 예를 들어 국내 은행이 해외 은행으로부터 차입을 하거나 신용을 제공받는 경우 우리나라 외환시장에 외환공급이 늘어나는데 이는 기타투자수지 항목에서 계리한다. 마지막으로 외환보유액의 변동은 준비자산 항목에서 별도 표시하고 있다.

---

16 현행 우리나라의 외국환거래법상 비거주자의 국내증권 투자시 외화는 「비거주자 투자전용 대외계정」에 예치하도록 하고 있다. 또한 주식매도후 재투자를 위해 보유하는 원화는 「비거주자 투자전용 원화계정」에 예치하도록 하고 있다.

17 은행의 대외자산이 증가하는 경우 자본·금융계정의 기타투자수지에 마이너스로 표기되며 대외부채가 증가하는 경우에는 플러스로 계리된다.

　　국제수지표는 경상수지뿐만 아니라 자본·금융계정을 포괄하
므로 거시경제적인 관점에서 이를 단순화하여 수식으로 나타내면
다음과 같다.

$$BOP = CA(r, y) + KA(i\text{-}i^*)$$
$$\quad\quad\quad +\ -\quad\quad\quad +$$

　　여기서 BOP: 국제수지, CA: 경상수지, KA: 자본·금융계정, r:
환율, y: 실질소득, i: 국내금리, i*: 해외금리를 나타낸다. 경상수지
는 환율 및 국내총소득에 따라 영향을 받는다. 환율상승은 수출증
가 및 수입감소를 통해 경상수지 흑자를 가져온다. 반면 환율상승
은 장기적으로는 물가상승 및 실질환율의 하락을 초래하므로 무
역수지 개선효과가 상쇄된다. 국내총소득의 증가는 실질구매력을
높여 수입수요를 증가시키므로 무역수지 악화를 초래한다.

　　자본·금융계정은 통상 내외금리차에 가장 큰 영향을 받는다.
내외금리차 확대시 국내채권에 대한 투자수익률 증가로 외국인의
채권투자자금 유입이 증가하므로 자본·금융계정의 흑자를 통해
외환시장에 외환공급이 증가한다. 그러나 국내금리가 상승할 경
우 주식투자에 대한 예상수익률은 오히려 감소하므로 자본·금융
계정의 적자요인이 될 수도 있다.

　　한편 국제수지표는 한 나라가 일정기간 동안 생산한 부가가치의
합인 국내총생산GDP과 밀접한 관련이 있다. 즉 국내총생산은 소비,
투자, 정부지출 및 경상수지로 구성되는데 경상수지 흑자가 발생
하는 경우 국내총생산이 증가하면서 경제성장률 상승에 기여한다.

$$Y = C + I + G + (X\text{-}M)$$

여기서 Y: 국내총생산(GDP), C: 민간소비, I: 투자, G: 정부지출, (X-M): 재화 및 용역의 순수출을 나타내며 국민계정상 (X-M)은 국제수지표상 경상수지(CA)로 보아도 무방하다.

이를 다시 정리하면 경상수지 흑자는 저축과 투자의 차이로 나타낼 수 있는데 경상수지 흑자로 벌어들인 외화자금이 대외금융자산 형태로 나타나 해외저축이 늘어나는 것으로 해석할 수 있다.

$$CA = Y - (C+I+G)$$
$$= Y - (C+G) - I$$
$$= S - I$$

국제수지표를 통해 외환순공급 규모 및 환율에 미치는 영향을 파악함에 있어서는 다음과 같은 점에 유의할 필요가 있다. 국제수지표가 경상거래와 자본·금융거래로 구분된다고 하여 단순히 경상수지와 자본·금융계정을 합하여 전체 외환순공급 규모를 파악할 경우 오류를 범하게 된다. 이는 복식부기원리를 따르는 국제수지표 작성 방법상 실제 외환공급 규모가 서로 상쇄되는 경우가 생기기 때문이다. 따라서 국제수지 변동에 따른 환율 영향을 파악하기 위해서는 국제수지가 실제 국내 외환시장의 외환 순공급에 미치는 경로를 파악하여야 한다. 이에 관한 구체적인 예는 아래의 <참고 2-2>를 참조하기 바란다.

아래의 거래를 통해 국제수지표와 외환순공급이 차이가 나타나는 예를 살펴보자.

(거래 1) 수출기업이 100만큼 재화를 수출하고, 국내은행이 수입국 은행에 동 금액만큼 무역신용을 제공

▶ 수출액 +100만큼 상품수지 흑자로 계상되고 자본·금융계정의 기타투자수지 항목에 –100의 적자가 기록

(거래 2) 수입기업이 90만큼 수입하고 수출국 은행으로부터 무역신용을 제공받음

▶ 상품수지에서 수입 –90이 계상되고 공여받은 무역신용은 금융기관 부채의 증가로 처리되므로 기타투자수지가 +90 기록

(거래 3) 해외금융자산으로부터 배당 및 이자수익이 5만큼 발생

▶ 경상수지 항목중 본원소득수지에 +5가 흑자로 계상되고 금융기관의 자산이 증가하였으므로 기타투자수지에 –5가 계상

(거래 4) 국내 기관투자자가 해외현지법인에 20만큼 직접투자

▶ 자본·금융계정 항목중 해외직접투자수지에 –20이 계상되고 금융기관의 자산이 감소하였으므로 기타투자수지에 +20이 계상

(거래 5) 외국인이 우리나라 주식시장에 50만큼 투자

▶ 자본·금융계정 항목중 증권투자수지가 +50으로 기록되고 국내 은행의 외화자산이 늘어나므로 기타투자수지는 -50으로 계리

위의 거래를 종합해 보면 상품수지와 소득수지 흑자로 외환이 국내로 순공급되면서 경상수지가 +15를 기록하였다. 반면 자본·금융계정 항목중 직접투자수지와 증권투자수지를 통해 실질적으로 +30의 외환순공급이 이루어졌으나 국내 은행의 외화자산이 증가하여

기타투자수지는 –45로 계리되면서 전체적으로 자본·금융계정은 –15가 계상된다. 경상수지와 자본·금융계정의 합인 국제수지는 0으로 나타나지만 실질적으로 외환시장에 외환순공급이 45만큼 늘어나 환율하락 압력이 발생한다.

국제수지표 및 외환순공급

거래	국제수지표		외환순공급
	경상수지(A)	+15	+15
거래1 (수출)	수출	+100	
거래2 (수입)	수입	-90	
거래3 (소득수지 수입)	본원소득수지	+5	
	자본·금융계정(B)	-15	+30
거래4 (해외직접투자)	직접투자수지	-20	
거래5 (주식자금 유입)	증권투자수지	+50	
	기타투자수지	-45(=-100+90-5+20-50)	
	A+B	0	+45

　　결론적으로 국제수지표를 이용하여 환율변동과 관련한 외환공급 규모를 파악하기 위해서는 경상거래와 자본·금융계정중 직접투자수지 및 증권투자수지 등 통상적인 자율적 거래의 결과(위 표의 점선 윗부분)만을 고려하여야 한다. 또한 기타투자수지 항목[18]은 이러한 자율적 거래의 결과가 금융기관의 외화자산 및 외화부채 변동을 통해 사후적으로 나타난 것에 불과하다.

---

18 이를 보정적 거래라고 하기도 한다. 기타투자수지에는 무역신용, 현금 및 예금은 물론 대출과 차입도 포함되므로 엄밀히 말하면 모든 기타투자수지를 제외하는 것은 바람직하지 않으나 국제수지의 흐름을 파악하여 환율예측에 활용하는 데에는 큰 지장이 없을 것으로 보인다.

한편 국제수지표에 기초한 통계로서 국제투자대조표$^{\text{IIP: International Investment Position}}$도 환율을 예측하는데 유용한 정보를 제공한다. 국제투자대조표는 플로우통계인 국제수지표중 자본·금융계정을 일정시점의 저량^{stock} 통계로 작성한 것으로 특정시점에서 한 나라 거주자의 대외투자와 외국인투자의 잔액을 나타낸 통계이다. 따라서 국제투자대조표는 한 나라 거주자의 비거주자에 대한 금융자산과 부채의 규모를 파악할 수 있게 함으로써 대외지급 부담의 크기나 상환능력 그리고 잠재적인 외화유동성 위험을 판단하는 데 유용하다. 만약 한 나라의 경상수지 흑자가 지속되는 경우 자본·금융계정에서 해외저축이 증가하므로 국제투자대조표상 대외자산이 증가한다. 반대로 경상수지 적자가 지속되는 경우 대외부채 또는 외채가 늘어나게 된다.

국제투자대조표의 세부항목을 보면 국제수지의 자본·금융계정 분류에서와 마찬가지로 금융계정중 직접투자, 증권투자, 파생금융상품, 기타투자 및 준비자산 등으로 구분이 가능하다. 따라서 개념적으로 플로우 통계인 국제수지를 누적하면 저량통계인 국제투자대조표와 일치하여야 한다. 그러나 실제 국제수지표로부터 국제투자대조표를 작성하는 과정에서 금융자산 가격이나 환율의 변동 등으로 두 통계간에 다소간의 차이가 발생한다.

아울러 국제투자대조표 항목중 지분증권과 파생금융상품을 제외하여 거주자의 비거주자에 대한 확정 금융자산과 금융부채만을 포착함으로써 대외채권 및 대외채무(외채) 통계로 활용할 수 있다. 이에는 현금 및 예금, 무역신용, 부채성 증권, 은행차입금 등을 포함한다. 이상에서 설명한 국내총생산, 국제수지, 국제투자대조표 및 대외채권채무 통계의 관계를 정리해 보면 <그림 2-3>과 같다.

그림 2-3　　　　국내총생산, 국제수지 및 국제투자대조표의 관계

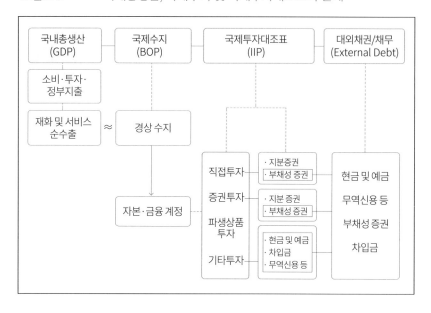

국제수지와 은행간 외환순공급 간에는 괴리도 발생

　　국제수지 흑자가 환율하락을 가져오기 위해서는 대외거래의 결과 국내로 유입된 외환이 최종적으로 은행간 외환시장에 공급되어야 한다. 보다 엄밀히 말하면 국제수지 흑자 또는 적자의 결과 은행간 외환시장 수급에 변화를 일으키면서 은행의 외환포지션(외화자산－외화부채) 또는 외화유동성 사정에 변동이 일어나는 경우에 그 영향이 보다 직접적으로 나타난다.

　　예를 들어 수출 호조에 따른 국제수지 흑자로 전체 은행부문의 외환순공급이 늘어나는 경우 수출기업이 벌어들인 외화를 거래은행에 원화로 환전하는 과정에서 은행의 외화유동성 사정이 개선되거나 은행의 외화자산이 외화부채보다 많아져 매입초과포지션over-bought position 또는 long position이 발생

한다. 이 경우 은행은 환율변동에 따른 환위험에 노출되므로 이를 완화하기 위해 초과외환을 은행간 현물환시장에서 매도한다. 한 나라 전체적으로 국제수지가 흑자를 보이면 은행간시장에서 외환을 매도하고자 하는 은행이 늘어나므로 결국 은행간시장에 외환순공급이 증가하고 현물환율은 하락압력을 받는다.[19]

반대로 한 나라가 국제수지 적자를 보이면 은행간 외환시장에서 외환에 대한 수요가 공급보다 많아지므로 은행의 외화유동성 사정이 악화되거나 은행의 외화부채가 외화자산보다 커지는 매도초과포지션over-sold position 또는 short position이 발생한다. 이 경우 은행은 은행간시장에서 외환을 매입하고자 하므로 결국 국제수지 적자시에는 환율의 상승압력이 발생한다. 이러한 논의를 요약해 보면 <그림 2-4>와 같다.

그림 2-4　　　　　　　　국제수지와 은행간환율 결정

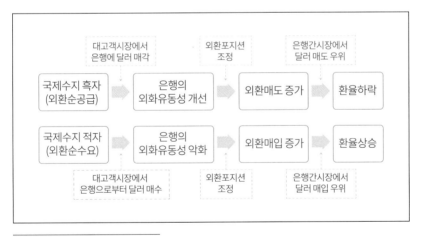

---

[19] 은행의 환위험이 과도하게 커지면 금융시스템의 불안을 초래할 수 있다. 따라서 많은 나라에서 은행에 대한 외환포지션을 규제하고 있다. 우리나라도 외국환포지션 제도를 종합포지션과 선물환포지션으로 나누어 각각 운영하고 있다. 이에 관한 자세한 설명은 제3장에서 설명하였다.

그러나 경우에 따라서는 국제수지 변화에 따른 외환순공급이 은행간 시장에 파급되지 않거나 파급되더라도 은행의 외환포지션 변동을 일으키지 않아 환율에 직접적인 영향을 미치지 않는 경우도 있다. 대표적인 경우로는 거주자의 외화예금 변동, 환헤지 거래, 외환보유액 운영수익, 은행의 해외차입금 변동 등을 들 수 있다.

첫째, 거주자외화예금의 변동은 국제수지 흑자에도 불구하고 유입 외환이 은행간 외환시장으로 파급되지 않는 경우이다. 예를 들어 수출기업은 수출로 벌어들인 외환을 거래은행에서 환전하지 않고 향후 외환수요에 충당하기 위해 수출기업의 외화예금계정에 예금 형태로 보유할 수 있다. 이 경우 은행은 외화자산이 증가함과 동시에 기업에 대해 외화부채를 갖게 되므로 은행의 외환포지션에는 변화가 없다. 따라서 은행은 은행간 시장에서 외환포지션조정을 위해 즉시 외화자산을 매도해야 할 이유가 없으므로 국제수지 흑자에도 불구하고 환율하락 요인으로 작용하지 않는다.

우리나라의 경우 거주자외화예금은 향후 환율변동 예상에 따라 변동하는 경향이 있다. 향후 원/달러환율 하락이 예상되는 경우에는 기업의 거주자외화예금 잔액이 감소한다. 왜냐하면 수출기업은 벌어들인 외화를 환율이 떨어지기 전에 더 높은 값으로 매도하고자 하기 때문이다. 반대로 향후 환율상승이 예상되는 경우에는 외환을 매도하는 대신 거주자외화예금을 늘리면서 더 큰 원화환산 수출금액을 얻고자 한다. 그 결과 환율이 수출 실적과 괴리되어 움직이는 요인으로 작용한다.[20]

둘째, 다양한 형태의 환헤지 거래이다.[21] 외국인이 우리나라의 국내채권에 투자하는 경우를 예로 들어 보자. 외국인 투자자들이 국내채권에 투

---

20 우리나라의 거주자 외화예금잔액은 2019년 6월말 현재 703.8억달러를 기록하고 있다.

21 보다 자세한 내용에 대해서는 제3장 외환파생상품거래와 환율을 참조하기 바란다.

자하기 위해 해외로부터 가져온 외환을 매도하여 원화를 확보하는 과정에서 국내 외환시장에 외환순공급이 늘어나고 환율하락 압력이 발생한다. 한편 외국인 투자자는 투자자금 회수시 국내채권을 매도한 후 수취한 원화를 외환으로 환전해야 하므로 최초로 채권에 투자한 시점과 매도 시점간의 환율변동으로 인해 환위험에 노출된다. 이 경우 환헤지 방법의 하나로 외국인 투자자는 은행에 대해 선물환매입^{forward buying} 거래를 할 수 있다. 이 경우 미래 환율변동 위험을 현 시점에서의 선물환율^{forward rate}로 고정시키므로 환위험을 회피할 수 있다.

　　반면 은행의 입장에서는 외국인투자자에 대해 선물환매도^{forward selling} 거래를 행한 것으로서 은행의 외환포지션이 매도초과포지션 상태에 놓이게 된다. 결국 외국인투자자의 환헤지 거래로 인하여 당초 외국인투자자의 환위험이 은행으로 이전된 셈이다. 따라서 은행은 새로이 발생한 환위험을 상쇄하기 위해 현물환시장에서 외환을 매입하게 되는데 이 과정에서 환율상승 압력이 발생하고 최초 외국인 채권투자에 따른 환율하락 압력이 부분적으로 상쇄된다.

그림 2-5　　　　　외국인채권투자 및 환헤지에 따른 환율 영향

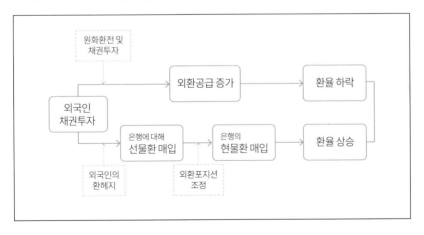

결과적으로 외국인 증권투자자금 유입에 따른 외환공급으로 환율이 하락압력을 받으나 외국인 투자자가 환헤지 거래를 동시에 하는 경우에는 환율에 미치는 영향이 상쇄되어 실제 투자 금액보다 작아지는데 외국인 증권투자자의 환헤지 비율이 높을수록 최초 환율 영향의 상쇄 정도가 더 크다고 할 수 있다.[22]

셋째, 중앙은행이 외환보유액을 운용하면서 벌어들이는 이자 수입이다. 이는 국제수지표상 소득수지 항목을 통해 경상수지 흑자를 가져온다. 그러나 이 자금은 국내 은행간 외환시장에 공급되지 않고 중앙은행의 해외계좌에 바로 예치되면서 외환보유액 증가를 가져온다. 따라서 국내 은행간시장의 외환수급이나 외화유동성에 변동을 초래하지 않아 환율에 직접적인 영향을 주지 않는다.[23]

넷째, 국내은행이 해외은행으로부터 외화자금을 차입하는 경우 국제수지표상 자본·금융계정의 기타투자수지에 계상된다. 이 경우 국내 외화유동성과 은행의 외화자산이 증가하나 해외에 대한 외화부채도 동시에 늘어나므로 은행의 외환포지션에 변동이 일어나지 않는다. 따라서 해외차입에 따른 국제수지 흑자에도 불구하고 은행간 외환시장에서 외환순공급에 따른 환율변동이 일어나지 않는 것으로 보아야 한다. 대신 이 경우 외화자금시장에서 은행이 일정기간 동안 외화를 빌려온 결과 외화유동성이 증가하면서 스왑레이트가 상승압력을 받는다.[24]

---

22 환헤지에 따른 영향은 우리나라 거주자가 해외증권에 투자하는 경우에도 마찬가지이다. 즉 거주자의 해외증권투자시 외환수요 증가로 환율상승 압력이 발생하나 이를 선물환거래를 통해 환헤지 하는 경우 은행의 선물환매입 및 현물환매도가 나타나면서 환율상승 압력이 상쇄된다.

23 이와는 반대로 제9장에서 다룬 외환시장개입은 국제수지에는 영향을 주지 않으나 은행간 외환시장의 수요 및 공급에 변화를 주는 경우라 할 수 있다.

24 이에 관해서는 제3장에서 자세히 설명하였다.

국제수지의 환율 영향은 단기적으로 불명확

주요국의 국제수지와 환율 움직임을 비교해 보면 각국 통화의 가치는 경상수지와 자본수지를 합한 국제수지와 단기적으로 일관된 움직임을 보이지 않는 경우가 많다. 이를 경상수지 적자국과 흑자국의 경우로 나누어 살펴보자.

대표적인 경상수지 적자국인 미국은 2000년대 이후 경상수지 악화가 지속[25]되면서 이의 상당 부분을 자본유입을 통해 보전하였으나 전체적으로 국제수지가 적자를 보이면서 미달러화의 약세가 나타났다. 그러나 글로벌 금융위기가 발생한 2008년 하반기 이후에는 단기적으로 미달러화에 대한 안전자산 선호로 미국으로의 자본유입 규모가 크게 증가하였으며 2014년 이후에는 경상수지 적자의 지속에도 불구하고 양적완화 정책의 종료와 정책금리 인상기대 등으로 달러화의 강세가 나타났다.

호주의 경우에는 2000년대 들어 경상수지 적자 규모가 확대되었으나 2007년을 제외하고는 비슷한 규모의 자본유입으로 국제수지가 대체로 균형을 보였다. 그럼에도 불구하고 호주 달러화의 가치는 2008년 글로벌 금융위기 발생 이전까지 가파른 상승세를 보였다. 이는 호주가 원자재 수출비중이 커 통화가치가 경상수지보다 국제원자재 가격의 움직임에 크게 좌우되는 특징을 가지고 있기 때문이다.

멕시코의 경우에는 2000년대 들어 경상수지 적자 규모를 상회하는 자본유입으로 외환순공급이 증가하였으나 멕시코 페소화는 대체로 약세를 보였다.

---

25 미국의 만성적인 경상수지 적자는 과도한 소비, 재정지출 증가에 따른 수입수요 확대, 미국으로의 자본유입에 따른 총지출 증가 등이 근본 원인으로 지적되고 있다.

반면 대표적인 경상수지 흑자국으로는 일본이나 스위스를 예로 들 수 있다. 일본의 경우 1980년대 이후 경상수지가 기조적으로 흑자를 보인 반면 자본유출 규모는 2000년대 이후 시기별로 큰 변동을 보였으나 전체적인 외환순공급 기조는 대체로 지속된 것으로 보인다. 그러나 일본 엔화는 1990년대 후반 가파른 약세를 보였으며 2000년대 중반경에도 국제수지 상황과 상반된 움직임을 보였다. 특히 2012년에는 일본 정부가 아베노믹스Abenomics라 불리는 적극적인 통화완화정책을 시행하면서 엔화가 큰 폭의 약세를 보였다.

스위스 프랑화는 2000년대 이후 미달러화에 대해 지속적인 강세를 보였다. 그러나 국제수지 상황을 보면 경상수지 흑자와 비슷한 규모의 자본유출이 발생한 경우도 많아 국제수지와 환율과의 관계가 안정적이지는 않은 것으로 나타났다.

우리나라의 경우에는 2000년대 중반 무렵까지 경상수지의 흑자 지속과 외국인의 국내 주식 및 채권 투자자금 유입 등으로 외환순공급이 지속되면서 원/달러환율의 하락압력이 지속되었다. 2006~2007년경에는 외국인의 주식투자자금 회수와 내국인의 해외증권투자 증가 등으로 외자유출 규모가 경상수지 흑자 규모보다 커 외환순공급이 마이너스를 보였음에도 불구하고 환율은 하락하였다.[26] 2012년 이후에는 사상 최대의 경상수지 흑자를 보였으나 원/달러환율은 대체로 일정 범위 내에서 등락하는 모습을 보였다. 이는 원/달러환율이 국제수지 또는 외환순공급에 따라 항상 일관되게 움직이지는 않았음을 의미한다.

---

26 이는 당시 우리나라의 조선 및 중공업체 등 수출기업의 대규모 환헤지 거래로 원/달러환율의 하락압력이 매우 컸던데 상당 부분 기인한다. 이에 관한 자세한 내용은 제3장에서 자세히 설명하였다.

그림 2-6 주요국의 국제수지 및 환율

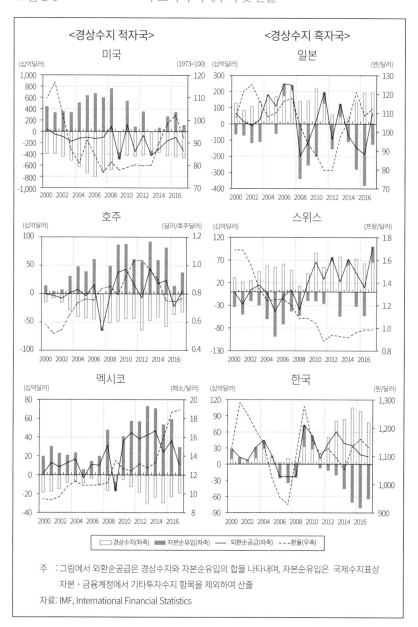

주 : 그림에서 외환순공급은 경상수지와 자본순유입의 합을 나타내며, 자본순유입은 국제수지표상
    자본·금융계정에서 기타투자수지 항목을 제외하여 산출
자료: IMF, International Financial Statistics

순국제투자 증가는 장기적 환율하락요인

앞서 살펴본 바와 같이 국제수지와 환율의 관계가 단기적으로 명확하지 않더라도 장기적으로 환율은 경상수지와 보다 일관된 관계를 갖는다. 경상수지 흑자국의 경우 해외저축이 늘어나 대외자산이 대외부채보다 커지게 되므로 순국제투자(대외투자－외국인투자)가 증가한다. 이는 장기적으로 환율하락 요인이라 할 수 있는데 단기적으로 경상수지 흑자에 의한 외환순공급이 늘어날 뿐만 아니라 장기적으로 대외 금융자산 증가에 따른 이자 및 배당 수입이 안정적으로 늘어나기 때문이다. 따라서 경상수지 흑자가 장기간 지속될 경우 무역구조 등에 큰 변화가 없는 한 기조적인 경상수지 흑자가 오랜 기간 유지될 가능성이 높다.

반대로 경상수지 적자국은 자본수지 흑자를 통해 그 나라의 부족한 외환을 충당하게 되는데 해외로부터 부채 성격의 외자유입이 지속되면 그 나라의 대외채무 즉 외채external debt [27]가 증가하게 된다. 그러나 경상수지 적자와 자본수지 흑자 규모가 비슷하여 전체적으로 국제수지가 균형을 이룬다고 하더라도 경상수지 적자를 외채 증가를 통해 보전해 나가는 경제구조가 언제까지 지속될 수 있는가 하는 부정적인 시각이 커지게 된다. 그 결과 한 나라의 외채가 경제규모 등에 비해 과도하게 증가하는 경우 그 나라에 대한 국가신인도의 저하를 가져오면서 통화가치 하락 요인으로 작용한다. 이는 과도한 외채가 그 나라의 외채상환능력에 대한 불신을 초래하고 특히 만기가 1년 이내인 단기외채 규모가 큰 경우 경제위기

---

27 외채는 한 나라가 특정 시점에 외국에 대해 지고 있는 확정채무로서 국제투자대조표IIP상에서 지분성 증권(직접투자내의 지분투자와 증권투자의 주식투자)과 파생금융상품을 제외한 것과 개념상 일치한다. 이에는 차입금은 물론 해외증권발행, 외국인의 국내 채권투자, 무역신용, 예치금 등 대부분의 자본 및 금융 거래 항목이 포함된다.

발생의 직접적인 원인이 되기 때문이다. 더욱이 국제금융시장의 불확실성이 증가하거나 부정적인 외부충격이 발생하는 경우 그 나라 대외부문의 취약성vulnerability이 부각되면서 대규모 자본유출이 발생하기도 한다. 이상의 논의를 정리하면 아래 <그림 2-7>과 같다.

그림 2-7   경상수지와 환율의 장기적 관계

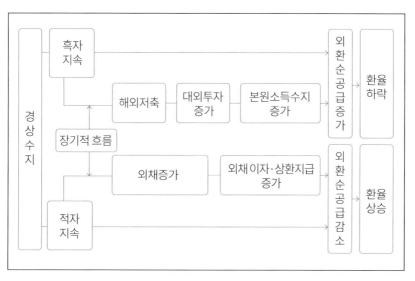

경상수지와 환율의 장기적인 관계를 경상수지 흑자국과 적자국의 사례를 통해 살펴보자. 우선 우리나라와 마찬가지로 큰 폭의 경상수지 흑자를 기록하고 있는 일본은 장기간 동안 경상수지 흑자 기조가 지속되고 있는 대표적인 나라이다. 일본의 경상수지 흑자를 항목별로 살펴보면 경상수지의 구성 항목면에서 우리나라와 뚜렷한 차이가 있다. 우리나라의 경우 경상수지중 무역수지에서의 큰 폭 흑자가 경상수지 흑자의 대부분을 차지하고 있는 반면, 일본의 경우에는 무역 및 서비스 수지 흑자보다는

본원소득수지의 흑자가 안정적인 경상수지 흑자를 가져오는 가장 중요한 요소이다. 이는 일본이 오랜기간 경상수지 흑자기조의 지속으로 해외금융자산이 꾸준히 늘어남에 따라 해외로부터 큰 폭의 이자 및 배당 수입이 지속되고 있기 때문이다.

그림 2-8   한국 및 일본의 경상수지 구성

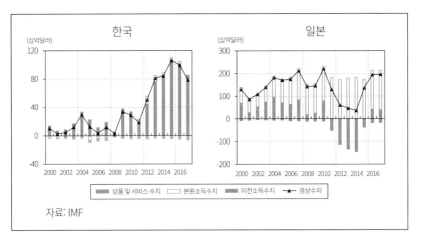

한편 경상수지 적자국의 경우에는 외채의 증가에 따라 환율에 미치는 장기적인 영향이 경상수지 흑자국과 반대이다. 2000년대 이후 멕시코, 칠레 등 일부 남미국가들의 경우 경상수지 적자 보전을 위한 해외자본 유입이 증가하면서 외채가 지속적으로 증가하였다. 이러한 외채증가가 지속될 경우 상환능력에 대한 의구심이 커지면서 국가신인도 저하와 리스크 프리미엄 상승을 가져오므로 통화가치의 약세 요인으로 작용한다. 아래의 <그림 2-9>는 국별 및 시기별로 다소간의 차이는 있으나 경상수지 적자와 더불어 외채증가가 장기간 지속되고 있는 남미국가들의 환율이 상승하는 모습을 나타낸다.

그림 2-9 　　　　　　　　남미 주요국의 외채 및 환율

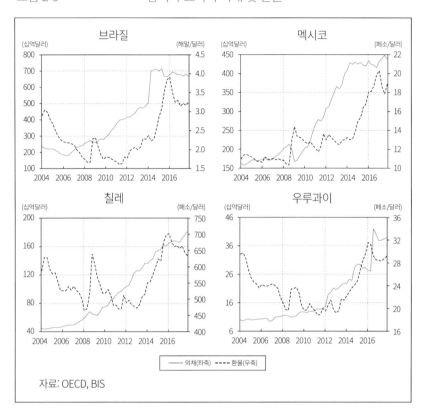

자료: OECD, BIS

요 약

환율은 외환시장에서 외환에 대한 수요와 공급의 상대적 크기에 따라 결정된
다. 한 나라의 국제수지가 흑자인 경우 외환공급이 수요보다 많으므로 통상
환율이 하락하고 국제수지가 적자인 경우에는 환율이 상승한다. 그러나 환율

은 은행간 외환시장에서 결정되므로 국제수지가 은행간시장의 외화유동성 또는 은행의 외환포지션 변동을 가져오지 않는 경우에는 이러한 관계가 뚜렷이 나타나지 않는다. 장기적으로는 경상수지 흑자국의 경우 해외로부터의 배당 및 이자수입 증가로 환율하락 압력이 발생하는 반면 경상수지 적자국의 경우에는 외채가 늘어나면서 환율상승이 초래된다.

참고문헌

Golub, Stephen, 1986, "The Currenct Account Balance and the Dollar : 1977-78 and 1983-84", *Princeton Studies in International Finance*, No. 57.

Haberler, Gottfried, 1949, "The Market for Foreign Exchange and Stability of the Balance of Payment : A Teoretical Analysis", *Kyklos* 3.

Hooper, Peter and C. Mann, 1989, "The Emergence and Persistence of the U.S External Imbalance : 1980~87", *Princeton Studies in International Finance*, Princeton University.

Koray, Faik, 1990, "Trade Balance and the Exchange Rate", *Journal of Macroeconomics* 12.

Krugman, Paul R., 1985, "Is the Strong Dollar Sustainable?", Federal Reserve Bank of Kansas City Symposium.

Molho, Lazaros, 1990, "The Significance of Current Account : Implication of European Financial Integration", *IMF Working Paper*, WP/90/30.

Robinson, Joan, 1937, "The Foreign Exchanges", *Essays on the Theory of Employment*, New York.

Stern, R., 1977, "The Presentation of the U.S Balance of Payments : A Symposium", Essays in international Finance, No. 123.

Thirwall, A.P. and Heather D. Gibson, 1992, *Balance of Payments Theory and the United Kingdom Experience*, 4th ed. London, MacMillan.

한국은행, 2014, 『우리나라 국제투자대조표의 이해』.

_____, 2016, 『우리나라 국제수지 통계의 이해』.

제3장
외환파생상품거래와 환율

In recent years, non-deliverable forward (NDF) markets have become increasingly important for a number of currencies in the Asia-Pacific region.

- Guy Debellle, 2006

개 요

환율은 은행간 외환시장에서의 현물환 거래에 의해 결정되나 은행이 대고객 또는 다른 은행과 다양한 형태의 외환파생상품거래를 하는 경우에도 영향을 받는다. 이는 외환파생상품거래가 국제수지에 포착되지 않는 경우라도 은행의 외환포지션에 변동을 초래하여 연쇄적인 현물환거래를 유발하기 때문이다. 이 장에서는 선물환forward, 역외 차액결제선물환NDF, 외환스왑FX swap, 통화스왑 및 옵션option거래 등을 중심으로 외환파생상품거래가 환율변동을 가져오는 경로를 설명하였다. 또한 글로벌 금융위기를 전후한 시기에 외환파생상품거래가 환율에 큰 영향을 준 우리나라의 사례를 소개하였다.

외환파생상품거래는 외환포지션변동을 통해 환율에 영향

제1장에서 살펴본 바와 같이 외환거래는 현물환거래와 외환파생상품거래로 구분할 수 있는데 현물환거래 뿐만 아니라 외환파생상품거래도 현물환율에 영향을 미친다. 이는 외환파생상품거래가 국가간 자본이동을 수반하지 않더라도 거래의 결과 은행의 외환포지션에 변동을 초래함으로써 은행간 외환시장에서 연쇄적인 현물환 거래가 발생하는 경우가 많기 때문이다.[28]

외환파생상품거래의 결과 만기일에 외화로 지급받을 자산이 지급할

---

28 앞의 제2장에서 설명한 바와 같이 국제수지에 따른 외환순공급은 은행간 외환시장에서 은행의 외화유동성 또는 외환포지션에 변동을 주는 경우 환율에 미치는 영향이 일관되게 나타난다는 점을 상기하기 바란다.

부채보다 더 크면 은행의 외환포지션은 매입초과포지션 상태가 된다. 이 경우 환율이 하락하면 은행은 손실을 입는다. 반대로 부채가 자산보다 큰 경우에는 은행의 외환포지션이 매도초과포지션 상태가 되며 이 경우에는 환율상승시 손실을 보게 된다. 따라서 은행은 매입초과포지션이 크면 외환을 매도하고, 반대로 매도초과포지션이 크면 외환을 매입하여 환위험의 노출 정도를 줄이게 된다.

은행이 외환포지션을 조정하기 위해서는 두 가지 방법을 생각할 수 있다. 첫째는 현물환시장을 이용하는 방법이고 다른 하나는 여타 파생상품시장을 이용하는 것이다. 통상 현물환시장이 유동성이 풍부하여 환위험 축소를 위한 반대거래를 하기가 용이하므로 은행은 주로 현물환시장에서 매매거래를 하며 이 과정에서 현물환율이 영향을 받는다.

그림 3-1   은행의 외환포지션변동에 따른 환율 영향

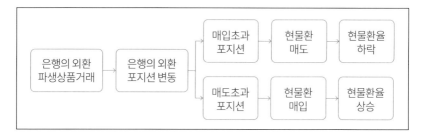

한편 은행의 환위험 노출 정도가 매우 클 경우 개별 금융기관은 물론 전체 금융시스템financial system의 안정성에도 영향을 줄 수 있다. 따라서 우리나라의 외국환거래법에서는 물론 다른 많은 나라들도 개별 은행의 환위험을 방지하고 은행부문 전체의 건전성을 확보하기 위해 외환포지션 한도를 일정 범위내로 규제하고 있다.

외환포지션은 일정 시점에서 외국환은행 등이 보유하고 있는 외화자산과 외화부채의 차액을 말하는데 자산과 부채의 상대적 크기에 따라 다음과 같이 구분된다.

- 매입초과포지션: 외화자산 > 외화부채
- 매도초과포지션: 외화자산 < 외화부채
- 스퀘어포지션: 외화자산 = 외화부채

형태별로는 현물환포지션(현물자산-현물부채), 선물환포지션 (선물자산-선물부채) 및 종합포지션(현물환포지션+선물환포지션) 으로 구분된다. 현행 우리나라의 외환포지션 제도는 외국환은행 에 대해 종합포지션 및 선물환포지션 한도를 각각 설정하고 있다.

- 종합포지션: 전월말 자기자본의 50% 이내
- 선물환포지션: 국내은행은 전월말 자기자본의 50%,
  외국은행 국내지점(외은지점)은 250% 이내

한편 종합포지션은 보수적 관점에서 간편포지션 방법을 사용 한다. 이는 모든 통화별 외환포지션을 합산하는 순합산포지션과 는 달리 외화자산을 통화별로 구분하여 매입초과포지션 합계와 매도초과포지션 합계액중 큰 금액을 외환포지션 관리대상으로 산 정한다.

예) A은행의 통화별 외환포지션이 다음과 같다고 가정하자.

- 매입초과포지션: 유로화 20억USD, 엔화 30억USD,
  파운드화 10억USD
- 매도초과포지션: 미달러화 60억USD, 위안화 10억USD

이 경우 순합산포지션에서는 매입초과포지션 합계 60억달러와 매도초과포지션 합계 70억달러를 모두 고려하여 A은행의 전체 외환포지션은 10억달러 매도초과포지션이 된다. 그러나 간편포지션에서는 매입 및 매도 포지션중 큰 금액인 매도초과포지션 70억달러가 관리대상 외환포지션이 된다.

선물환거래는 국제수지와 무관한 환율변동요인

선물환^{forward} 거래는 우리나라에서 수출기업들의 환위험 헤지수단으로 가장 널리 이용된다. 이는 국내 기업과 은행간에 일어나는 거주자간 거래로서 국제수지에 포착되지 않으나 은행의 환포지션 변동을 통해 환율에 즉각적으로 영향을 미치는 경우라 할 수 있다. 미래 일정시점에 미달러화로 수출대금을 받기로 되어 있는 수출기업은 환율하락시 자국통화로 환산한 금액이 줄어들어 손해를 볼 수 있으므로 미리 약정된 선물환율$^{forward\ rate}$로 수출대금을 은행에 매도하는 선물환매도 거래를 통해 환위험을 회피할 수 있다.[29] 이 경우 은행은 기업에 대해 선물환매입을 한 것이므로 매입초과포지션 상태가 되어 기업의 환위험이 은행에 이전된 것과 같다. 따라서 은행은 현물환시장에서 외환을 매도함으로써 환위험을 줄이고자 하며 이 과정에서 환율이 하락압력을 받는다.

---

29 선물환율은 이론적으로 내외금리차를 반영하여 $F = S \cdot \left(\frac{1+i}{1+i^*}\right)$로 결정된다. 아울러 <참고 3-3> 외환스왑거래에 관한 설명을 참조하기 바란다.

부연하자면 수출기업이 은행에 대해 선물환 매도거래를 하는 경우에는 아직 수출대금이 국내로 유입되지 않아 외환시장에 실제 외환수급 또는 유동성 사정에 변화가 없음에도 불구하고 은행의 헤지거래에 따라 현물환율이 영향을 받는다. 이는 은행이 선물환매입에 따른 매입초과포지션을 현물환매도를 통해 상쇄하고자 하기 때문이다.

반면 수출업체가 해외 수입업자로부터 수출대금을 실제로 지급받는 시점에서는 환율변동이 일어나지 않는다.[30] 왜냐하면 은행이 수출기업으로부터 수출대금을 받는 경우 현물자산인 외환이 유입되지만 선물자산도 동시에 소멸되므로 은행의 외환포지션에 변동이 일어나지 않기 때문이다. 즉 은행간 현물환시장으로의 외환공급과 환율하락은 수출대금의 실제 수취시점이 아니라 기업과의 선물환거래를 하면서 은행의 외환포지션이 변동되는 시점에서 발생한다.

그림 3-2　　　　　수출기업의 선물환매도 거래시 환율 영향

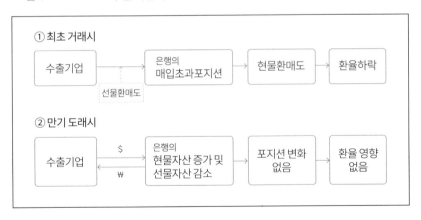

---

30 선박수출의 경우 실제 수출대금의 영수는 최초 선박수주 또는 계약시 받는 착수금, 중도금 및 최종잔금 등으로 분할하여 수령하게 되는 경우가 일반적이다.

2003년 이후 세계 조선경기의 대호황에 힘입어 우리나라의 선박 및 플랜트 수주량이 2007년에는 연간 기준으로 사상 최고치를 기록하는 등 글로벌 금융위기 발생 이전까지 크게 증가하였다.

조선업계 수주액 추이

(단위: 억달러, %)

2002	2003	2004	2005	2006	2007	2008			2009
							1~9	10~12	
100.4	239.0	318.0	312.7	617.0	975.0	717.9	694.6	23.3	183.3
(-6.2)	(138.0)	(32.5)	(-1.7)	(97.3)	(58.0)	(-26.4)	(-4.3)	(-90.6)	(-74.5)

주 : ( )내는 전년동기대비 증감률
자료: 한국은행 국제국, 조사통계월보(2010.2월호)에서 재인용

선박수출의 구조적 특성상 제품을 완성하여 수입국에 인도하기까지 통상 2~3년 이상의 장기간이 소요되므로 수출기업은 환율변동위험에 노출된다. 특히 당시 미달러화 약세, 우리나라의 경상수지 흑자 및 외국인의 증권투자자금 유입 등으로 원화환율의 하락 기대가 강하게 형성됨에 따라 대다수의 국내 조선업체들이 선박수주 계약체결 당일 또는 2주일 이내에 수주물량의 대부분을 헤지하는 등 적극적으로 환위험을 관리하였다.

조선업체의 환헤지 비율 추이

(단위: 억달러)

	2002	2003	2004	2005	2006	2007	2008	2009
선박 수주액(A)	100.4	239.0	318.0	312.7	617.0	975.0	717.9	183.3
선물환 순매도(B)	18.5	44.7	125.0	168.2	352.5	532.6	416.7	160.7
환헤지 비율 (B/A, %)	18.4	18.7	39.3	53.8	57.1	54.6	58.0	87.6

자료: 한국은행 국제국 및 조사통계월보(2010.2월호)에서 재인용

한편 조선업체들이 환헤지 수단으로 환위험 회피가 확실하고 사후관리가 용이한 선물환[forward] 거래를 주로 이용함에 따라 현물환율이 하락하고 외화자금시장에서의 수급불균형 및 외화차입으로 인한 외채 증가 등이 나타났다. 이 과정을 예를 들어보면 다음과 같다.

조선업체의 선물환매도 거래 예시

① 선박회사는 수출계약 수주시 환위험 헤지를 위해 은행과 선물환매도 계약을 체결

② 은행은 선물환 매입에 따라 발생한 매입초과포지션을 해소하기 위해 현물환시장에서 외환을 매도하므로 환율 하락압력이 발생

③ 은행이 현물환매도에 따른 달러 유동성부족을 해외차입 등으로 보전하는 과정에서 외채가 증가

④ 은행은 현물환매도 및 선물환매입 차익(0.88%)과 해외차입 비용을 상회하는 국내채권투자 수익률(1.27%) 등으로 재정차익(2.15%)을 획득

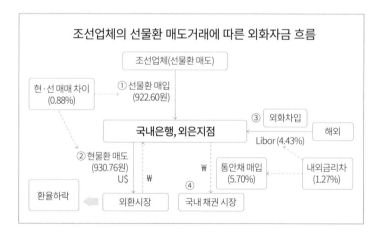

역외 NDF거래는 환율변동성 확대를 초래

차액결제선물환[NDF: Non-Deliberable Forward]이란 비거주자가 국제화되지 않은 통화를 대상으로 환투기 또는 환위험헤지 목적으로 이용하는 선물환거래의 일종이다. 우리나라의 경우 1999년 4월 국내 외국환은행과 비거주자간에 원/달러 차액결제선물환 거래가 허용된 이후 거래규모가 점차 확대되면서 원/달러환율에 미치는 영향도 증대되어 왔다.[31]

차액결제선물환 거래가 국제화되지 않은 통화에 대해 이용되는 것은 만기시 차액에 대해서 미달러화로 결제하면 되므로 선물환거래를 위해 상대국 통화를 직접 보유할 필요가 없기 때문이다. 여기서 차액이라 함은 계약시 환율과 만기시 환율간의 차이를 거래금액에 적용한 것이다. 구체적인 차액결제선물환 거래의 예는 아래 <참고 3-2>와 같다.

참고 3-2   NDF거래 예시
_____

<최초 거래시>

비거주자가 국내 외국환은행과 다음의 조건으로 NDF매입계약 체결(은행의 NDF 매도): 계약가격(NDF환율) 1,110원, 만기 1개월, 금액 1억달러

<만기시: 1개월 + 제2영업일>

(i) 만기시 환율이 1,120원인 경우 NDF매입자(비거주자)가 NDF매도자(은행)로부터 차액인 892,857달러(=[(1,120-1,110) X 1억달러]/1,120)를 수취

(ii) 만기시 환율이 1,100원인 경우에는 NDF매입자가 NDF매도자에게 차액인 909,091달러(=[(1,110-1,100) X 1억달러]/1,100)을 지급

_____

31 동 조치 이전에는 외국환은행의 참여가 없어 원화환율에 대한 영향은 제한적이었다.

차액결제선물환은 계약환율과 만기시 환율 간의 차이에 대해서만 결제하므로 일반선물환에 비해 결제금액이 적게 소요되는 반면 레버리지leverage 효과가 높아 투기적 거래에 용이하다. 따라서 국제투자은행이나 헤지펀드 등 공격적인 성향의 국제투자자들이 우리나라 원화를 포함한 신흥시장국 통화를 대상으로 적극적으로 거래하고 있다. 그 결과 우리나라 원화환율의 변동성을 증대시키는 주요인의 하나로 작용하고 있다.

역외 비거주자가 환차익 획득을 위해 국내 외국환은행과 차액결제선물환 거래를 하는 경우 원화환율에 미치는 과정을 살펴보자. 만약 역외 비거주자가 단기적으로 원/달러환율의 상승을 예상하는 경우 국내 은행에 대해 원/달러 차액결제선물환을 매입하게 된다.[32] 비거주자의 차액결제선물환 매입은 거래 상대방인 국내 외국환은행의 매도초과포지션을 가져오므로 은행의 포지션조정을 위한 현물환 매입수요가 발생하고 원/달러환율이 상승압력을 받는다.

실제 만기시 환율이 역외 비거주자의 매입가인 선물환율보다 더 상승하면 비거주자는 현물환율과 선물환율의 차이만큼 환차익을 얻을 수 있다. 경우에 따라서는 다른 국내 은행들이 역외 비거주자의 차액결제선물환 매매에 편승하여 동일한 방향으로 거래를 하여 외환시장에서 쏠림현상herd behavior이 나타나면서 환율이 크게 상승하기도 한다.

이와 반대로 비거주자가 원/달러환율의 하락을 예상하는 경우에는 국내 외국환은행에 대해 차액결제선물환을 매도함으로써 환율하락을 더욱 가속화시켜 환차익을 얻을 수 있다.

일반 선물환거래와 달리 차액결제선물환 거래의 만기시에는 선물환 계약의 종결로 국내 은행의 포지션변동이 다시 일어나며 이 과정에서 환

---

32 원/달러 차액결제선물환 시장에서 매입이라 함은 다른 외환거래에서와 마찬가지로 미달러화를 매입함을 의미한다.

율이 변동할 수 있다. 앞서 설명한 바와 같이 일반 선물환거래의 경우에는 만기도래시 전체 금액이 지급 또는 수취되면서 선물환포지션도 같은 금액만큼 소멸되므로 외환포지션 변동이 일어나지 않고 따라서 환율변동요인으로 작용하지 않는다. 이에 반해 차액결제선물환거래의 경우에는 만기도래시 계약환율과 만기환율간의 차이에 대해서만 대금지급이 발생하므로 포지션변동이 새로이 발생한다.[33]

예를 들어 최초 비거주자의 차액결제선물환 매도(은행의 NDF매입) 거래가 있었다면 만기시에는 은행의 매입초과포지션이 전부 소멸되어 그 자체로 매도초과포지션이 새롭게 발생한 것과 같다. 따라서 만기시 은행은 포지션 조정을 위해 현물환 매입[34]을 추가적으로 해야 되므로 최초 거래시와는 반대로 환율의 상승압력이 나타난다.

그림 3-3   비거주자의 NDF매도시 환율 영향

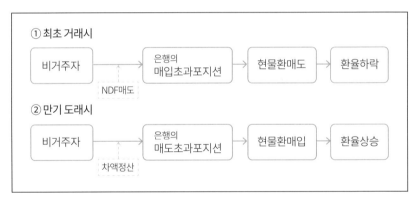

한편 우리나라의 경우 뉴욕외환시장 등 역외시장에서 형성된 원/달러 NDF환율은 다음날 아침 국내 은행간 외환시장의 현물환율 시초가격에

---

33 국제수지표상에서는 차액정산금액만 파생상품투자수지에 계상된다.

34 이를 fixing 거래라고 부른다.

직접적인 영향을 미친다. 즉 서울외환시장보다 시간적으로 앞서 있는 뉴욕외환시장에서 국제금융시장의 새로운 뉴스나 정보가 원/달러 NDF환율에 반영되고 이는 다시 서울외환시장의 현물환율의 개장가에 직접적인 영향을 미친다. 이는 서울외환시장이 개장되어 있지 않은 시간대에서도 국제금융시장에 출현하는 실시간 정보에 대한 역외 시장참가자들의 반응이 국내 외환시장에 영향을 미치는 경로로 작용함을 의미한다. 또한 서울외환시장에서 개장후 형성된 환율은 싱가포르 역외시장 등과 영향을 주고받으면서 변동함으로써 서울외환시장의 현물환율과 역외 NDF환율이 밀접한 관계를 갖는다.

그림 3-4   역외 NDF환율 및 현물환율의 상호 영향

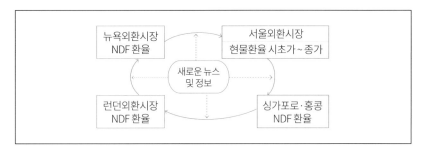

요약하자면 역외 차액결제선물환 거래는 글로벌 금융시장의 새로운 정보와 불확실성이 역외 비거주자의 투기적 거래를 통하여 국내 외환시장과 환율에 쉽게 전이되도록 하는 경로로 작용한다고 할 수 있다. 특히 국제금융시장 불안시 역외 투자자들은 원화환율의 상승을 예상하여 국내 은행들과 차액결제선물환 매입 거래를 함으로써 원화환율의 상승을 가속화시키고 환율변동성을 확대시키는 경향이 있다. 이는 원화가 비국제화된 통화나 역외 차액결제선물환 거래를 통해 이미 국제외환시장에서 연속된 거래를 보이고 환율이 실시간 변동하고 있음을 의미한다.

우리나라는 1999년 4월 국내 외국환은행과 비거주자간 NDF거래를 허용한 이후 원/달러 NDF거래 규모가 빠르게 증가하였다. 글로벌 금융위기의 여파로 거래규모가 상당기간 위축되었으나 최근 회복세를 보이고 있다.

외국환은행의 NDF거래 규모

(단위: 억달러, %)

	2008	2010	2013	2014	2015	2016	2017	2018
NDF거래[1](A)	94.3	54.4	55.6	62.3	72.0	81.9	88.9	98.2
현물환거래[2](B)	196.9	165.8	181.8	171.0	199.8	194.3	196.0	213.3
A/B (%)	47.9	32.8	30.6	36.4	36.0	42.2	45.4	46.0

주 : 1) 외국환은행의 비거주자와의 매입액 및 매도액의 합계 2) 은행간 및 대고객 거래 포함
     3) 일평균기준
자료: 한국은행

이에 따라 역외 비거주자의 차액결제선물환 매매 방향에 따라 원화환율이 대체로 밀접한 영향을 받으면서 움직이는 특징을 보여왔다. 즉 비거주자의 차액결제선물환 순매입시에는 환율상승이, 매도시에는 환율하락이 나타났다.

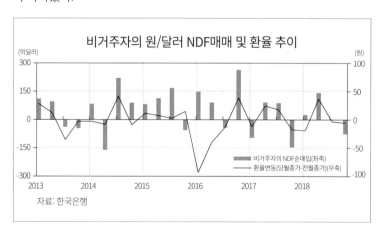

자료: 한국은행

한편 최근에는 역외 NDF시장에서 신흥국 통화의 거래규모가 비거주자간 거래를 중심으로 크게 증가하고 있다. 이중 원화 NDF거래규모는 비거주자간 거래를 포함할 경우 일평균 601.0억달러(2019년 4월 기준)에 달하여 전체 통화에서 차지하는 비중(23.2%)이 가장 큰 것으로 나타났다.

주요 신흥국 통화의 글로벌 NDF거래 규모

(단위: 억달러)

연도	한국	중국	대만	인도	브라질	러시아	기타
2013	195.7	170.8	88.6	172.0	158.9	41.2	367.9
2019	601.0	117.7	308.6	500.2	357.5	55.0	647.9

주 : 각 연도 4월중 일평균기준
자료: BIS(2019), Triennial Survey

한편 주요 신흥국의 경우 역내 선물환율과 역외 NDF환율은 다소 괴리를 보이는데 특히 글로벌 위기시나 자본통제의 정도가 큰 나라일수록 괴리폭이 큰 것으로 나타나고 있다.

주요 신흥국의 역내 선물환율 및 역외 NDF환율간의 괴리

(단위: %)

	전체기간	위기시 제외	글로벌 금융위기 기간	테이퍼텐트럼 기간
중국	0.43	0.41	0.59	0.48
인도	0.44	0.35	1.17	0.57
인도네시아	0.82	0.56	2.37	2.53
말레이시아	0.29	0.26	0.51	0.26
필리핀	0.44	0.31	1.62	0.24
대만	0.39	0.38	0.59	0.10
브라질	0.22	0.18	0.60	0.17
러시아	0.08	0.08	0.08	0.10
한국	0.30	0.23	0.90	0.25

주 : 1) 수치는 (역외NDF환율-역내 선물환율)/현물환율의 일별 절대값의 기간평균을 의미
      2) 전체기간: 2005년 1월 ~ 2013년 12월, 글로벌 금융위기 기간: 2008년 9월 ~ 2009년 7월,
        테이퍼텐트럼: 2013년 5월 ~ 8월
자료: McCauley, Shu, and Ma(2014)

외환스왑거래가 환율에 미치는 영향은 중립적

외환시장거래중 가장 큰 비중을 차지하는 외환스왑$^{FX\ swap}$ 거래는 거래 당사자가 두 통화간 자금과부족 조정을 위해 일정기간 약정된 환율로 필요통화를 서로 차입하는 형태의 거래이다. 따라서 형식적으로는 외환매매거래라 할 수 있으나 실질적으로는 자금의 대차가 일어나는 외화자금시장의 범주에 포함시키기도 한다.[35] 또한 외환스왑거래는 부족한 통화의 조달 목적 이외에도 환리스크 관리, 금리차익 획득, 투기적거래 목적으로도 이용된다.

외환시장에서 외환에 대한 상대적 수요에 따라 환율이 결정되는 것과 마찬가지로 외환스왑시장에서는 외화자금에 대한 상대적 수요에 따라 스왑레이트가 변동한다. 스왑레이트$^{swap\ rate}$란 선물환율과 현물환율의 차이를 연율로 표시[36]한 것으로 금리평가이론$^{CIRP:\ Covered\ Interest\ Rate\ Parity}$에 따라 두 통화간의 금리 차이를 반영하여 결정된다.

만약 한 은행이 원화는 풍부하나 외화유동성이 부족한 상황이라면 외환스왑 거래를 통해 현 시점에서 현물환을 매입하고 만기시에는 약정된 선물환율로 외환을 다시 매도(선물환 매도)하는 buy&sell 외환스왑을 이용하면 된다. 이 경우 현물환 매입 증가로 현물환율은 상승하고 선물환매도 증가로 선물환율이 하락하므로 스왑레이트 또는 스왑포인트(=F-S)는 하락압력을 받는다. 반대로 원화가 부족하고 외화유동성은 풍부한 은행의 경우에는 sell&buy 외환스왑으로 자금의 과부족을 해결하므로 스왑레이트가 상승압력을 받는다.

---

35 외환스왑은 은행간의 신용을 바탕으로 자금의 대차가 일어나는 통상적인 경우와 구분하여 일정기간 동안 두 통화간 교환이 일어나므로 신용거래의 성격보다는 일종의 보증 또는 담보 거래의 성격을 갖는다.

36 스왑레이트 = (F - S) / S × 100, F는 선물환율, S는 현물환율을 의미한다.

은행A는 원화는 풍부하나 미달러화가 부족한 반면, 은행B는 미
달러화는 풍부하나 원화조달 필요가 있는 경우 다음의 외환스왑거
래를 통해 자금의 과부족을 해결할 수 있다.

	최초거래	만기시	형태
은행 A	USD 차입(원화 대여)	USD 상환(원화 환수)	buy & sell
은행 B	원화 차입(USD 대여)	원화 상환(USD 환수)	sell & buy

여기서 원화금리가 달러금리보다 높다면 달러를 제공하고 원화
를 빌린 은행B의 경우 두 통화의 교환으로 이익을 볼 수 있다. 따라
서 만기시 환율(선물환율)에 이를 반영하여 더 큰 원화금액으로 갚
아야 한다.

아래의 예시에서처럼 은행B는 스왑자금 1억달러에 대해 최초
거래시 적용한 환율(1,329원)보다 더 높은 환율(1,347원)을 만기시
에 적용하여 원화(1,347억원)를 갚고 1억달러의 외화를 회수하게
된다. 따라서 외환스왑거래에서 현물환율과 선물환율의 차이는 이
론적으로 두 통화간의 내외금리차를 반영한 무위험 금리평가이론
[CIRP]에 따라 결정된다. (금리평가에 관해서는 <참고 5-1> 참조)

　　자본이동에 제약이 없고 외환시장이 효율적이라면 스왑레이트
는 이론가격인 내외금리차와 같아져 무위험 금리평가가 성립한다.
만약 이 두 값이 차이가 나는 경우 재정차익거래 유인이 발생한다.
　　스왑레이트가 내외금리차를 하회하는 경우를 가정하여 금리
차익거래가 일어나는 과정을 보면 ① 외화 차입 → ② sell&buy스
왑(현물환 매도 및 선물환 매입) → ③ 국내채권(CD) 매입을 통해
차익을 획득할 수 있다.

<가정>

현물환율: 1,207.0원, 선물환율(3개월): 1,215.8원

국내 CD(91일물)금리: 4.30%, Libor(3개월물)금리: 1.28%

<거래절차>

① 달러화 차입(차입금리: 1.28%)

② 차입한 달러화를 현물환시장에서 매도(원화조달)하고 선물
환을 매입.

이 과정에서 스왑레이트($2.92\% = \frac{1,215.8-1,207.0}{1,207.0} \times \frac{360}{90}$)만큼
비용이 발생

③ 현물환매도로 조달한 원화자금을 CD로 운용(운용수익률
4.30%)

$$\Rightarrow \quad 4.30\% \quad - \quad (1.28\% + 2.92\%) \quad = 0.10\%$$

(운용수익)　　　(조달비용)　　　(재정차익)

④ 스왑 만기시점에 인수한 달러화로 달러화 차입금 상환

한 나라 전체적으로 외화자금시장의 유동성 사정이 양호한 경우에는 은행간에 sell&buy 외환스왑 거래가 시장거래를 주도하게 되므로 스왑레이트가 상승하고 반대로 외화유동성이 부족하면 스왑레이트가 하락한다. 보다 정확히 말하면 은행의 외화자금사정이 악화되거나 외화조달 수요가 큰 경우에는 스왑레이트가 이론가격보다 하락한다. 즉 스왑레이트가 내외금리차를 상회하면 시중의 외화자금사정이 공급우위를, 반대로 스왑레이트가 내외금리차를 하회하면 외화자금사정이 수요우위에 있음을 의미하는 것으로 볼 수 있다.[37]

한편 외환스왑거래는 현물환거래와 달리 외화를 매매하여 소유권이 완전히 이전되는 것이 아니라 일정기간 동안 외화를 빌려오는 대차거래의 성격을 가지므로 환율에 직접적인 영향을 주지 않는다. 이는 외화대차거래의 속성상 은행이 대고객과 외환스왑거래를 하는 경우 외화 자산과 부채가 동시에 변동하여 외환포지션에 변화가 발생하지 않기 때문이다.[38] 가령 외국인투자자가 국내 채권에 투자하는 경우 국내 은행과의 외환스왑거래sell & buy를 통해 원화를 조달하는 경우라면 은행의 외환포지션에 변동이 없으므로 환율하락 요인으로 작용하지 않는다.

우리나라 거주자가 해외증권에 투자하는 경우에도 마찬가지이다. 만약 거주자의 해외주식 투자시 환헤지를 하지 않는 경우에는 현물환시장에서 외환을 조달하게 되므로 현물환율의 상승요인이 된다. 그러나 만약 해외채권 투자자가 환위험을 헤지하고자 하는 경우에는 필요한 외환을 현물환시장이 아닌 외환스왑시장에서 조달(buy&sell 스왑)하므로 현물환율에 영향이 나타나지 않는 대신 스왑레이트가 하락 압력을 받는다.

---

37 외화자금사정 이외에도 시장의 구조적 요인이나 위험프리미엄 등으로 스왑레이트와 내외금리차가 괴리되는 경우도 많다.

38 스왑거래는 현물환거래와 선물환거래가 동시에 반대방향으로 거래되는 것이라 할 수 있다.

그림 3-5   해외투자시 환헤지여부에 따른 외환시장 영향

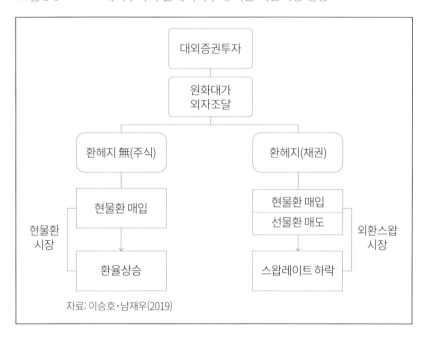

자료: 이승호·남재우(2019)

결국 국내증권에 대한 외국인 투자자는 물론 해외증권에 대한 국내 투자자의 환헤지 여부에 따라 외환의 수요 또는 공급이 현물환시장과 외환스왑시장으로 구분되어 나타날 수 있다. 즉 대내외 증권투자시 영향은 환헤지를 하지 않는 경우 현물환율에, 환헤지를 하는 경우에는 스왑레이트에 반영된다. 현물환시장과 외환스왑시장은 외환시장내에서 서로 밀접히 관련되어 있기는 하나 서로 구분되어 있는 별도의 시장이라 할 수 있으므로 두 시장의 유동성 상황이 반드시 일치하지 않을 수 있다. 아래의 <사례 3-3>은 현물환시장의 공급우위 기조와 외환스왑시장의 수급불균형이 지속되고 있는 우리나라의 사례를 설명하였다.

　　우리나라는 글로벌 금융위기시 환율이 급등하고 외화자금시장의 불균형(내외금리차-스왑레이트)이 최고조에 달하는 등 두 시장에서 유동성 부족이 일관된 방향으로 나타났다. 그러나 2010년 이후 두 시장의 유동성 상황은 상반된 모습을 보이고 있다. 즉 현물환시장의 경우 대규모 경상수지 흑자의 지속 등으로 외환공급 우위의 모습이 나타난 반면, 외환스왑시장은 국내 거주자의 해외증권투자가 확대되면서 환헤지를 위한 외환수요 증가(buy&sell 스왑) 등으로 스왑레이트가 내외금리차를 하회하는 불균형이 지속되고 있다.

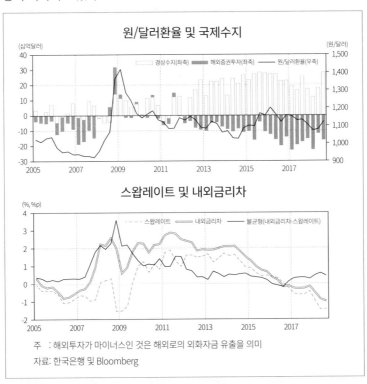

주　: 해외투자가 마이너스인 것은 해외로의 외화자금 유출을 의미
자료: 한국은행 및 Bloomberg

통화스왑금리는 장기외자조달 수요를 반영

외화자금거래중 외환스왑과 함께 널리 사용되고 있는 것이 통화스왑 거래$^{currency\ swap\ 또는\ CRS}$이다. 통화스왑거래는 계약시 양 당사자가 서로 다른 통화표시의 원금을 교환하고 계약기간중에는 이자를 부담한 후 만기시에 원금을 재교환하기로 약정하는 거래로 두 통화간의 교환이라는 점에서 외환스왑과 유사하나 주로 1년 이상의 장기물이 거래된다. 따라서 외환 스왑거래에서는 내외금리차에 따른 보전을 만기시 선물환율에 반영하는 반면, 통화스왑거래에서는 계약기간중에 이자를 지급하고 만기시의 원금 상환액은 최초 거래시와 동일하다는 데 차이가 있다.

장기 외자조달 수요가 있는 경우 국내 은행의 원/달러 통화스왑은 원 화를 대가로 하여 외화를 차입하는 형태로 이루어진다. 즉 국내 은행은 외화를 차입하는 대가로 리보^{libor}금리와 같은 외화변동금리를 지급하고, 원화를 계약기간 동안 빌려주면서 통화스왑(CRS) 금리를 수취하는 형태 로 일어난다.[39] 통화스왑거래에서의 스왑금리^{CRS금리}는 통상 달러와 원화 를 교환할 때 달러를 빌리는 데 대한 반대급부로 원화를 빌려주면서 받는 원화고정금리를 의미한다. 따라서 통화스왑금리가 하락한다는 것은 달러 를 구하기 위해 원화를 빌려주면서 받는 이자가 감소한다는 것이다. 다시 말해서 달러를 조달하는 측의 외화유동성 사정이 그만큼 좋지 않아 원화 를 빌려주는 데 대한 대가로 받는 이자가 낮더라도 외화의 조달 필요성이 큰 상황임을 나타낸다.[40]

---

39 이를 cross currency coupon swap 이라 하며 교환이자의 성격에 따라 Cross Currency Swap(이종통화간 고정금리와 고정금리 교환), Cross-Currency Coupon Swap(이종통화간 고정금리와 변동금리 교환), Cross-Currency Basis Swap(이종통화간 변동금리와 변동금리 교환) 등도 가능하다.

40 달러공급자(원화 수요자)의 입장에서 국고채 등 국내채권의 투자수익률이 CRS 금리보다 높 으면 차익거래유인이 발생한다.

은행A는 원화는 풍부하나 미달러화가 부족한 반면, 은행B는 미달러화는 풍부하나 원화조달 필요가 있는 경우 다음과 같이 통화스왑거래를 통해 자금과부족을 해결할 수 있다.

<최초 계약시>
- 은행A : 달러수취(CRS receive), 원화제공
- 은행B : 달러지급(CRS pay), 원화수취

<이자 지급>
- 은행A : Libor에 해당하는 변동금리부 달러이자 지급
- 은행B : 원화고정금리 지급

은행B는 최초 달러를 제공(원화를 수취)하면서 원화 고정금리를 지급하고 달러 변동금리를 수취하므로 달러대출/원화차입과 같은 효과를 갖는다.

<만기시>
- 최초 거래시와 동일한 환율을 적용하여 동일한 원금을 맞교환

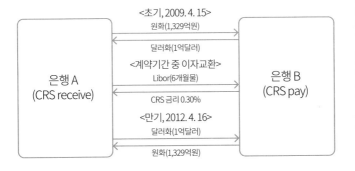

글로벌 금융위기시와 같이 극단적인 외화유동성 경색이 발생하는 경우 통화스왑금리가 마이너스를 나타내기도 한다. 이는 원화를 빌려주면서 이자를 받기는커녕 오히려 이자를 줘야 하는 비정상적인 상황으로 그만큼 외화자금시장에서 달러를 구하기 힘든 경우라 할 수 있다.[41]

금융위기시와 같은 특수한 상황이 아니라면 외환스왑거래와 마찬가지로 장기 외화자금거래인 통화스왑거래도 현물환율에 직접적인 영향을 주지 않는다. 통화스왑거래의 경우에도 외환스왑거래와 같이 은행의 외환포지션에 영향을 주지 않기 때문이다. 다만 외환스왑거래에서 스왑레이트가 변동하는 것과 같이 통화스왑금리도 외화유동성 사정 등에 주로 영향을 받으면서 변동한다.

옵션거래는 델타헤징을 통해 환율에 영향

은행이 대고객 또는 다른 은행과 통화옵션 거래를 하는 경우에 은행은 옵션포지션에 따라 환리스크를 갖게 된다. 은행은 이를 헤지하기 위해 델타헤징delta hedging 전략을 실시하게 되는데 이 과정에서 현물환율이 변동한다. 여기서 델타헤징이란 환율이 변동하더라도 보유한 옵션포트폴리오의 델타값[42]이 영이 되도록 현물환을 매입하거나 매도함으로써 옵션거래에 따른 환위험을 제거하는 것을 말한다.

예를 들어 은행이 기업에게 콜옵션call option을 매도(기업의 콜옵션 매

---

41 장기 외화자금시장의 유동성 상황을 판단하는 지표로 CRS금리와 금리스왑IRS금리간 차이인 스왑베이시스swap basis가 사용되기도 한다. 외화자금시장의 유동성 상황이 악화될 경우 CRS금리는 즉시 하락하는 반면 IRS거래는 외화자금시장 상황 보다는 원화표시자산(원화국채 등)의 투자수익률 등에 따라 주로 변동한다. 따라서 스왑베이시스 하락은 장기 외화자금시장의 유동성 사정이 악화되었음을 의미한다.

42 현물환율 변동과 파생상품가격 변동간의 비율을 의미한다.

입)하였다고 가정하자. 만약 환율이 행사가격 이상으로 상승하면 기업은 콜옵션을 행사하여 은행으로부터 외환을 싸게 매입할 권리를 갖는다. 은행은 환율상승시 손실을 보게 되므로 옵션거래의 결과 매도초과포지션을 가진 것과 같다. 따라서 은행은 델타헤징을 위해 현물환을 매입하여 환리스크를 상쇄한다. 이 과정에서 현물환율이 상승압력을 받는다.

반대로 은행이 풋옵션^{put option}을 매도(기업의 풋옵션 매입)한 경우 환율이 행사가격보다 하락하면 기업이 풋옵션을 행사하여 은행이 외환을 비싸게 매입하여야 한다. 이 경우 은행은 매입초과포지션을 갖는 것과 같아 델타헤징을 위해 현물환을 매도하여야 한다. 그 결과 환율이 하락압력을 받는다.

옵션거래의 성격에 따라 은행의 델타헤징 방법 및 환율에 미치는 영향을 정리해 보면 아래의 <표 3-1>과 같다.

표 3-1   은행의 옵션거래에 따른 델타헤징

은행의 옵션거래	은행의 외환포지션	델타헤징 방법	환율 영향
① 콜옵션 매입	Long 포지션	현물환 매도	하락
② 콜옵션 매도	Short 포지션	현물환 매입	상승
③ 풋옵션 매입	Short 포지션	현물환 매입	상승
④ 풋옵션 매도	Long 포지션	현물환 매도	하락

은행이 옵션거래에 따른 환위험을 조정하는 델타헤징의 정도는 그 옵션거래의 델타값에 옵션의 명목금액을 곱하여 산출한다. 또한 델타값은 현물환율 및 내재변동성 등에 따라 변하므로 은행이 이를 감안하여 델타헤징 규모를 조절하면서 현물환율에 영향을 주게 된다.

옵션거래의 일종인 Range Forward는 동일만기, 동일금액의 콜옵션^{call} ^{option}과 풋옵션^{put option}을 다른 행사가격으로 동시에 반대방향으로 각각 매입 매도하는 합성거래이다. 은행간 거래에서는 통상 리스크리버설^{risk reversal}로 불린다. 콜옵션 매도시 수취하는 프리미엄으로 풋옵션 매입시 지불해야 하는 프리미엄을 충당하도록 행사가격을 설정할 경우 비용이 들지 않는다.

<거래 예시>
▶ 수출업체인 A사는 원/달러환율 하락을 헤지하고자 은행에 Range Forward를 매도(은행의 Range Forward 매입)
  · 현재환율: 1,050원
  · 풋옵션매입(1천만달러): 행사가격 1,040원, 만기 6개월, 델타 -40%
  · 콜옵션매도(1천만달러): 행사가격 1,057원, 만기 6개월, 델타 -10%

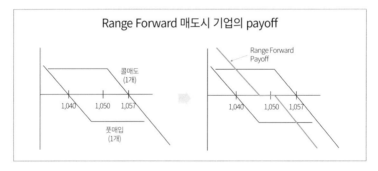

Range Forward 매도시 기업의 payoff

은행은 풋옵션 매도 및 콜옵션 매입으로 현물환율이 하락(상승)하는 경우 손실(이익)이 발생한다. 은행은 이를 헤지하기 위해 현물환을 매도하므로 환율 하락압력이 발생한다. 여기서 델타헤징 금액은 델타값에 옵션의 명목금액을 곱하여 산출하므로 위 사례의 경우 5백만달러(=10백만달러 X 0.4+10백만달러 X 0.1)가 현물환 매도에 따른 외환공급 요인으로 작용한다. 은행은 현물환율 변동에 따라 델타헤징 규모를 조절하므로 현물환율에 영향을 미친다.

한편 위의 <사례 3-4>에서 설명한 리스크리버설은 옵션시장을 통한 환율의 내재변동성$^{implied\ volatitlity}$ [43]과 아울러 미래 환율변동 방향에 대한 시장의 기대를 반영하고 있어 환율예측에 유용한 정보를 제공한다. 예를 들어 한 은행이 옵션가격을 다음과 같이 고시한 경우를 예로 들어 보자.

R/R US Call
1M 0.40/1.20
3M 0.30/1.00

여기서 1개월 만기(1M)의 0.40은 콜옵션 매입가격$^{bid\ price}$으로 리스크리버설을 매입(콜옵션 매입 + 풋옵션 매도)할 때 콜옵션을 풋옵션보다 0.4%의 변동성에 해당하는 가격만큼 더 비싸게 옵션프리미엄을 지급하고 매입할 의사가 있음을 나타낸다. 이는 한달 후 환율이 상승할 것으로 전망하여 콜옵션 매입을 선호하고 있음을 의미한다.

또한 1.20은 매도가격$^{offer\ rate}$으로 리스크리버설을 매도(콜옵션 매도 + 풋옵션 매입)할 때 콜옵션을 풋옵션보다 1.2%의 변동성에 해당하는 가격만큼 더 비싸게 매도하여 옵션프리미엄을 수취하고자 함을 나타낸다. 결국 리스크리버설의 고시가격을 통해 옵션시장 참가자가 한달 후 환율상승을 예상하고 있음을 알 수 있다.

---

43 환율변동성이란 환율의 변동방향과 상관없이 일정기간중 환율의 변동 크기 또는 정도를 의미한다. 이의 측정방법으로는 환율변동 크기를 사후적으로 측정하는 역사적변동성이 간편하게 활용되기도 하나 이와 달리 옵션시장에서 결정된 옵션가격과 옵션가격결정모형으로부터 환율변동성을 사전적으로 유추한 내재변동성이 사용되기도 한다. 후자의 경우 시장참가자들의 사전적인 환율기대를 반영할 수 있는 장점 등으로 옵션시장이 발달한 경우 유용하게 활용된다.

요 약

현물환거래 이외의 다양한 외환파생상품거래들도 은행의 외환포지션 변동을 가져오는 경우 현물환율에 영향을 준다. 우리나라의 경우 수출기업들의 환헤지를 위한 선물환거래나 역외 비거주자들의 차액결제선물환거래 등은 원/달러환율에 큰 영향을 미친다. 그러나 외환스왑 또는 통화스왑 거래는 외화자금시장의 거래로서 현물환율에 영향을 주기보다는 각각 스왑레이트 및 통화스왑금리에 영향을 미친다. 금융위기시에는 외화유동성 부족이 외환시장 및 외화자금시장에 일관되게 나타나므로 큰 폭의 환율상승과 스왑레이트 및 CRS금리의 급락이 초래되나 평상시에는 두 시장의 외화유동성 사정이 상반되게 나타날 수 있다. 옵션거래의 경우에는 은행의 델타헤징에 따라 환율이 영향을 받는다.

참고문헌

BIS, 2019, Triennial Central Bank Survey of Foreign Exchange and Derivatives Market Activity in 2019.

Debelle, G., Gyntelberg, J., Plumb, M., 2006, "Forward Currency Markets in Asia: Lessons from the Australian Experience", *BIS Quarterly Review*, September.

Genberg, H., Hui, C.H., Wong, A., Chung, T.K., 2009, "The Link between FX Swaps and Currency Strength during the Credit Crisis of 2007–2008", *Hong Kong Monetary Authority Research Note*, 01/2009.

Grabbe, J. Orlin, 1986, *International Financial Markets*, New York.

Lee, S.H., 2003, "Deviation from Covered Interest Rate Parity in Korea", KIEP, *Journal of Economics Studies*, Vol. 1.

Levi, Maurice D., 1990, *International Finance : The Markets and Financial Managements of Multinational Business*, 2nd ed., McGraw.

Ma, G., Ho, C., McCauley, R.N ., 2004, "The Markets for Non-deliverable Forward in Asian Currencies", *BIS Quarterly Review*, June.

McCauley, R., Shu, C. and Ma, G., 2014, "Non-deliverable forwards: 2013 and beyond", *BIS Quarterly Reviews*.

Patel, N., Xia, D, 2019, "Offshore Markets Drive Trading of Emerging Market Currencies", *BIS Quarterly Reviews*.

Shapiro, Alan C., 1982, *Multinational Financial Managements*, Allyn and Bacon.

박용민 · 권경호, 2010, "조선업계 환헤지가 외환부문에 미치는 영향", 『조사통계월보』, 2월호, 한국은행.

이승호, 2003, "역외 NDF거래가 국내 외환시장에 미치는 영향 분석", 『외환국제금융 리뷰』, 제1호, 한국은행.

이승호, 2014, "우리나라 외환스왑시장의 불균형 및 환율과의 관계에 관한 연구", 『연구보고서』 14-07, 자본시장연구원.

이승호 · 남재우, 2019, "우리나라의 대외증권투자시 환헤지의 효과 및 영향 분석", 『연구보고서』 19-01, 자본시장연구원.

한국은행, 2016, 『우리나라의 외환제도와 외환시장』.

제2부 거시경제정책과 환율

제4장
물가와 환율

Our valuation of a foreign currency in terms of our own mainly depends on the relative purchasing power of the two currencies in their respective countries.

- Gustav Cassel, 1922

개 요

환율의 장기적인 변동을 설명함에 있어 전통적으로 중요시되어 온 요인의 하나는 물가이다. 물가가 변동하는 경우 그 나라 통화의 상대적인 구매력이 변하기 때문이다. 그러나 단기적으로 이러한 관계는 뚜렷하지 않은데 이는 물가변동이 실질환율 변화를 거쳐 환율의 조정과정이 일어나기까지 장기간이 소요되는 데다 실물부문의 변화가 물가보다 환율에 더 큰 영향을 주기 때문이다. 이 장에서는 물가변동이 환율에 미치는 영향을 구매력평가를 중심으로 설명한 후 환율이 물가보다 교역조건 변화 등에 더 큰 영향을 받는 일부 국가의 사례를 소개하였다.

통화의 상대적 구매력이 환율을 결정

환율이란 한 나라 통화와 다른 나라 통화의 상대적 가치를 반영한 두 통화간 교환비율이라고 정의할 수 있다. 자국 통화 또는 상대국 통화의 가치가 변하게 되면 두 통화간의 상대적인 가치가 변하므로 환율도 이를 반영하여 변동한다.

간단한 예를 들어보자. 현재 미달러당 우리나라 원화의 환율(원/달러 환율)이 1,000원이고 한국에서 특정 자동차 한 대의 판매가격이 2천만원, 미국에서 같은 자동차의 판매가격은 원/달러환율 1,000원에 부합되는 $20,000이라고 하자. 만약 미국에서의 판매가격은 변함이 없는데 한국에서의 가격이 대당 2천 2백만원으로 10% 인상되었다면 동일한 자동차에 대해 원화의 미달러화에 대한 상대적인 가치는 1,000원에서 1,100원(=22백만원/$20,000)으로 바뀐다. 원화로 자동차를 구입하는데 이전보다 더 많은 값을 지불해야 하므로 원화의 구매력이 미달러화에 비해 상대적으로 떨어진 셈이다. 따라서 자국 통화와 상대국 통화의 교환비율을 나타내는 환율은 상승하는 것이 타당하다.

통화의 가치는 그 통화가 갖는 구매력purchasing power으로 측정할 수 있다. 특정 재화나 서비스를 전체로 확장해 보면 이전보다 한 나라의 물가가 올라 더 많은 금액을 지불해야 한다면 이는 그 나라 통화의 구매력이 떨어졌음을 의미한다고 할 수 있다. 따라서 한 나라 통화가 갖는 구매력은 물가수준 변동을 통해 파악할 수 있으며 결국 환율은 두 나라의 상대적인 물가수준 또는 물가변동률에 따라 영향을 받으므로 자국과 상대국중 어느 나라의 물가가 더 크게 변동했는가에 따라 결정된다고 할 수 있다. 만약 자국의 물가가 상대국에 비해 장기적으로 더 크게 오른다면 자국 통화의 상대적 구매력과 가치가 더 크게 떨어지게 되므로 환율은 상승한다.

환율은 국내물가와 상대국물가의 비율

환율이 두 나라의 상대적 물가를 반영하여 결정된다는 논리는 구매력평가설PPP: Purchasing Power Parity에 근거를 두고 있다. 구매력평가설이란 두 나라의 재화시장이 완전하게 통합되어 있다면 동일한 재화에 대해 동일화폐로 표시한 구매력이 서로 같아진다는 이론이다. 이를 개별 재화에 대해 적용하면 일물일가의 법칙law of one price이 성립하는 것으로 볼 수 있다. 이를 확장하여 모든 재화에 대해 적용하면 한 나라의 물가수준은 다른 나라의 물가수준에 환율을 곱한 것과 같게 된다.

$$P = P^* \cdot S$$

여기서 S는 명목환율, P는 국내물가, P*는 상대국물가를 나타낸다. 따라서 장기적으로 환율은 양국간의 물가차이에 따라 다음과 같이 결정된다.

$$S = P / P*$$

이 수식에 따르면 환율은 국내물가와 상대국물가 수준에 따라 결정되는데 이를 절대구매력평가^{absolute purchasing power parity}라고 한다. 그러나 절대구매력평가가 성립하기 위해서는 두 나라의 물가수준을 모든 재화 및 서비스에 대해 비교해야 하는 어려움이 있다. 따라서 물가수준 대신 물가상승률의 차이로 환율변동률을 나타낼 수 있는데 이를 상대구매력평가^{relative purchasing power parity}라 한다. 즉 환율상승률은 자국 및 상대국 물가상승률의 차이에 따라 다음 산식으로 표시된다.[44] 즉 자국의 물가상승률이 상대국의 물가상승률보다 높으면 환율은 상승한다.

$$\triangle S = \triangle P - \triangle P*$$

여기에서 △S는 환율상승률, △P 및 △P*는 국내 및 상대국의 물가상승률을 나타낸다. 이상을 요약해보면 아래 <그림 4-1>과 같다.

그림 4-1   구매력평가와 환율과의 관계

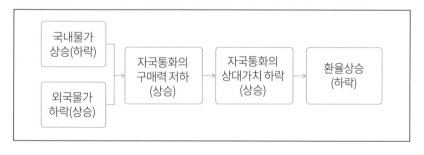

―――――――――――――

44 구매력을 측정하기 위해 사용 가능한 물가지수로는 소비자물가, 생산자물가, GDP디플레이터 및 수출입물가 등이 있다. 소비자물가지수나 GDP디플레이터의 경우는 교역재뿐만 아니라 비교역재까지 포함하여 지수를 산출하므로 모든 상품을 교역재로 간주하는 구매력평가의 기본 가정에 적합하지 못하다. 반면 수출입물가지수나 생산자물가지수는 국별 비교가 힘들고 속보성이 떨어지는 단점이 있다.

물가수준이 비교적 높은 나라인 영국과 일본의 소비자물가 및 엔/파운드환율 변동을 네 기간으로 나누어 상대구매력평가의 성립 여부를 살펴보자.

아래 표에서 보듯이 과거 40여년간 영국의 물가상승률이 일본보다 모든 기간에서 더 높았던 것으로 나타났다. 이는 파운드화의 구매력이 엔화보다 더 크게 떨어졌음을 의미한다. 실제 같은 기간중 환율변동을 보면 대체로 엔화에 대해 파운드화의 약세(엔화의 강세)가 나타났다. 이는 양국간에 상대구매력평가가 비교적 잘 성립함을 나타낸다.

<h3 style="text-align:center">영국과 일본의 상대구매력평가[1]</h3>

(단위: %)

	국가	1975~1990	1991~2000	2001~2010	2011~2018
물가상승률[2]	영 국	10.1	3.1	2.8	2.1
	일 본	4.1	0.8	-0.3	0.6
물가상승률 차이		6.0	2.3	3.1	1.5
엔/파운드 환율변동률[3]		7.3	5.4	4.2	-0.3

주 : 1) 연평균 기준 2) 소비자물가지수 기준 3) 엔화의 파운드화에 대한 절상(+)절하(-)율(%)
자료: IMF(WEO, 2019 October) 및 Bloomberg

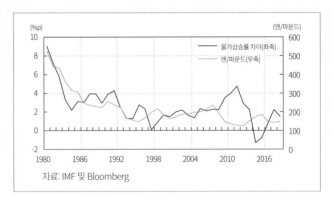

자료: IMF 및 Bloomberg

◆ 빅맥지수는 각국 통화의 구매력 수준을 비교

이코노미스트지^{The Economist}가 매년 발표하는 빅맥^{Big Mac}지수는 일물일가의 법칙을 햄버거 가격에 적용하여 각국 통화의 구매력 정도에 대비한 환율 수준을 단순히 측정한 것이다. 이 지수는 특정 시점에서 세계 각국에서 자국 통화로 판매되는 빅맥 햄버거 가격을 미달러화로 환산해서 제시하고 있다.[45] <표 4-1>에서 보는 것처럼 물가수준이 높은 나라 가운데 하나인 스위스의 경우를 예로 들면 빅맥 가격이 SFr6.5으로 당시 환율 (0.96 SFr/$)을 적용하여 미달러로 표시하면 US$6.76이다. 이는 미국에서의 빅맥 가격인 US$5.28보다 높은 수준이다.

만약 일물일가의 법칙이 완전하게 성립한다면 세계 모든 나라에서 빅맥의 미달러화 가격이 동일하여야 하므로 실제 환율과는 다른 구매력평가환율을 구해 볼 수 있다. 즉 스위스의 경우 미달러화로 표시한 빅맥 가격이 미국과 같아지려면 환율이 1.23SFr/$이 되어야 한다. 이는 빅맥햄버거 가격으로 본 스위스의 물가가 미국보다 더 높아 스위스 프랑화의 구매력이 미달러화보다 더 낮으므로 두 나라의 빅맥 가격이 미달러화 기준으로 동일해지기 위해서는 스위스 프랑화 환율이 현재보다 28% 상승(절하)되어야 함을 의미한다.

아래의 <표 4-1>에 나타난 33개 국가중 30개국 통화의 실제 환율이 구매력평가환율보다 높아 그 나라 통화가 저평가된 것으로 나타났다. 반면 스위스 프랑화 등 3개국 통화의 경우 실제 환율이 구매력평가환율보다 낮아 고평가 상태를 보였다. 우리나라의 경우에는 실제 원/달러환율이 햄버거가격을 이용한 구매력평가환율보다 높아 원화가 22% 저평가된 것으로 나타나고 있다.

─────────────────────

45 빅맥지수는 한 회사에 의해 제공되는 거의 동질의 햄버거 가격을 비교함으로써 국별 비교가 용이하다는 이점이 있다.

표 4-1   Big Mac 햄버거가격을 이용한 구매력평가환율

국가	Big Mac 가격		구매력평가환율	실제환율[1] (2018.1.17)	절상(+) 절하(-)율, (%)
	자국통화(A)	US$(A/B)	(USD가격/5.28)×B	(B)	
미국	$ 5.28	5.28	-	-	
한국	₩4,400	4.12	833.33	1,069.25	-22.1
일본	¥ 380	3.43	71.97	110.73	-35.0
중국	Yuan 20.4	3.17	3.86	6.43	-39.9
유로지역	€ 3.95	4.84	0.75	0.82	-8.4
영국	£ 3.19	4.41	0.60	0.72	-16.4
덴마크	DK 30	4.93	5.68	6.08	-6.6
스위스	CHF 6.5	6.76	1.23	0.96	28.1
스웨덴	SKR 49.1	6.12	9.30	8.02	16.0
체코	Koruna 79.0	3.81	14.96	20.75	-27.9
노르웨이	Kroner 49.0	6.24	9.28	7.85	18.2
폴란드	Zloty 10.1	2.97	1.91	3.41	-43.8
헝가리	Forint 864	3.43	163.64	252.14	-35.1
러시아	Ruble 130	2.29	24.62	56.75	-56.6
홍콩	HK$ 20.5	2.62	3.88	7.82	-50.3
인도네시아	Rupiah 35,750	2.68	6770.83	13,359.00	-49.3
말레이시아	Ringgit 9.0	2.28	1.70	3.95	-56.9
싱가포르	S$ 5.8	4.39	1.10	1.32	-16.9
필리핀	Peso 134	2.64	25.38	50.73	-50.0
대만	NT$ 69	2.33	13.07	29.55	-55.8
태국	Baht 119	3.72	22.54	31.95	-29.5
호주	A$ 5.9	4.71	1.12	1.25	-10.9
뉴질랜드	NZ$ 6.2	4.51	1.17	1.37	-14.6
캐나다	C$ 6.55	5.26	1.24	1.25	-0.4
멕시코	Peso 48	2.57	9.09	18.66	-51.3
아르헨티나	Peso 75	3.96	14.20	18.94	-25.0
브라질	Real 16.5	5.11	3.13	3.23	-3.2
칠레	Peso 2,600	4.29	492.42	605.94	-18.7
페루	Sol 10.5	3.27	1.99	3.21	-38.1
남아공	Rand 30	2.45	5.68	12.26	-53.6
이집트	Pound 34.21	1.93	6.48	17.70	-63.4
이스라엘	Shekel 16.5	4.80	3.13	3.44	-9.1
사우디아라비아	Riyal 12.0	3.20	2.27	3.75	-39.4
터키	Lire 10.75	2.83	2.04	3.80	-46.5

주   : 각국 환율은 미달러화에 대한 자국통화 기준임

자료: The Economist(2018.1.17일)

아래 <그림 4-2>는 2009~2017년 기간중 주요국의 빅맥가격 변화율과 해당국 환율변화율을 비교하여 나타낸 것이다. 그림에서 각국의 빅맥가격상승률이 미국의 빅맥가격 상승률 보다 높은 경우 횡축의 가격변동률이 양(+)의 값을 나타내며 반대의 경우는 음(-)의 값으로 표시된다.[46] 만약 구매력평가가 빅맥가격에 잘 반영되어 나타난다면 빅맥가격이 미국보다 더 크게 상승한 국가의 경우 환율은 상승(절하)하여야 하므로 각 국가의 점도표는 1사분면과 3사분면에 나타날 것으로 예상되는데 아래의 그림은 대체로 이에 부합하는 것으로 보인다.

그림 4-2   주요국의 빅맥가격 및 환율 변화

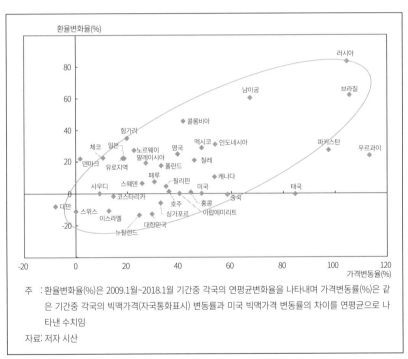

주 : 환율변화율(%)은 2009.1월~2018.1월 기간중 각국의 연평균변화율을 나타내며 가격변동률(%)은 같은 기간중 각국의 빅맥가격(자국통화표시) 변동률과 미국 빅맥가격 변동률의 차이를 연평균으로 나타낸 수치임
자료: 저자 시산

---

46 2009년 기준 빅맥가격은 '환율의 이해와 예측' 초판 33 페이지를 참조하기 바란다.

빅맥지수와 유사하게 전 세계에서 판매되고 있는 라떼Latte커피의 가격을 비교하여 주요국의 물가수준을 비교하기도 한다. 아래 표는 월 스트리트 저널Wall Street Journal이 전 세계 29개 도시의 커피가격을 비교 한 것이다.

이에 따르면 스위스 취리히가 5.76달러로 전 세계에서 가장 비싼 것으로 나타났다. 이는 미국 뉴욕(3.45달러)과 비교하여 통화가치가 67% 고평가된 것으로 앞에서의 빅맥지수의 경우와 유사한 결과를 보 였다. 그러나 우리나라를 비롯한 그 밖의 상당수 나라에서 라떼지수와 빅맥지수의 결과가 일치하지 않는 경우가 많은데 이는 단일재화를 비 교하는 일물일가 법칙의 한계를 나타낸다.

전 세계 주요 도시의 라떼가격 및 통화가치 비교

(단위: US$, %)

도시(국가)	라떼커피 가격[1] (미달러화 기준)	환율 절상·절하율(%)[2]	
		라떼 기준	빅맥 기준[3]
뉴욕(미국)	3.45	-	-
취리히(스위스)	5.76	67.0	28.1
홍콩	4.36	26.4	-50.3
싱가포르	4.24	22.9	-16.9
상해(중국)	4.22	22.3	-39.9
서울(한국)	3.76	9.0	-22.1
모스크바(러시아)	3.75	8.7	-56.6
자카르타(인도네시아)	3.55	2.9	-49.3
베를린(독일)	3.40	-1.4	-8.4
동경(일본)	3.26	-6.1	-35.0
시드니(호주)	3.13	-9.3	-10.9
토론토(캐나다)	2.94	-14.8	-0.4
런던(영국)	2,84	-17.7	-16.4
요하네스버그(남아공)	1.79	-48.1	-53.6
카이로(이집트)	1.53	-55.7	-63.4

주 : 1) 2017년 기준, 2) 구매력환율 대비 실제환율의 괴리율로 자국통화의 고평가시에는 (+), 저평가시에는 (-)로 표시됨 3) <표 4-1>에서 인용, 단 독일은 유로지역을 나타냄
자료: Wall Street Journal 및 저자 시산

구매력평가는 단기보다 장기에서 잘 성립

  앞의 사례의 경우보다 훨씬 장기간에 있어서도 양국간의 물가변동이 환율에 잘 반영되는지를 살펴보자. 아래 <그림 4-3>은 과거 200년 동안 미달러화에 대한 영국 파운드화 환율의 변동과 양국간의 물가 차이를 비교한 것이다.[47] 물가지수로는 소비자물가지수와 생산자물가지수를 각각 이용하였는데 두 경우 모두에서 두 나라의 물가지수(달러기준)가 대체로 동행하는 모습을 보인다. 이는 장기에 있어 구매력평가가 잘 성립함을 나타낸다.

그림 4-3   미달러/파운드화의 구매력평가

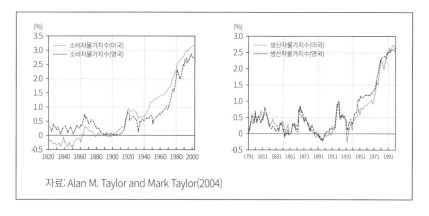

자료: Alan M. Taylor and Mark Taylor(2004)

  이와 같이 긴 시간을 두고 환율이 두 나라의 물가차이를 반영하여 움직이는 것은 실물부문을 포함한 두 나라 경제상황의 변화가 충분한 시간을 거치면서 양국 물가에 반영되고 환율도 이에 따라 변동하기 때문이다.

---

47 영국의 물가지수를 미달러화/파운드화 환율을 이용하여 달러기준으로 환산하고 이를 1900년을 기준년으로 미국의 물가지수와 비교한 그림이다. 양국간의 물가차이를 이용하여 구매력평가환율을 구하여 비교하는 방법과 유사하다.

환율이 장기에 걸쳐 물가변화를 반영하여 조정되는 과정을 부연하여 설명하면 다음과 같다.

만약 한 나라의 통화가치가 물가에 비해 고평가되어 있는 경우를 생각해 보자. 이는 물가를 반영한 그 나라 통화의 실질환율[48]이 고평가되어 있음을 의미한다. 이 경우 그 나라 수출기업의 수출가격경쟁력 저하를 가져와 무역수지 악화를 초래하므로 그 나라 외환시장에 유입되는 외환의 공급이 감소한다. 그 결과 대외불균형에 대한 환율의 자동조절기능에 의해 장기적으로 자국통화의 약세가 나타난다. 반대로 실질환율이 저평가되어 있는 나라의 통화는 무역수지 흑자를 통한 외환공급 증가로 통화 가치가 상승하면서 실제 환율과 구매력평가환율이 다시 균형을 회복하게 된다.

빅맥지수의 예에서 실제 환율이 구매력평가환율보다 고평가된 스위스 프랑화 등은 경상수지 악화로 시차를 두고 환율이 상승할 것으로 예상되는 반면 실제 환율이 저평가 되어 있는 태국 바트화 환율은 서서히 하락할 것으로 예상할 수 있다. 즉 대외불균형에 대한 환율의 자동조절기능을 통해 구매력 대비 고평가된 통화는 약세를, 반대로 저평가된 통화는 강세를 보이면서 장기적으로 물가와 환율의 관계가 보다 안정적으로 나타난다.

이러한 장기조정 과정에 따라 환율이 단기적으로 구매력평가환율 수준을 이탈하더라도 언젠가는 다시 균형수준으로 복귀하려는 시장의 힘이 작용한다. 따라서 양국간의 물가를 이용하여 추정한 구매력평가환율은 장기적인 환율 움직임을 예측하는데 유용한 척도가 될 수 있다.

---

48 실질환율(e)은 통상 $e = \dfrac{s \cdot p*}{p}$의 산식으로 표시할 수 있다. 따라서 다른 나라 물가에 비해 자국의 물가가 높은 경우 실질환율은 하락(자국통화의 고평가)하는데 수출가격경쟁력은 명목환율보다 실질환율에 더 큰 영향을 받는다. 이에 대해서는 <참고 4-2>에서 부연하였다.

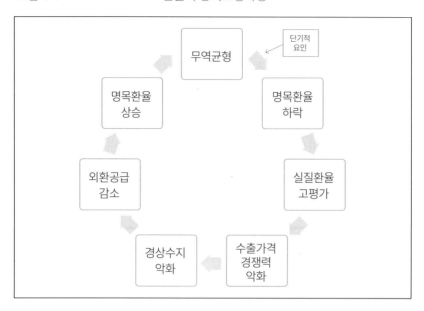

    그러나 많은 나라의 경우에서 실제 환율이 양국간의 물가차이를 반영한 구매력평가환율 수준과 단기적으로 큰 폭의 괴리를 보이거나 괴리가 상당기간 지속되는 사례가 흔히 발생한다. 이는 나라마다 환율이 수출가격경쟁력에 미치는 영향이나 경제구조 등이 다르기 때문이다. 환율변동이 수출가격경쟁력에 미치는 탄력성이 큰 나라의 경우 무역적자(흑자) 발생시 환율이 빠르게 상승(하락)함으로써 무역균형 회복을 위한 장기조정과정이 신속히 일어나므로 물가와 환율의 관계가 상대적으로 더 안정적이라 할 수 있다. 또한 대외무역의존도가 높아 경제내의 교역재 비중이 큰 나라일수록 일물일가의 법칙과 구매력평가가 보다 잘 성립하므로 이론적으로 실제 환율과 구매력평가환율이 보다 일관되게 나타난다고 할 수 있다.

명목환율[nominal exchange rate]은 자국화폐와 상대국 화폐의 교환비율로 정의할 수 있는 반면 실질환율[real exchange rate]은 두 나라간 실물 재화(또는 서비스)의 교환비율이라 할 수 있다. 앞의 예를 이용하여 실질환율을 설명해 보자.

우리나라의 자동차 한 대 가격이 2천만원이고 미국의 동급 자동차 가격이 20,000달러, 현재 미달러화에 대한 원화의 명목환율이 1,000원이라 하자. 두 나라의 자동차가 동급이므로 미국산 자동차 한 대를 구입하기 위해서는 한국산 차 한 대 값이면 충분하다. 즉 미국 자동차의 값을 원화로 환산하면 2천만원이므로 국산차 한 대와 같다. 실질환율은 미국산 자동차 한 단위를 구입하기 위해 지불해야 하는 한국산 자동차 단위수를 의미하므로 이 예에서 실질환율은 1이 된다.

따라서 실질환율은 다른 나라 물가에 비해 자국의 물가의 상대가격으로 표시할 수 있으며 아래의 식과 같이 정의할 수 있다.

$$e = \frac{s \cdot p^*}{p}$$

여기서 e는 실질환율, s는 명목환율, p와 p*는 자국과 외국의 물가를 나타낸다. 이 식에 따르면 명목환율이 변하지 않더라도 자국물가가 더 크게 상승하는 경우 실질환율은 하락(자국통화의 고평가)한다. 만약 구매력평가가 완전히 성립하여 국내물가 상승에 비례하여 명목환율이 상승하고 다른 나라의 물가 변동이 없다면 실질환율은 일정한 값을 갖는다. 그러나 앞서 설명한 바와 같이 구매력 평가는 경제의 실물변화를 완전히 반영하지 못하고 단기에 성립하기 어려우므로 실질환율도 변동한다. 이에 관해서는 제8장 균형환율편을 참조하기 바란다.

한편 논의를 확장하여 경제내에 재화를 교역재^{tradable}와 비교역재$^{non\text{-}tradable}$가 존재하는 경우로 구분하여 실질환율을 설명하면 다음의 식이 성립한다.

$$e = \frac{s \cdot p^*}{p}$$

$$= \frac{s(p_t^*)^{\beta} \cdot (p_n^*)^{(1-\beta)}}{p_t^{a} \cdot p_n^{(1-a)}} = \frac{\dfrac{s \cdot p_t^*}{p_t} \cdot \left[\dfrac{p_t}{p_n}\right]^{1-a}}{\left[\dfrac{p_t^*}{p_n^*}\right]^{1-\beta}}$$

여기서, $p = p_t^{a} \cdot p_n^{1-a}$, $p^* = \left(p_t^*\right)^{\beta} \cdot \left(p_n^*\right)^{1-\beta}$, t는 교역재, n은 비교역재를, α와 β는 각각 자국과 상대국의 교역재 비중을 의미한다.

위 식의 우변에서 실질환율은 자국과 상대국의 교역재 가격 대비 비교역재 가격의 비율과 두 나라의 교역재 비중에 따라 복합적으로 영향을 받음을 알 수 있다. 다만, 교역재의 경우 비교역재에 비해 국제분업이나 기술진보 등으로 가격하락이 더 용이하게 진행되므로 다른 조건이 동일할 경우 자국 교역재 비중의 상승은 자국의 전체 물가하락을 가져와 실질환율의 상승(자국통화의 저평가)과 수출가격경쟁력의 개선을 가져온다고 할 수 있다.

구매력평가는 실물변화를 반영하는데 미흡

장기에 비해 단기적으로 환율과 물가의 관계가 일관되게 성립하지 않는 것은 주로 다음과 같은 이유에 기인한다. 첫째, 일물일가의 법칙이 갖는 현실 제약성이다. 일물일가의 법칙이 성립하기 위해서는 다음과 같은 가정이 성립되어야 한다. 즉 ① 상품은 모두 교역재tradable goods여야 한다. ② 상품거래에 대한 무역장벽trade barrier이 없어야 한다. ③ 거래비용transaction cost이 없어야 한다. 그러나 실제 이러한 가정들을 모두 만족시켜주는 경우는 현실적으로 불가능하다고 할 수 있다. 상품에는 교역재뿐만 아니라 비교역재non-tradable goods가 존재하는데 특히 토지나 임대료, 각종 서비스 가격의 차이로 인해 나라별로 개별상품의 가격이 동일해지기 어렵다.[49] 또한 상품마다 품질, 디자인 등에서도 차이를 보인다. 또한 국가간의 무역에는 거래비용이나 관세tariff 및 비관세 장벽이 엄연히 존재한다.

둘째, 양국간의 물가차이만을 고려한 구매력평가는 주로 통화량 변동에 따른 물가상승률의 차이를 이용해 환율변동을 설명한다. 그러나 구매력평가는 교역조건terms of trade [50]의 개선이나 기술혁신에 따른 생산성 향상 등 실물부문의 변화를 반영하지 못한다. 즉 실물충격이 있을 경우 물가에 변화가 없더라도 환율이 변동할 수 있는 점을 고려하지 못한다.

우리나라의 주요 수출품목의 하나인 반도체의 국제가격 상승으로 교역조건이 개선된 경우를 예로 들어보자. 반도체 수출단가 상승시 수출물량에 큰 변화가 없다면 수출금액이 증가하므로 우리나라의 경상수지 흑

---

49 선진국의 경우 신흥국에 비해 서비스 등 비교역재의 가격이 상대적으로 비싸므로 전체물가가 신흥국보다 높은 수준을 보이는 경우가 일반적이다.

50 교역조건이란 주로 순상품교역조건을 가리키며 이는 「수출단가/수입단가」로 산출된다. 교역조건이 개선된다는 것은 수입 한 단위당 벌어들이는 수출 한 단위가격이 상승하는 경우를 말한다.

자 규모가 증가한다. 그 결과 국내 물가의 변동 없이 교역조건 개선을 통한 국제수지 흑자로 환율이 하락한다. 이 경우와 같이 양국간 물가상승률의 차이가 일정한 상태에서 교역조건 변동과 같은 실물충격은 환율에 또 다른 영향을 미치게 되므로 단기적으로 물가와 환율의 관계가 잘 나타나지 않는다.

원자재의 수출비중이 높은 호주, 뉴질랜드나 커피수출이 전체 수출의 상당부분을 차지하는 남미의 콜롬비아에서는 환율이 교역조건 변동에 매우 큰 영향을 받는다. 호주의 경우 국제원자재가격이 상승하면 교역조건이 개선되어 호주달러화가 강세를, 반대로 국제원자재가격이 하락하면 호주달러화가 약세를 보이는 대표적인 나라이다.

아래 <그림 4-5>는 원자재 수출비중이 높은 호주달러화의 실질환율과 교역조건을 그린 그림이다. 2000년대 이후 호주달러화의 실질환율은 일정한 값을 나타내기 보다는 큰 폭의 강세를 보였다. 이는 국제원자재가격 상승 등으로 호주의 교역조건이 크게 개선됨에 따라 물가와 상관없이 환율이 큰 영향을 받고 있음을 나타낸다.

그림 4-5 　　　　　　　　　호주의 교역조건 및 환율

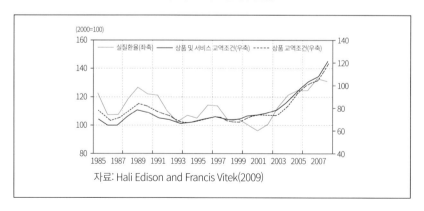

자료: Hali Edison and Francis Vitek(2009)

또한 아래의 <그림 4-6>에서 보는 것처럼 남미의 콜럼비아 페소화는 국제 커피시세가 오르면 통화가치 상승이, 반대로 커피시세가 떨어지면 통화가치 하락이 나타나는 특징을 보인다.

그림 4-6　　　　　　　　국제 커피시세와 콜럼비아 페소화환율

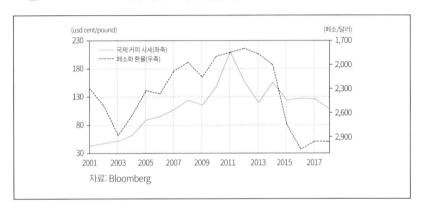

자료: Bloomberg

요 약

환율은 장기적으로 한 나라 통화와 다른 나라 통화의 상대적 가치를 반영하여 결정된다. 한 나라 통화의 가치는 통상 구매력에 따라 결정되므로 그 나라의 물가 수준 또는 물가상승률이 높을수록 통화의 가치가 하락하고 환율은 상승한다. 이러한 구매력평가에 따른 환율결정은 단기보다 주로 장기에서 잘 성립하는데 이는 환율의 장기조정과정에 따른 것이다. 또한 구매력평가는 교역조건 변화나 기술진보에 따른 생산성 향상 등 실물부문의 변화를 신속히 반영하지 못하는 한계가 있다.

참고문헌

Adler, Michael and Bruce Lehmann, 1983, "Deviation from Purchasing Power Parity in the long run", *Journal of Finance 38*.

Alan M. Taylor and Mark Taylor, 2004, "The Purchasing Power Parity Debate", *NBER Working Papers* No. 10607.

Balassa, B., 1964, "The Purchasing Power Doctrine : A Reappraisal", *Journal of Political Economy* 72.

Bilson, John F.O., 1984, "Purchasing Power Parity as a Trading Strategy", *Journal of Finance* 39.

Brook, A., Hargreaves, D., 2001, "PPP-based Analysis of New Zealand's Equilibrium Exchange Rate", *Reserve Bank of New Zealand Discussion Paper* No. DP2001/01.

Cumby, Robert, 1993, "Forecasting Exchange Rate on the Hamberger Standard: What You See Is What you get with Mcparity", Stern School of Business, mimeo.

Dornbusch, Rudiger, 1987, "Purchasing Power Parity", *In the New Palgrave Dictionalry of Economics*, London.

_____, 1994, *Exchange Rates and Inflation*. MIT Press.

Edison, H., Vitek, F., 2009, "Australia and New Zealand Exchange Rates: A Quantitative Assessment", *IMF Working Papers* No. 09/7.

Frenkel, Jacob, 1978, "Purchasing Power Parity: Doctrinal Perspective and Evidence from 1920s", *Journal of International Economics* 8, No. 2.

_____, 1980, "The Collapse of Purchasing Power Parity During 1970s", *European Economic Review* 7.

Froot, K.A and Kenneth Rogoff, 1994, "Perspectives of PPP and Long-run Real Exchange Rates", *NBER Working Paper*, No. 4952.

IMF, 2006, *The Role of the Exchange Rate in External Adjustment. mimeo*.

Isard, Peter, 1977, "How far Can We Push the Law of One Price?" *American Economic Review* 67.

Karpoff, Jonathan M., 1987, "The Relation between Price Changes and Trading Volume: A Survey", *Journal of Financial and Quantitative Analysis* 22(1), pp.109-126.

Mussa, Michael, 1986, "Nominal Exchange Rate Regimes and the Behavior of Real Exchange Rates: Evidence and Implications", In Real Business Cycles, Real Exchange Rates and Actual Policies, eds. *Carnegie-Rochester Conference Series on Public Policy No. 25*.

Officer, Lawrence H., 1976, "The Purchasing Power Parity Theory of Exchange Rates: A Review Article", *IMF Staff Paper* 23, No. 1.

Ohno, Kenichi, 1989, "The Purchasing Power Parity Croterion for Stabilizing Exchange Rates", *IMF Working Paper* WP/89/52.

Pigon, Chales, 1981, "The Influence of Real Factors on Exchange Rates", *Federal Reserve Bank of San Francisco Economic Review*.

Samuelson, Paul A., 1964, "Theoretical Notes on Trade Problems", *Review of Economics and Statistics* 46.

Sharpiro, Alan C., 1983, "What Does Purchasing Power Parity Mean?" *Journal of International Monet and Finance* 2.

Taylor, A.M., Taylor, M., 2004, "The Purchasing Power Parity Debate", *NBER Working Papers*, No. 10607.

The Economist, 1995, "Big MacCurrencies".

제5장
통화정책과 환율

The carry trade reflects the globalization of financial markets and the current environment of low volatility and wide interest rate differentials. But it could lead to more entrenched exchange rate misalignments.

- Rodrigo de Rato 2007

개 요

각국 중앙은행이 발행하는 그 나라의 통화는 하나의 금융자산으로 볼 수 있으며 환율도 다른 금융자산의 가격 결정과 마찬가지로 해당국 통화에 대한 상대적인 수요와 공급에 따라 결정된다. 따라서 주요국 중앙은행의 통화정책 변화는 해당 통화의 상대적 가치에 영향을 미치고 국가간 자본이동을 통해 환율변동을 초래하는 중요한 요인이라 할 수 있다. 이 장에서는 통화적접근법을 중심으로 통화정책이 환율에 미치는 이론적 경로를 설명하고 미국 등 주요국의 통화정책 변화가 환율에 미치는 영향을 캐리트레이드 및 비전통적 통화정책 사례를 통해 설명하였다.

환율은 두 나라 통화의 상대가격

통화적접근법^{monetary approach}에 따르면 환율은 자국 통화와 상대국 통화의 상대적 가치가 변하면서 변동하는 것으로 본다. 한 나라 통화의 가치를 변동시키는 가장 중요한 요인의 하나는 중앙은행이 통화정책을 수행하는 과정에서 발생하는 통화의 공급이나 정책금리 변화에 따른 통화수요 변화라 할 수 있다. 한 나라 내에서 통화의 공급보다 수요가 더 큰 경우 통화 가치는 상승하고 반대로 통화의 공급이 수요보다 크면 통화 가치가 하락한다.

일반적으로 통화에 대한 수요는 실질소득과 금리의 함수로 알려져 있다. 만약 한 나라 경제가 소비 및 투자 등 내수경기가 호조를 보이고 대외부문에서도 경상수지가 흑자를 보이면서 경제가 건실하게 성장하는 경우 그 나라 경제주체들의 실질소득도 증가하게 되므로 통화에 대한 수요가 증가한다. 반면 국내경기가 과열되고 인플레이션에 대한 우려가 커져 중앙은행이 통화를 긴축적으로 운용하거나 정책금리를 인상하면 시장금리도 따라서 상승하게 된다. 이러한 금리상승은 통화보유에 대한 기회비용을 증대시키므로 통화수요를 감소시킨다.

만약 한 나라가 확장적인 통화정책을 시행하는 경우 통화공급을 늘리거나 정책금리를 인하하게 된다. 이 경우 통화공급이 증가하는 반면 시장금리 하락으로 통화에 대한 수요도 커지게 되므로 통화의 공급과 수요변화에 따른 상대적 크기 변화를 정확히 알기 어렵다. 더욱이 통화적접근법에서는 환율이 자국 통화와 상대국 통화의 상대적인 가치에 따라 결정되는 것으로 보므로 한 나라내의 통화가치 변동과 상대국 통화가치의 상대적인 변화를 함께 고려하여 환율 영향을 판단하여야 한다. 만약 해당국의 통화 공급량의 변동이 없다고 단순히 가정해 보면 자국통화의 수요가 외국통화에 대한 수요보다 더 큰 경우 자국통화의 가치가 상승하고 환율은 하락한다. 반대로 자국통화에 대한 수요가 외국통화에 비해 상대적으로 작으면 통화가치가 하락한다. 이하에서는 중앙은행의 통화정책 변화가 환율에 미치는 다양한 경로에 대해 좀 더 구체적으로 설명하였다.

통화공급은 물가상승을 통한 환율상승요인

한 나라의 통화당국이 통화공급을 증가시키는 경우 물가가 이에 영향을 받아 신속히 오른다고 가정하고 환율에 미치는 파급효과를 알아보자. 한 나라의 통화공급 증가는 경제주체들의 실물경제 활동을 촉진시키고 경기를 부양시키는 측면이 있는 반면 물가상승 압력을 초래할 수 있다. 만약 명목적인 통화공급 증대에 비례하여 물가가 그만큼 상승한다면 물가를 감안한 실질적인 통화공급 효과는 나타나지 않는다. 이 경우 중앙은행이 통화공급을 확대하더라도 실질적인 유동성^{liquidity} 공급 증가가 나타나지 않는다고 할 수 있으며 따라서 금리하락 효과도 단기적으로 크지 않다. 결국 중앙은행의 통화공급 증대가 금리에 영향을 미치지 못하므로 통화에 대한 수요에는 큰 영향을 주지 않고 통화의 공급만 늘어나는 셈이다. 따라서 물가가 통화공급 확대에 따라 신속히 반응하는 경우 그 나라의 통화가 수요에 비해 과잉공급 상태가 되므로 통화의 구매력이 떨어지고 환율이 상승하게 된다.

한편 경제주체들이 통화공급의 증대에 대해 향후 통화정책 방향이 확장적^{expansionary}인 기조로 전환될 것으로 믿는 경우에 환율에 미치는 영향이 어떻게 나타나는지 알아보자. 여기서도 마찬가지로 물가는 신속히 반응하여 통화공급이 증가하더라도 실질적인 유동성 공급 증가와 단기적인 금리하락 효과는 없다고 가정한다. 이런 상황에서는 경제주체들 사이에 향후 물가상승에 대한 기대감이 서서히 높아지게 되면서 시간을 두고 시장금리에도 영향을 미쳐 장기시장금리의 상승을 초래하게 된다.[51] 또한 금리상승은 그 나라 통화에 대한 수요를 감소시키므로 다른 나라의 통화정책에 변화가 없다고 가정할 경우 자국통화의 상대적 가치하락을 가져오고 환율은 상승한다.

요약하자면, 물가가 신속히 반응하는 경우 통화공급 증대가 물가상승으로 나타나거나 혹은 물가상승에 대한 기대를 증가시키는 경우 그 나라 통화에 대한 상대적 수요감소를 가져오면서 환율은 상승압력을 받는다. 이상의 논의를 정리해 보면 <그림 5-1>과 같다.

---

51 이를 피셔효과$^{Fisher\ effect}$라 한다.

그림 5-1 신축적가격 하에서 통화공급의 환율 영향

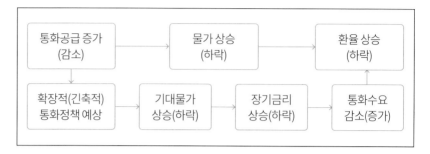

한편 환율은 생산성의 향상이나 신기술의 발전 등으로 국내 경제활동이 활발해지고 경제주체들의 실질소득이 증대되는 경우에도 영향을 받는다. 이 경우 실질소득 증가가 자국통화에 대한 수요를 증가시키므로 앞서와 반대로 환율이 하락한다.

이상의 논의를 토대로 두 나라의 상대적인 통화수요함수와 구매력평가를 결합하면 다음과 같은 환율결정방정식을 도출할 수 있다.[52]

$$s = (m-m^*) - \alpha(y-y^*) + \beta(i-i^*)$$

여기서 s는 환율상승률, m과 m*는 각각 자국과 외국의 통화증가율, y과 y*는 각각 자국과 외국의 실질소득 증가율, i와 i*는 각각 자국과 외국의 금리를, α와 β는 탄성치를 나타낸다. 이 식에 나타난 바와 같이 환율은 자국의 통화공급이 상대적으로 더 크게 증가하거나 내외금리차가 커질 경우 상승하고, 자국의 실질소득이 상대국보다 더 크게 상승할 경우에는 하락하게 된다.

---

52 물가가 신속히 반응하는 신축적가격하의 환율결정모형으로 이에 관한 도출과정은 생략하기로 한다. 자세한 내용은 Frenkel(1976), Bilson(1978) 등을 참고하기 바란다.

여기서 한 가지 언급할 점은 통화적접근법에서 실질소득 증가나 이자율 변화가 환율에 미치는 영향이 제2장의 국제수지접근법에서와 다르다는 점이다. 국제수지접근법에서는 실질소득의 증가가 수입수요를 증가시켜 경상수지 적자를 초래하므로 환율상승 요인으로 생각할 수 있으나 통화적접근법에서는 실질소득 증가가 자국 통화에 대한 수요를 증가시키므로 환율하락 요인으로 본다. 또한 국내금리가 상승하는 경우에도 국제수지접근법에서는 내외금리차 확대 및 자본유입 증대를 통한 환율하락 요인으로 보나 통화적접근법에서는 국내 통화에 대한 수요 감소를 초래하므로 환율상승을 가져오는 것으로 본다.

통화공급은 금리하락을 통한 환율상승요인

통화당국이 통화공급을 늘리더라도 물가가 단기적으로는 쉽게 오르지 않으며 보다 긴 시간을 두고 장기적으로만 영향을 받는다고 가정하면 통화공급 증가가 환율에 미치는 경로를 위에서와 다르게 설명할 수 있다. 이 경우에는 명목적인 통화공급 증가가 실질적인 통화공급 증대로 이어져 시중에 유동성 확대 효과가 나타난다. 즉 실질통화공급 증대로 은행 등 금융기관이 보유하는 유동성이 늘어나게 되면 단기 시장금리가 하락한다는 점이 앞의 경우와 다르다.

만약 국가간 자본이동에 아무런 제약이 없는 경우 한 나라 시장금리의 하락은 채권시장 등에 유입된 외국자본이 해외로 빠져나가거나 신규 자금유입이 위축되는 결과를 초래한다. 왜냐하면 금리하락으로 자국통화 표시 채권 등 금융자산 투자에 따른 기대수익률expected rate of return이 떨어지기 때문이다. 이는 결과적으로 자국 통화에 대한 수요 감소를 가져와 환율상승을 가져온다.

통화당국이 긴축적인 통화정책으로 전환하는 경우 환율에는 반대 방향의 영향이 나타난다. 즉 통화당국이 정책금리를 인상하면 시중유동성이 축소되고 시장금리가 상승한다. 그 결과 내외금리차가 확대되고 국내 채권투자에 따른 기대수익률이 높아지므로 국내통화에 대한 외국인 투자자의 수요가 늘어난다. 즉 금리상승에 따른 국내 통화수요 감소보다 해외로부터의 통화수요 증가가 더 크게 작용한다. 따라서 긴축적인 통화정책의 결과 자국통화의 가치가 상승하고 환율은 하락한다. 이상의 논의를 도식화해 보면 <그림 5-2>과 같다.

그림 5-2 　　　　　경직적가격 하에서 통화공급의 환율 영향

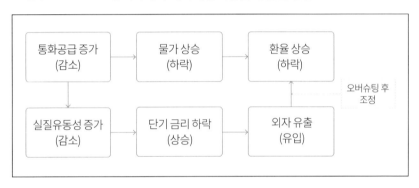

한편 우리나라의 통화정책은 변화가 없는 반면 미국이 긴축적인 통화정책을 사용하는 경우 우리나라 원/달러환율에 미치는 영향을 살펴보자. 미국의 긴축적인 통화정책은 미국의 금리상승과 미국채 등 달러화표시 금융자산에 대한 기대수익률 상승을 가져온다. 이에 따라 해외자본들이 달러화표시 금융자산에 대한 투자를 늘리면서 우리나라에 유입되어 있던 해외자본중 일부는 미달러표시 자산의 매입을 위해 해외로 빠져 나가거나 국내로 유입되는 투자자금도 위축된다. 이는 미달러화에 대한 우리나

라 통화의 상대적 수요 감소를 의미하며 그 결과 원/달러환율이 상승한다.

이상의 논의를 토대로 두 나라의 상대적인 통화수요함수, 구매력평가 및 금리평가이론interest rate parity 등을 결합하면 다음과 같은 환율결정방정식을 얻을 수 있다.[53]

$$s = (m-m^*) - \alpha(y-y^*) - (1/\theta)(i-i^*)$$

여기서 θ는 환율이 균형수준으로 조정되는 속도를 나타낸다. 이 식에 나타난 바와 같이 환율은 자국의 통화공급이 상대적으로 더 크게 증가할수록 상승하고, 자국의 실질소득이 상대국보다 더 크게 증가하거나 내외금리차가 확대되는 경우에는 환율이 하락한다.

결론적으로 통화공급에 물가가 신속히 반응하는 경우에는 내외금리차 확대가 자국 통화에 대한 수요 감소로 이어져 통화가치 하락요인으로 작용하는데 반해, 물가가 느리게 반응하는 경우에는 내외금리차 확대에 따른 자본유입 영향이 더 크게 나타남으로써 통화가치의 상승을 가져온다는 점에서 차이가 있다.

◆ 통화공급에 따른 환율의 오버슈팅

재화나 실물자산 가격에 비해 환율 등 금융자산의 가격은 통화정책 변화에 대해 훨씬 신속하고 과도하게 반응한다는 점도 환율을 이해하는데 중요하다. 통화적 모형에서는 각국의 통화도 하나의 금융자산으로 간주하므로 환율도 금융자산의 가격결정에서와 마찬가지로 통화정책 변화 등에 매우 신속하고 과도히 반응한 후 시간이 지나면서 서서히 균형을 회복하는 것으로 본다. 아래의 <그림 5-3>은 통화공급 증대에 따라 환율이

---

53 Dornbusch(1976) 참조

과도히 반응하는 오버슈팅^{overshooting} 현상을 나타낸다.[54]

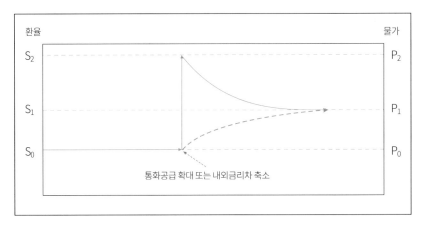

그림 5-3   통화공급에 따른 환율의 오버슈팅

환율   물가

S_2 ─────────────────────────────────── P_2

S_1 ─────────────────────────────────── P_1

S_0 ─────────────────────────────────── P_0

통화공급 확대 또는 내외금리차 축소

예를 들어 통화공급 증가로 국내금리가 하락하면 외국인의 채권투자
자금이 해외로 유출된다. 따라서 환율이 상승하는데 금융시장에서의 반
응속도는 실물시장에서의 가격조정 속도보다 훨씬 빠르므로 단기적인 환
율상승은 장기균형수준(S_1) 보다 더 크게 나타난다.

이후 통화공급 확대의 영향으로 물가가 서서히 상승하고 해외로 유출
되었던 자본이 다시 유입되기 시작하면서 단기적으로 과도하게 상승한
환율도 장기균형수준으로 하락하기 시작한다. 이러한 환율하락은 물가상
승에 따라 장기적으로 환율과 물가가 균형상태를 회복하여 장기적인 구
매력평가가 성립할 때까지 계속된다.

─────────────────────────

54 오버슈팅 모형은 단기적으로 경직적인 가격을 가정하는 케인지안 모형과 장기적으로 환율
   이 통화적 요인에 의해 균형을 회복하는 통화주의 모형이 모두 가미된 모형으로 볼 수 있다.

사례 5-1   미국의 정책금리 변화와 미달러화지수

1990년대 이후 미달러화 가치는 미정책금리의 변동과 항상 일관된 방향(금리상승→통화강세, 금리하락→통화약세)으로 움직이지는 않았던 것으로 나타났다.

또한 미달러화는 정책금리 인상기간중 보다는 금리인상 개시 6개월(t-6M) 또는 12개월 이전(t-12M)에 금리인상에 대한 기대가 선반영되면서 강세가 두드러지게 나타났다.

미 정책금리 인상 전후 미달러화 변동

(단위: %)

인상기간	Fed-Fund Rates	t-12M	t-6M	인상 기간내	t+6M	t+12M
'94.2.3~'95.2.1	3.00→6.00	+1.73	+1.56	-8.44	-7.54	-0.68
'99.6.29~'00.5.16	4.75→6.50	+1.39	+9.09	+8.02	+5.05	+4.39
'04.6.29~'06.6.29	1.00→5.25	-5.62	+2.36	-3.90	-2.64	-4.66
'15.12.16~'19.7.31	0.25→2.50	+11.06	+3.02	+0.66	-1.14	-

주 : 미달러화지수를 이용하여 시산한 달러화의 절상(+)절하(-)율임
자료: bloomberg 및 저자 시산

통화정책은 채권수요변화를 통해 환율에 영향

여기서는 국내 통화정책 변화가 국내외 채권에 대한 수요 변화를 통해 환율에 영향을 미치는 경로를 알아보자. 한 나라의 중앙은행이 통화공급을 확대하면 경제주체들이 전체적으로 보유하는 화폐량이 늘어나므로 이들은 이의 일정 부분을 채권 등 금융자산에 투자하고자 한다. 만약 투자대안으로 국내채권과 외화표시채권이 있다고 한다면 투자자들은 두 대안중 동일한 위험하에서 더 높은 수익률을 얻을 수 있는 자산에 투자하기를 원할 것이다.

만약 한 나라의 중앙은행이 본원통화^{reserve money} 공급을 늘리거나 정책금리를 인하하면 장단기 시장금리도 동반 하락하므로 국내 채권수익률도 하락한다. 반면 외국의 통화정책이나 국제금리 수준에 변화가 없다면 국내채권보다는 상대적으로 기대수익률이 더 높은 해외채권에 대한 수요가 증가한다. 일부 투자자의 경우에는 보유하고 있던 국내채권을 해외채권으로 대체하고자 한다. 따라서 해외채권 투자를 위한 외환수요가 늘어나므로 환율이 상승한다. 이를 정리해 보면 <그림 5-4>와 같다.

그림 5-4 　　　　　　　　　 포트폴리오밸런스 모형의 환율 영향

중앙은행이 공개시장조작^{open market operation}을 통해 확장적 통화정책을 펴는 경우에도 비슷한 결과를 가져온다. 중앙은행이 유통시장에서 국공채 등을 매입하여 통화공급을 늘리면 국내 채권시장에서 채권가격이 상승하고 국내금리는 하락한다. 따라서 투자자들은 보유하고 있는 국내채권 비중을 줄이고 해외채권에 대한 수요를 증가시키게 된다. 이 경우에는 앞의 경우와 달리 본원통화 공급 증가에 따른 부의 효과^{wealth effect}는 없으나 국내채권에 대한 수요가 상대적으로 수익률이 더 높은 해외채권으로 대체되면서 환율상승이 발생한다는 점에서 차이가 있다. 이를 요약하면 <그림 5-5>와 같다.

그림 5-5   공개시장조작에 따른 환율 영향

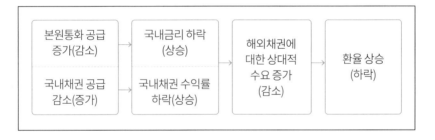

주요국 정책금리변화는 국제자본이동을 초래

선진국 또는 신흥시장국의 통화정책 변화는 국가간 내외금리차의 변동을 통해 국제자본이동을 가져오고 환율을 변동시키는 요인으로 작용한다. 전통적으로 내외금리차에 따라 국제자본이동을 가져오는 대표적인 예로는 캐리트레이드^{carry trade} 자금이동을 들 수 있는데 캐리트레이드란 저금리 통화^{funding currency}를 차입하여 고금리 통화^{target currency} 자산에 투자함으로써 고수익을 추구하는 거래를 말한다.[55] 캐리트레이드의 결과 저금

---

55 캐리트레이드는 현물거래 위주의 기초자산 캐리트레이드^{canonical carry trade}와 파생상품을 이용

리통화(펀딩통화) 및 고금리통화(투자통화)의 환율이 모두 영향을 받는다. 전통적인 저금리 통화로는 일본 엔화, 스위스 프랑화 등을 들 수 있으며 고금리 통화로는 호주 및 뉴질랜드 달러화와 멕시코 페소화 등 상당수 신흥시장국 통화라 할 수 있다.

캐리트레이드의 투자수익률은 두 통화간 금리차는 물론 환율변동에도 영향을 받는다. 캐리트레이드 특성상 고수익을 추구하므로 환차익을 겨냥한 투자자금 성격이 강하기 때문이다. 만약 고금리 통화(투자통화)가 투자기간중 절상될 경우 금리차익 이외에 환차익을 얻게 되며, 반대로 금리차익 보다 더 큰 폭으로 절하될 경우에는 투자손실을 보게 된다. 따라서 캐리트레이드 자금이동은 국제금융시장에서 투자자들의 위험회피성향risk aversion이 낮은 상황에서 투자위험대비 고수익 획득이 가능한 경우 활발해지는데 투자통화와 펀딩통화의 내외금리차가 확대되는 경우 캐리트레이드의 기대수익률이 높아지는 반면 환율변동성이 커지는 경우에는 투자위험이 커진다고 할 수 있다.

이를 바탕으로 다음과 같이 위험대비수익률 지표인 캐리트레이드 매력지수CTR: carry to risk ratio를 활용할 수 있는데 매력지수가 높을수록 캐리트레이드 투자유인이 높아짐을 의미한다.

$$CTR = \frac{i - i^*}{vol}$$

여기서 i-i*는 내외금리차, vol은 환율변동성으로서 통상 옵션시장에서 형성되는 내재변동성implied volatility을 나타낸다.

하는 파생 캐리트레이드derivatives carry trade로 구분(Gagnon and Chaboud(2007))할 수 있다. 전자의 경우 주로 단기금융시장에서 저금리통화를 차입하여 고금리통화 자산(장단기채권 또는 주식 등)에 투자하는 경우를 말하며 후자의 경우는 선물환, 통화선물 등 외환파생시장에서 저금리통화 매도 또는 고금리통화 매수 포지션을 구축하는 거래행태를 말한다.

참고 5-1 캐리트레이드와 금리평가이론

캐리트레이드는 내외금리차 등 자산수익률과 환율변동위험 두 요소에 의해 투자의사결정과 수익률이 정해지므로 금리평가이론과 관련이 있다.

▶ 유위험금리평가

캐리트레이드가 단기적인 투자자금의 성격을 띄는 경우 통상 환헤지를 하지 않는데 이 경우 내외금리차가 미래환율변동과 같아진다는 유위험금리평가이론UIRP: uncovered interest rate parity을 적용할 수 있다. 이에 따르면 내외금리차가 확대될 경우 투자대상국 통화가 향후 절하되는 것으로 보므로 캐리트레이드에 따른 예상수익률은 제로가 된다.

$$i\text{-}i^* = s^e_t - s_0$$
$$예상수익률 = (i\text{-}i^*) - (s^e_t - s_0) = 0$$

여기서 i, i*는 각각 투자국 및 펀딩국의 금리를, s^e_t, s_0 는 각각 t기와 투자시점의 환율을 의미한다. 그러나 캐리트레이드 수익률에 관한 많은 연구들에서는 양(+)의 수익률이 존재하는 것으로 분석되고 있는데 이는 캐리트레이드가 유위험금리평가 가정과 상치됨을 의미한다.

▶ 무위험금리평가

만약 캐리트레이드시 환위험을 헤지하는 경우에는 아래와 같이 무위험금리평가이론CIRP: covered interest rate parity을 적용할 수 있다.

$$i\text{-}i^* = f_{t,0} - s_0$$

여기서 $f_{t,0}$는 투자국 통화의 만기시점에 대한 선물환율을 의미한다. 캐리트레이드시 환헤지를 하면서 무위험금리평가를 적용하더라도 마찬가지로 예상수익은 제로값을 갖는다. 예를 들어 금리가 우리나라보다 높은 브라질 국채에 대한 투자시 환헤지를 하게 되면 이론적으로 예상 투자수익률은 제로가 된다. 이는 고금리통화인 헤알화 자산을 획득하는 과정에서 선물환프리미엄(f-s) 만큼의 손실을 보기 때문이다.

다만, 선물환율이 미래 기대환율의 추정치로서 한계가 있고 선물환프리미엄이 내외금리차와 반드시 일치하지 않으므로(forward premium puzzle) 이윤이 항상 제로라고 단정하기는 어렵다. 또한 캐리트레이더들은 역외 NDF시장에서 투자국통화를 매입하고 펀딩통화를 매도하는 거래를 통해 이윤을 추구하기도 한다.

지금까지의 논의를 바탕으로 실제 저금리 통화인 일본 엔화를 조달하여 고금리통화인 호주달러화 자산에 투자하는 경우 엔화와 호주달러화 환율에 미치는 영향을 살펴보면 아래와 같다. 우선 캐리트레이드 투자자는 저금리 통화인 엔화를 조달하여 호주달러화표시 자산에 투자하기 위해 외환시장에서 엔화를 매도하고 호주달러화를 매입하여야 한다. 그 결과 최초 투자시점에서는 엔화의 약세와 호주달러화의 강세가 나타난다. 캐리트레이드가 처음 일어나는 시기에는 대체로 자본이동이 점진적으로 이루어지고 환율변동성도 완만하게 확대된다.

그러나 국제금융시장의 불확실성이 확산되고 투자자들의 위험회피성향이 커지게 되면 그간 투자되었던 캐리트레이드 자금이 투자시 보다 더 급격하게 회수^{unwinding}되는 특징을 보인다. 이는 예상치 못한 급격한 환율변동(투자통화의 절하)으로 투자자산의 담보가치가 하락하고 이에 따라 강제적인 포지션 청산^{fire sale}이 일어나기 때문이다. 그 결과 캐리트레이드 투자자금의 청산으로 투자국에서 급격한 자본유출이 발생하면서 환율이 크게 상승하고 외화유동성 부족 등으로 금융시장의 변동성이 확대되기도 한다. 위의 예에서 호주달러화에 대한 캐리트레이드 자금이 회수되는 시점에서는 호주달러화 자산의 급격한 매도로 호주달러화 가치가 급락하는 반면 엔화는 강세를 보이게 된다.

호주달러화 표시자산에 투자하는 엔 캐리트레이드의 환율 영향을 정리하면 아래 <그림 5-6>과 같다.

그림 5-6　　　　　　　　　　엔 캐리트레이드에 따른 환율 영향

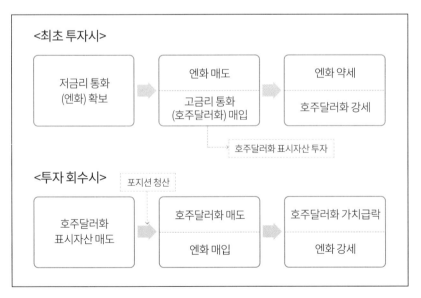

전통적으로 국내금리가 낮은 일본 엔화는 캐리트레이드를 위한 차입통화로 널리 이용된다. 특히 1990년대 중반과 2000년대 초반경 엔 캐리트레이드 수요 증가에 따라 일본내 외은지점의 본지점차입 및 단기 콜머니 등을 통한 엔화의 조달규모가 크게 증가하였고 이를 해외대출로 운용하는 규모가 크게 늘어났다. 그 결과 국제외환시장에서 엔화를 매도하여 투자대상국 통화를 매입하려는 거래가 증가하면서 엔화의 약세가 나타났다.

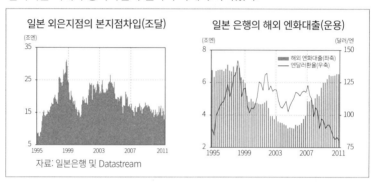

반면 뉴질랜드달러화는 호주달러화와 함께 엔 캐리트레이드의 주요 투자통화로 인식되면서 2000년대 들어 역외시장에서 Eurokiwi, Uridashi 등 뉴질랜드달러화표시 채권 발행도 급증하고 뉴질랜드달러화의 강세가 나타났다.

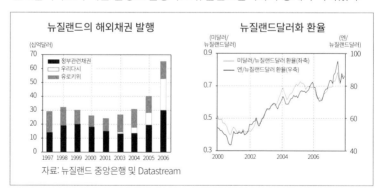

비전통적 통화정책은 환율변동성 확대 요인

글로벌 금융위기 이후 미국, 유럽, 일본 등 선진국은 적극적인 경기부양을 위해 비전통적인 방식의 통화정책^{UMP: Unconventional Monetary Policy}을 시행하였다. 비전통적 통화정책이란 정책금리가 제로 수준에 근접하여 더 이상 정책금리 인하가 어려워진 상황에서 중앙은행이 국채매입 등을 통해 통화공급을 적극적으로 증가시키는 양적완화^{QE: Quantitative Easing} 정책을 주로 의미한다.[56] 이와 함께 중앙은행이 위험자산이라 할 수 있는 주식, 부동산, 회사채 등을 직접 매입하는 이른바 질적완화^{qualitative easing} 정책도 시행되었다. 이러한 비전통적 방식의 통화정책 조치들은 글로벌 금융위기의 조속한 회복을 위해 시중에 신용공급을 적극적으로 행하기 위한 것을 주된 목적으로 한다.

선진국의 비전통적 통화정책의 시행은 전통적 통화정책 방식과 비교하여 그 파급효과가 전 세계적으로 더 크고 광범위하게 나타나는 요인으로 작용하였다. 즉 비전통적 통화정책의 시행 결과 국제금리가 크게 낮아져 선진국과 신흥국 간의 금리격차가 확대되었을 뿐만 아니라 중앙은행의 국채매입의 결과 통화공급이 확대되면서 글로벌 유동성이 크게 증가하였다. 또한 글로벌 금융위기가 안정되어 가면서 국제투자자들의 위험선호^{risk appetite} 현상이 강화되자 양적완화 정책으로 늘어난 글로벌 유동성이 신흥국의 주식시장이나 대출시장 등으로 대규모로 유입되었다. 그 결과 신흥국 통화의 강세, 주가 및 부동산 가격 상승 등 금융시장에 변화가 나타났다.

---

56 반면 통상적인 통화정책하에서는 각국 중앙은행이 단기 정책금리를 조절하여 장기시장금리 및 실물부문에 통화정책 효과가 파급되도록 한다는 점에서 차이가 있다.

양적완화$^{\text{QE: Quantitative Easing}}$ 정책이란 좁은 의미에서는 경기부양을 위해 중앙은행이 국채매입을 통해 유동성을 공급하는 것을 의미하나, 넓은 의미에서는 신용정책적 측면을 모두 포괄하는 신용완화$^{\text{credit easing}}$ 정책을 포함하기도 한다. 양적완화와 더불어 질적완화$^{\text{qualitative easing}}$ 정책도 병행하여 사용되었는데 이는 중앙은행이 주식이나 부동산 등 위험자산 매입을 통해 자산구성 변화를 도모하며 금융안정 등 정책목표의 달성을 도모하는 정책을 의미한다.[57] 글로벌 금융위기 이후 경기회복을 위해 미국, 일본, 유럽중앙은행^{ECB} 등이 사용한 양적 및 질적완화 정책의 주요 내용은 아래와 같다.

▶ 미국

미 연준은 글로벌 금융위기 직전 금융기관에 대한 다양한 형태의 유동성 공급과 주택가격 하락에 따른 신용경색을 완화시키기 위한 모기지채권(MBS) 매입 등을 통해 금융기관을 직접 지원한데 이어 2008.11~2014.10 기간중 세 차례의 국채매입을 통한 양적완화를 시행하였다. 그 결과 연준의 자산규모가 크게 증가하였다.

양적완화 기간중 미 연준의 직접보유증권 규모 변동

(단위: 십억달러)

	재무부증권	MBS	공공기관채	합 계
1차 (2008.11~2010.3)	300	1,069	155	1,524
2차 (2010.11~2011.6)	779	-142	-33	604
3차 (2012.9~2014.10)	822	874	-48	1,649
합 계	1,902	1,801	75	3,777

자료: 미 연준

---

57 비전통적 통화정책에 관한 자세한 내용은 "Unconventional Monetary Policies-Recent experience and prospects", IMF(2013)를 참조하기 바란다.

미 연준의 자산변화 추이

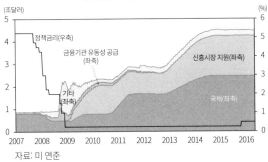

자료: 미 연준

▶ 유로회원국

유럽중앙은행은 금융기관의 장기유동성 수요가 늘어남에 따라 LTRO^{Long-Term Refinancing Operations} 및 TLTRO^{Targeted LTRO} 프로그램 등 대출중심의 유동성 공급에 주력하다가 2010년 5월 그리스에 대한 구제금융 지원을 위해 SMP^{Securities Markets Program}를 도입하였다. 2015년 3월부터는 대량의 국채를 매입하고 2016년 3월에는 매입채권 규모를 기존 월 600억유로에서 800억유로로 확대하는 전면적 양적완화를 시행하였다.

▶ 일본

일본의 경우에는 2010년 자산매입기금제도를 도입하여 장기국채와 단기국고증권 매입을 크게 확대한 결과 2015년말 기준 일본은행의 자산중 국채가 차지하는 비중이 GDP의 76.7%에 달하였으며 신용지원을 위해 CP, 회사채 매입도 이루어졌다. 또한 2013년 4월에는 양적질적완화^{QQE: Quantitative and qualitative Easing}도입을 통해 ETF 및 REIT 등 위험자산 매입에 나서는 한편 2016년 9월에도 장기금리를 0% 수준으로 유지하기 위한 국채 매입량 조절, 마이너스 금리 0.1% 유지, 물가상승률 2% 달성을 위한 금융완화 정책을 지속하였다.

선진국의 비전통적 통화정책으로 인한 대규모 자본유입은 신흥국 경제에 긍정적인 측면 못지않게 부정적인 결과도 초래하였다. 즉 신흥국에 공급된 글로벌 유동성은 신흥국 주식이나 채권에 대한 포트폴리오투자나 은행대출 형태로 단기간 내에 과도한 자본이 유입됨에 따라 자산가격에 거품bubble을 발생시켜 거시경제의 안정적 운용을 어렵게 하는 부작용을 야기하였다. 또한 대규모 자본유입으로 신흥국 통화의 절상을 초래하면서 수출의존도가 큰 신흥국의 경우 수출가격경쟁력을 떨어뜨리는 요인으로 작용하였다.[58] 더욱이 양적완화의 결과 신흥국으로 유입되었던 자본이 일시에 대거 유출될 경우에는 외화유동성 부족 등으로 환율이 급등하는 등 금융시장의 변동성이 확대되고 위기 가능성을 높이는 잠재적 위험요인으로 인식되었다.

그림 5-7   양적완화 정책에 따른 글로벌 금융시장 영향

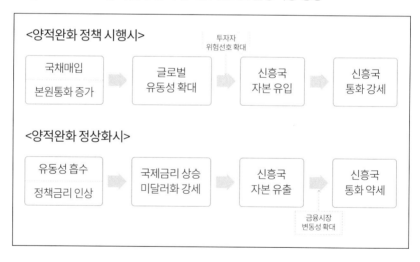

실제로 미 연준이 양적완화 정책의 축소와 정책금리 인상 가능성을 언급하는 등 그간의 비전통적 통화정책 기조에 변화조짐이 나타나기 시작하자 일부 신흥국에서 자본유출이 발생하고 금융시장 변동성이 크게 확대되었다.[59] 특히 2013년 6월 미 연준의 테이퍼텐트럼Taper Tantrum 이후 5대 취약국이라 불리는 브라질, 인도, 인도네시아, 터키, 남아프리카공화국 등에서 주식 및 채권 투자자금의 유출이 확대되면서 금융시장 변동성이 크게 확대되었다.[60]

미국의 비전통적 통화정책이 정상화 과정으로 접어들기 직전부터 글로벌 금융시장에 나타난 주요 경제지표의 변화와 특징은 다음과 같다.

첫째, 미 연준이 7년만에 처음으로 정책금리를 인상한 2015년 12월을 전후하여 국제금리가 상승하였다. 특히 미 연준의 자산매입 축소과정에서 장기물 위주의 국채상환이 우선적으로 늘어나면서 미국의 장기금리가 상승하고 장단기금리차가 확대되었다. 이에 따라 선진국과 신흥국간의 내외금리차가 큰 폭으로 축소되었다.

둘째, 미달러화의 강세와 신흥국으로부터의 자본유출이 발생하였다. 글로벌 금융위기 이후 5년간(2009~2013년) 신흥국으로 유입된 자본규모는 총 6.2조달러로 위기 이전(2002~2006년)의 약 2.5배에 달하였으나 미국의 양적완화 종료 이후에는 자본유입 규모가 크게 둔화되거나 순유출된 것으로 나타났다. 이는 미 금리인상에 대한 기대로 미달러화 자산에 대한 기대수익률이 금리차익과 환차익을 통해 높아질 것으로 예상됨에

---

59 밴 버냉키 연준의장은 2013년 6월경 "미국 경제가 예상대로 회복세가 지속될 것으로 확신한다면 자산매입을 중단할 수 있다."고 언급함으로써 이른바 테이퍼텐트럼Taper Tantrum을 촉발시켰다. 2014년 3월경에는 옐런 의장도 "양적완화 종료후 6개월 후 금리가 인상될 수 있다"고 발표하였다.

60 브라질 헤알화 환율은 미달러화에 대해 2014년말 3.02에서 2016년 1월 12일에는 4.41로 큰 폭의 상승을 보였다가 다시 급격한 하락세로 전환되는 등 변동성이 크게 확대되었다.

따라 미달러화 자산에 대한 수요가 커진 데 따른 결과이다.

셋째, 신흥국의 자본유출이 커지면서 신흥국 통화가치의 하락이 나타났다. 이는 선진국의 비전통적 통화정책이 신흥국으로의 자본유입과 통화가치 상승을 가져 왔던 것과 반대의 결과이며 결국 양적완화 정책이 신흥국 환율의 변동성 확대요인이 되었음을 의미한다.

그림 5-8   미국의 비전통적 통화정책 시행 이후 변화

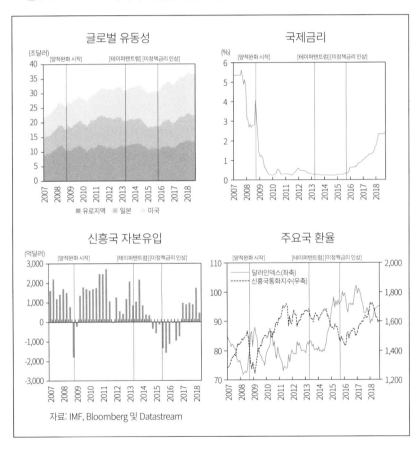

자료: IMF, Bloomberg 및 Datastream

요 약

환율은 한 나라 통화에 대한 상대적 수요 및 공급에 따라 결정되므로 통화정책 변화는 환율의 주요 변동요인이다. 통상 한 나라의 통화공급 증대는 물가상승, 금리하락 또는 채권수요의 변화 등을 통해 환율에 영향을 미친다. 또한 이러한 통화정책 변화는 캐리트레이드와 같은 국제자본이동을 가져와 환율 변동을 더욱 가속화시킨다. 글로벌 금융위기 이후 선진국의 비전통적 통화정책 시행과 이의 정상화 과정에서 국제자본이동이 크게 증가하고 신흥국 통화가치의 변동성이 크게 확대되었다.

참고문헌

Aliber, Robert Z., 1973, "The Interest Rate Parity Theorem : A Representation", *Journal of Political Economy* 81.

Bilson, J.F.O., 1978, "The Current Experience with Floating Exchange Rates: An Appraisal of the Monetary Approach", *American Economic Review*, Vol. 68.

BIS, 2015, "Currency Carry Trades in Latin America", *BIS Papers* No. 81.

Calvo, Guillermo A. and Carlos A. Rodriguex, 1977, "A Model of Exchange Rate Determination under Currency Substitution and Rational Expectations", *Journal of Political Economy* 85, No. 3.

Curcuru, S., Vega, C., Hoek, J., 2010, "Measuring Carry Trade Activity", *Board of Governors of the Federal Reserve System*.

Dornbusch, Rudiger, 1976, "Expectation and Exchange Rate Dynamics", *Journal of Political Economy* 84.

Edison, H.J., 2007, "The Kiwi Dollar–Getting Carried Away?: New Zealand - Selected Issues", *IMF Country Report*, No. 07/151, pp. 3-15.

Farmer, R.E.A., 2013, "Qualitative Easing: a New Tool for the Stabilisation of Financial Markets", *Annual John Flemming Memorial Lecture at the Bank of England*.

Farmer, R.E.A. and Zabczyk, P., 2016, "The Theory of Unconventional Monetary Policy", *NBER Working Paper* No. 22135.

Fawley, B.W., Neely, C.J., 2013, "Four Stories of Quantitative Easing", *Federal Reserve Bank of St. Louis Review* 95(1).

Frenkel, J.A., 1976, "A Monetary Approach to the Exchange Rate: Doctrinal Aspects and Empirical Evidence", *Scandinavian Journal of Economics*, Vol. 78.

_____, 1993, "Money and Portfolio Balance Model of the Determination of Exchange Rate, On Exchange Rates, MIT.

Gagnon, J. and Chaboud, A., 2007, "What Can the Data Tell Us About Carry Trades in Japanese Yen?", *FRB International Finance Discussion* Paper No. 899.

Gambacorta, L., Hofmann, B., Peersman, G., 2012, "The Effectiveness of Unconventional Monetary Policy at the Zero Lower Bound: a Cross-Country Analysis", *BIS working papers* No. 384.

Gilchrist, S., Zakrajšek, E., 2013, "The Impact of the Federal Reserve's Large Scale Asset Purchase Programs on Corporate Credit Risk", *Journal of Money, Credit and Banking* 45(2).

Gyntelberg, J., Remolona, E., 2007, "Risk in Carry Trades: a Look at Target Currencies in Asia and the Pacific", *BIS Quarterly Review*, December.

IMF, 2013, *Unconventional Monetary Policies: Recent Experience and Prospects*.

Lyonnet, V., Werner, R., 2011, "The Lessons from QE and Other Unconventional Monetary Policies: Evidence from the Bank of England," *CFS working paper* No. 2011/29.

Mark, N.C., 2005, "Changing Monetary Policy Rules, Learning, and Real Exchange Rate Dynamics", *NBER Working Paper* No. 11061.

Neely, C.J., Sarno, L., 2002, "How Well Do Monetary Fundamentals Forecast Exchange Rates?", *Federal Reserve Bank of St. Louis Review*, Vol. 84, No. 5, pp. 51-74.

Paul De Grauwe, 1996, *International Money*, Oxford University Press.

Zurawski, A., D'Arcy, P., 2009, "Japanese Retail Investors and the Carry Trade", *Reserve Bank Bulletin*, Reserve Bank of Australia.

이승호, 1997, "금리 · 환율의 연관성과 자본이동성", 『경제분석』, 제3권 제3호, 한국은행 금융경제연구소.

이승호 · 강현주, 2016, "양적완화 정책에 대한 고찰 및 시사점", 이슈보고서 16-01, 자본시장연구원.

제6장
재정정책과 환율

...... the fiscal expansion under the Reagan Administration was the most important reason for the dollar's appreciation from 1980 to 1985.

- Adrian W. Throop, 1989

개 요

한 나라의 재정정책 변화는 총수요 및 경상수지의 변동을 통해 환율에 영향을 미친다. 또한 재정지출 재원 조달을 위해 국채발행이 증가하면 시장금리가 상승하면서 환율에 영향이 나타나기도 하는데 그 영향은 자본이동성의 크기와 재정건전성 여부에 좌우된다. 글로벌 금융위기 이후 일부 유럽국가들의 재정수지 악화로 국가신인도가 하락하면서 재정정책이 환율에 미치는 영향이 커졌다. 이 장에서는 재정정책이 환율에 미치는 장단기 경로를 알아보고 재정위기를 경험한 바 있는 유럽 및 주요 선진국의 사례를 소개하였다.

재정정책이 단기환율에 미치는 영향은 불명확

재정정책fiscal policy은 정부가 경기부양 등을 목적으로 재정지출을 확대하거나 세율을 낮추는 감세정책 등을 사용하는 확장적인 정책과 반대로 재정수지 및 재정건전성의 개선을 위해 정부지출을 줄이고 재정수입은 늘이는 긴축적인 정책으로 나누어 볼 수 있다. 재정정책이 단기적으로 그 나라 통화가치에 미치는 영향을 확장적인 재정정책의 경우를 예로 살펴보자.

재정지출의 증대는 한 나라의 경제활동을 촉진시키고 국내총생산을 증가시킨다. 정부지출의 증가에 힘입어 기업의 투자 활동이 늘어나고 이에 따라 경제주체의 실질소득이 증가한다. 민간부문에서는 늘어난 실질소득을 바탕으로 소비도 증가한다.[61] 즉 재정정책이 효과를 발휘하는 경

---

61 그러나 정부지출의 증가가 금리상승 및 환율하락을 초래할 경우 소비증가가 상쇄될 수 있다.

우 투자 및 소비 증대로 총수요$^{aggregate\ demand}$가 증가하고 경제성장률을 높이는데 긍정적인 효과를 갖는다.

이러한 총수요의 증가는 대외거래에서 수입 수요를 증가시킨다. 기업의 투자 및 민간소비 증가의 일부분은 해외로부터의 수입을 통해 그 수요를 충당해야 하기 때문이다. 수입의 증가는 경상수지 악화 요인이 되므로 단기적인 환율의 상승을 가져온다. 즉 재정지출 확대는 경상수지 악화를 통해 환율상승 요인으로 작용한다고 할 수 있다.

한편 정부는 재정지출 증가를 위한 재원 마련을 위해 통상 국채$^{government\ bond}$의 발행 규모를 늘리게 된다. 이 경우 국채공급 증가로 국채금리가 상승하고 나아가 장기 시장금리가 상승한다. 만약 해외금리가 일정하다면 국내금리 상승은 내외금리차 확대를 통해 외국인의 국내채권에 대한 투자 유인을 크게 하므로 해외로부터의 자본유입을 증가시킨다. 즉 앞서 와는 반대로 재정지출의 증가가 자본수지 흑자를 통해 환율하락 압력을 초래하는 결과를 나타낸다. 따라서 확장적인 재정정책이 환율에 미치는 단기적 영향은 불명확하다고 할 수 있다. 이를 그림으로 정리해 보면 아래의 <그림 6-1>과 같다.

그림 6-1   확장적 재정정책이 단기환율에 미치는 영향

자본이동성이 클수록 재정정책의 환율 영향이 증대

재정정책은 환율상승 경로와 환율하락 경로를 모두 갖고 있으므로 두 가지 경로중 어느 쪽의 영향이 더 큰 가에 따라 환율에 미치는 단기적인 영향이 결정된다. 만약 국채발행 증가에 따른 내외금리차 변동에 대해 해외자본이 민감하게 반응한다면 환율에 미치는 영향이 더 커지게 된다. 내외금리차가 조금만 확대되더라도 기대수익률 상승에 따라 큰 규모의 자본유입이 일어나는 경우를 가리켜 통상 자본이동성^{capital mobility 62}이 크다고 말한다. 이 경우 위의 두 가지 경로 중에서 재정정책 확대에 따른 환율하락 압력이 더욱 커진다고 할 수 있다.

따라서 확장적인 재정정책이 환율에 미치는 효과는 재정지출 재원조달을 위한 정부의 국채발행 규모 및 국내금리 상승 정도 그리고 동일한 크기의 금리상승 하에서 해외자본의 유입정도 즉 자본이동성의 크기에 따라 달라진다고 할 수 있다.

만약 자본이동성이 커 금리상승에 따른 자본유입 효과가 총수요 증가에 따른 경상수지 악화 효과보다 큰 경우에는 환율이 하락압력을 받는다. 반대로 자본이동성이 크지 않거나 국채시장 또는 금융시장의 발달 정도가 낮아 재정정책 변화에 따른 금리 영향이 크지 않은 경우라면 환율은 상승압력을 더 크게 받는다.

한편 재정지출 증가가 실질소득에 미치는 영향도 자본이동성의 크기에 따라 달라질 수 있다. 즉 자본이동성이 큰 경우에는 자본유입에 따른

---

62 자본이동성을 측정할 때 통상 두 가지 측면을 고려할 수 있다. 하나는 법·제도적^{de jure}인 것으로 그 나라의 자본유출입에 대한 규제 정도에 따라 자본이동성을 측정하는 방법이다. 그 예로 OECD의 「자본이동자유화 규약」^{Code of Liberalization of Capital Movement} 등에 따라 자본거래 항목별로 자본이동성을 분석할 수 있다. 다른 방법은 실제로^{de facto} 그 나라에 자본유출입이 일어나는 규모를 통해 자본이동성을 측정하는 것이다. 예를 들면 거주자 또는 비거주자의 증권(주식 및 채권) 투자자금의 유출입 규모 등을 통해 자본이동성을 파악하는 방법이다.

환율하락 및 경상수지 악화 등으로 재정지출 증가에 따른 실질소득 증가가 부분적으로 상쇄되는 구축효과^{crowding out effect}가 발생할 수 있다. 이 경우 자본이동성이 작은 경우에 비해 실질소득의 증가 효과는 더 작고 따라서 수입수요 증가도 그만큼 줄어든다.

결론적으로 자본이동성이 크면 재정지출 확대시 자본유입은 확대되고 경상수지 악화 폭은 축소되어 단기적으로 환율하락 효과가 나타난다고 할 수 있다.

참고 6-1   먼델-플레밍모형을 이용한 재정정책효과

자본이동성의 차이에 따른 재정지출 증가 효과의 차이를 먼델-플레밍^{Mundell-Fleming} 모형을 이용하여 설명하여 보자.

이 모형에서는 한 나라의 경제를 실물시장, 화폐시장 및 대외부문으로 구분하고 세 시장에서 동시에 균형 달성이 가능한 것으로 본다. 여기서 대내균형이란 실물시장과 화폐시장에서의 균형이 달성된 상태를 의미하며 대외균형이란 국제수지의 균형이 달성된 상태를 말한다. 또한 환율은 대내외균형의 동시적 달성을 가능하게 하는 가격조절기능을 하므로 환율이 상승(평가절하)하면 무역수지 흑자가 발생하고 반대로 환율이 하락(평가절상)하면 무역수지 적자를 가져오는 것으로 가정한다. 세 가지 시장의 균형은 다음의 경우에 달성된다.

실물시장의 균형: 총공급 = 총수요

$$Y = C(y) + I(i)$$
$$\qquad\quad +\quad\ -$$

화폐시장의 균형: 실질화폐공급 = 화폐수요

$$M^s / P = M^d(y, i)$$
$$\qquad\qquad + \ -$$

대외균형: $BP = CA(S, y) + KA(i\text{-}i^*) = 0$
$$\qquad\quad + \ - \qquad +$$

여기서 Y는 총공급, C는 소비, I는 투자, y는 실질소득, i와 i*는 국내 및 해외금리, M^s와 M^d는 각각 통화공급 및 통화수요, P는 국내물가, CA는 경상수지, KA는 자본수지, S는 명목환율을 나타낸다.

대내균형은 실물시장의 균형과 화폐시장의 균형이 동시에 달성되는 상태로 그림에서 우하향하는 IS곡선과 우상향하는 LM곡선이 교차하는 점에서 달성된다. 만약 이 교차점을 BP곡선이 지나가게 된다면 그 점에서는 대외균형도 함께 달성된 경우이므로 세 시장에서의 균형이 달성된 상태라고 할 수 있다. (자세한 도출과정은 다른 교재를 참고하기 바란다)

한편 자본이동성이 클수록 대외균형점들의 조합인 BP곡선의 기울기는 작아지게 된다. 왜냐하면 동일한 규모의 경상수지 적자가 발생할 경우 다시 대외균형이 회복되기 위해서는 국내금리 상승을 통한 자본유입이 이루어져야 하는데 기울기가 낮을수록 작은 규모의 금리 변화를 통해서도 보다 큰 규모의 자본유입이 이루어질 수 있기 때문이다. 즉 자본이동성이 큰 경우 금리변동에 따른 자본유출입의 탄력성이 높다고 할 수 있다.

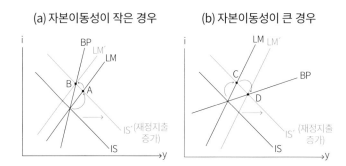

재정정책 변화 효과를 자본이동성이 작은 경우 (a)와 자본이동성이 큰 경우 (b)로 나누어 설명해 보자. (a)의 경우 자본이동성이 작아 재정지출 확대에 따른 금리상승과 이에 따른 자본유입이 총수요 증가에 따른 수입증가 및 경상수지 악화보다 작다. 따라서 재정지출 증가로 대외부분에서 적자가 발생(점 A)한다. 그 결과 환율이 상승하고 국내통화가 감소하므로 다시 경상수지가 개선되고 이자율이 상승하여 새로운 균형이 점B에서 이루어진다.

반면 (b)의 경우에는 자본이동성이 커 재정지출 확대에 따른 금리상승과 이에 따른 자본유입이 총수요 증가에 따른 수입증가 및 경상수지 악화보다 크다. 따라서 대외부분에서 흑자가 발생(점 C)하므로 환율이 하락하고 국내통화 증가로 이자율이 하락한다. 그 결과 새로운 균형은 점D에서 이루어진다.

결론적으로 자본이동성이 큰 경우 재정지출 증대로 환율하락이, 자본이동성이 작은 경우는 환율상승이 초래된다고 할 수 있다.

제2장에서 제6장까지 설명한 환율결정이론 모형별로 경제활동 증가에 따른 실질소득 증가와 국내금리 상승이 환율에 미치는 영향을 정리하면 다음과 같이 모형별로 상이하다.

	실질소득 증가	국내금리 상승
플로우접근법(국제수지 모형)	환율 상승	환율 하락
신축적가격하의 통화모형	환율 하락	환율 상승
경직적가격하의 통화모형	환율 하락	환율 하락
낮은 자본이동성하의 먼델-플레밍 모형	환율 상승	환율 하락
높은 자본이동성하의 먼델-플레밍 모형	환율 하락	환율 하락

지속적인 국채발행 증가는 장기환율 상승 요인

앞에서 재정지출 확대가 환율에 미치는 효과는 단기적으로 불명확하나 자본이동성이 큰 경우에는 환율하락 압력이 나타날 가능성이 높다고 설명하였다. 만약 한 나라 정부가 재정수지와 재정건전성 악화 등에도 불구하고 재정지출에 필요한 재원조달을 위하여 국채발행을 지속적으로 늘리는 경우에는 환율에 장기적으로 어떤 영향이 있는지 알아보자.

정부가 지속적으로 국채발행 규모를 늘리면 국채금리 및 시장금리 상승을 가져오는 것은 앞에서 살펴본 바와 같다. 또한 국채발행이 상당 기간 지속되면 명목금리 뿐만 아니라 실질금리가 상승하게 된다. 이는 내외금리차 확대에 따른 외국인의 채권투자유인을 높여 그 나라로의 자본유입을 증가시키므로 환율하락 요인으로 작용한다.

그러나 해당국 국채에 투자하는 외국인 투자자들은 그 나라 경제규모 등에 비해 과도하고 지속적으로 국채발행이 증가하는 것에 대해 부정적인 시각을 갖게 된다. 국채발행 규모의 증가로 그 나라의 재정수지가 악화되고 국가채무$^{sovereign\ debt}$가 증가하는 등 재정건전성이 악화되기 때문이다. 이는 재정지출 여력을 축소시켜 경기부양 등을 위한 재정정책의 효과를 떨어뜨릴 뿐만 아니라 재정수지 악화에 대해 그 나라 정부가 조만간 세율을 인상할 것으로 예상하는 경우 확장적 재정정책의 실질소득 증대효과가 반감될 수 있다.

더욱이 국채발행 증가에 따른 재정건전성 악화 우려로 국채투자에 대한 위험이 더 커지면 위험회피성향$^{risk-averse}$을 가진 투자자들은 해당 국채에 대해 더 높은 위험프리미엄$^{risk\ premium}$을 요구한다. 국채투자수익률을 높이기 위해서는 국채금리가 상승하여 더 높은 이자수익을 받거나 환차익의 실현을 통해 가능하다. 또한 환차익을 얻기 위해서는 만기 또는 국채매도 시점에 환율이 하락(투자대상 통화의 절상)하여야 가능하므로 투자시점에서 암묵적으로 투자대상 통화의 환율상승을 요구하게 된다. 따라서 환율은 리스크프리미엄을 고려하지 않은 경우보다 더 큰 상승압력을 받는다.

국채발행 잔액이 늘어나면서 국채에 대한 이자지급도 늘어나게 된다. 특히 외화표시 국채의 경우 외국인에 대한 이자지급 비용 증가로 이어질 뿐만 아니라 정부의 재정지출 확대에 따른 수입수요 증가로 경상수지 악화가 초래된다. 따라서 이 경로에 의해서도 재정지출 확대가 장기적인 환율의 상승요인으로 작용한다. 이를 도식으로 정리해 보면 <그림 6-2>와 같다.

그림 6-2 　국채발행 확대가 장기환율에 미치는 영향

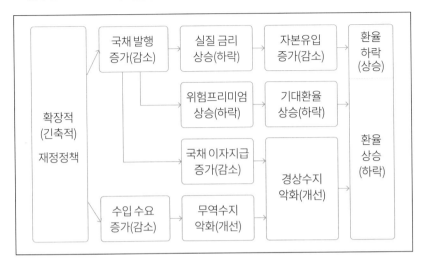

이러한 논의에 부합하는 환율이론으로서 실질금리차^{real interest rate}
^{differential} 모형을 들 수 있는데 이를 이용하여 위에서의 설명을 부연하면
다음과 같다.[63] 실질금리차 모형은 무위험금리평가^{CIRP}와 구매력평가^{PPP}
의 성립을 전제로 하며 국채발행의 지속적인 증가는 투자자의 위험프리
미엄 상승을 가져오는 것으로 가정한다. 이러한 가정에 따를 경우 한 나
라의 장기 실질환율수준은 다음의 식으로 표현할 수 있다.

$$q = g + n(r^*-r) + n \cdot \theta$$

여기서 q는 장기실질환율 수준으로서 이 수치의 상승은 자국통화의
실질적인 가치하락을 의미한다. 또한 g는 장기균형환율, r* 및 r은 외국과
자국의 실질금리, θ는 리스크프리미엄, n은 발행채권의 만기를 의미한다.

---

63 Meese and Rogoff(1988), Baxter(1994) 등 참조

이 식에 따르면 한 나라 통화의 장기실질환율 수준은 우변의 세가지 요인에 따라 결정되는 것으로 본다. 첫째, 장기균형환율(g)로서 이는 한 나라의 경상수지가 제로수준에 가까운 균형을 보이는 경우에 부합하는 실질환율 수준을 의미한다. 만약 경상수지가 적자를 보이는 경우 장기적으로 균형환율 수준이 상승하고 실질환율도 통화가치의 약세 방향으로 변동한다. 반대로 경상수지 흑자시에는 균형환율과 실질환율이 통화가치가 절상되는 방향으로 움직인다.

둘째, 외국과 자국의 실질금리차에 따라 실질환율이 영향을 받는다. 가령 외국의 금리는 변동이 없다고 가정할 경우 한 나라의 국채발행이 지속되면 자국의 장기시장금리와 실질금리(r)가 상승하고 그 결과 해외로부터 자본유입이 늘어나면서 실질통화가치가 상승한다.

셋째, 지속적인 국채발행으로 이자지급 부담이 늘어나고 재정건전성 악화에 대한 우려가 커지는 경우 리스크프리미엄(θ)이 커지고 실질환율 수준이 상승하면서 장기적으로 통화가치의 하락을 가져온다.

앞서 설명한 먼델-플레밍 모형의 경우 확장적인 재정정책은 자본유입 확대를 통해 환율하락을 가져오는 것으로 단순화하여 설명하고 있으나 실질금리차 모형에서는 재정정책 변화에 대해 국내외 실질금리의 변화에 따른 자본유입과 국채발행 증가에 따른 리스크프리미엄의 변화로 구분하여 보다 장기적인 관점에서 설명하는 것으로 이해할 수 있다. 즉 실질금리차 모형에서는 확장적인 재정정책이 장기간 지속될 경우 재정건전성에 대한 우려로 리스크 프리미엄이 상승하고 경상수지에 대한 악영향도 점차 커지면서 장기균형환율 수준이 변화하고 통화가치의 하락압력이 증가하는 것으로 본다. 또한 이러한 장기적 영향은 단기적인 실질금리 상승에 따른 환율하락 압력보다 큰 것으로 가정한다.

실질금리차 모형의 하나라 할 수 있는 브랜슨^Branson^모형에서는
재정정책이 환율에 미치는 영향을 단기 및 장기로 구분하여 분석
하였다. 즉 확장적인 재정정책시 단기적으로는 환율하락을 가져오
나 장기적으로는 환율이 이보다 더 크게 상승하는 것으로 분석하
여 먼델-플레밍모형과 다른 결론을 제시하였다.

브랜슨모형(1988)에서는 경제를 실물시장과 금융시장으로 구
분하고 있다. 우선 실물시장의 균형은 실질이자율과 환율이 총수요
에 미치는 영향이 상이하므로 우하향하는 균형선(아래 그림의 IX)
을 갖는다. 반면 금융시장의 경우에는 실질금리의 상승시 환율의
즉각적인 하락(통화가치 상승)을 통해 금융시장의 균형을 회복할
수 있으므로 우상향하는 균형선(그림의 FM)을 갖는다. 따라서 최초
균형점은 점A에서 이루어지며 이 점에서는 대내외균형이 달성된
다고 가정한다.

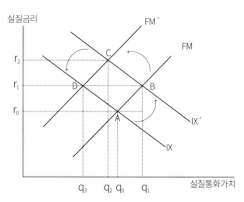

자료: Branson(1988)에서 저자 일부 수정

만약 정부가 확장적인 재정정책을 사용하는 경우 단기적으로 총수요가 늘어나므로 IX가 IX'로 이동하여 새로운 균형이 점B에서 이루어지며 그 결과 실질금리와 통화가치가 상승한다(먼델-플레밍 모형의 경우와 동일). 그러나 균형점 B에서는 통화가치의 상승으로 경상수지가 균형에서 적자로 반전되며 그 결과 외채의 증가로 리스크프리미엄이 상승하게 된다. 따라서 FM이 FM'로 이동하며 새로운 균형은 점C에서 이루어진다. 균형점 C는 B에 비해 통화가치가 하락한 것으로 이는 경상수지가 다시 균형을 회복하는 과정에서 외채의 이자상환 부담에 따른 것으로 이해할 수 있다.

한편 균형점 C에서는 정부의 국채발행 증가 등으로 재정수지가 적자를 보이고 있으므로 이를 해소하는 과정에서 IX'가 다시 IX로 이동하게 되어 장기균형은 점D에서 이루어진다. 결론적으로 확장적인 재정정책의 결과 경제의 균형점이 장기적으로 A→B→C→D로 바뀌면서 실질통화가치는 하락하고 실질금리는 최초점보다 높아진다. 이는 정부의 국채발행 증가에 따른 이자상환 부담과 재정건전성의 악화로 투자자들의 리스크프리미엄이 높아진 데 기인한다고 할 수 있다.

재정건전성 악화는 통화약세 요인

재정수지 악화에 따른 국가채무 증가가 통화가치 하락을 가져온 사례는 2008년 글로벌 금융위기 이후 일부 남유럽 국가의 재정위기에서 초래된 유로화 약세에서 찾아볼 수 있다.

1999년 1월 출범한 유로화는 이후 약 10년간 지속적인 가치 상승을 보였다. 유로화에 대한 미달러화 환율은 글로벌 금융위기 직전 1.7 내외 수준까지 상승하기도 하였다. 이는 유로화 출범 이후 글로벌 금융위기 발생 이전까지 유로지역의 물가 안정, 양호한 국내총생산 등으로 국제금융시장에서 유로화의 위상이 높아진 데 따른 것이다.

그러나 2008년 글로벌 금융위기 이후에는 유럽 국가들이 위기극복을 위해 정부의 재정지출을 급격히 늘리면서 상황이 달라졌다. 특히 그리스 등 남유럽 국가의 재정수지가 급속히 악화되면서 이들 국가의 국채발행 및 국가부채 규모가 크게 증가하였다. 국채발행 증가에 따른 국채금리 상승에도 불구하고 국가신인도의 하락으로 해외로부터의 자본유입이 어려움을 겪는 가운데 2010년 이후 그리스의 재정위기가 이웃나라인 스페인, 포르투갈, 이탈리아 등으로 확산되면서 유로화의 약세가 빠르게 진행되었다. 아래 <그림 6-3>은 남유럽 국가의 재정위기 진전과정에 따른 유로화 환율 변화를 나타낸다.

그림 6-3   미달러화에 대한 유로화환율

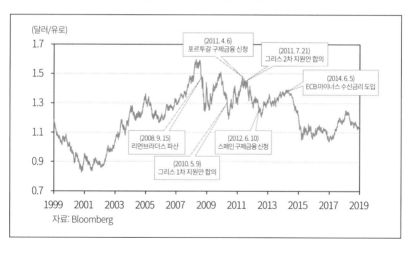

2008년 발생한 글로벌 금융위기 이후 그리스 등 남유럽 국가들은 위
기대응을 위해 재정지출을 크게 확대하였다. 그 결과 국채발행이 늘어나
고 국가부채도 빠르게 증가하였다. 특히 그리스의 경우 재정수지가 2008
년 이후 급속히 악화되면서 국가부채도 크게 늘어났다. 이웃나라인 이탈
리아, 포르투갈 및 스페인과 아일랜드 등(소위 PIIGS 국가)으로 위기의 전
염 가능성이 제기되고 이들 국가들의 재정수지 상황도 비슷한 모습으로
전개되면서 남유럽 재정위기가 확산되었다.

남유럽 국가의 재정수지 및 정부부채 비율

(단위: %)

		2005	2008	2010	2012	2014	2016	2018
재정수지	포르투갈	-6.2	-3.8	-11.2	-5.7	-7.1	-2.0	-0.4
	이탈리아	-4.1	-2.6	-4.2	-2.9	-3.0	-2.5	-2.1
	아일랜드	1.6	-7.0	-32.0	-8.1	-3.6	-0.7	0.0
	그리스	-6.2	-10.2	-11.2	-6.6	-4.1	0.6	1.0
	스페인	1.2	-4.4	-9.4	-10.5	-6.0	-4.5	-2.5
정부부채	포르투갈	67.4	71.6	90.7	126.3	130.6	129.2	120.1
	이탈리아	101.9	102.4	115.4	123.4	131.8	131.4	132.2
	아일랜드	26.1	42.4	86.0	120.0	104.5	74.0	63.7
	그리스	107.4	109.4	146.3	159.6	180.2	181.1	184.9
	스페인	42.3	39.4	60.1	85.7	100.4	99.0	97.1

주   : GDP에 대한 비율
자료: IMF

남유럽 국가의 재정위기에 대응하여 2010.5월 유럽연합[EU] 및 IMF를
중심으로 1,100억유로에 달하는 그리스 지원안을 포함한 대규모 구제금
융 계획(총 7,500억유로)이 발표되었다. 또한 각 국가들도 재정건전화 계
획을 추진하면서 남유럽 재정위기가 일단 진정 국면을 맞는 듯이 보였

으나 이후 아일랜드(2010.11월) 및 포르투갈(2011.4월)이 구제금융을 신
청한 데 이어 그리스가 심각한 경기침체로 재정건전화 목표 달성에 실패
하면서 재정위기가 다시 확산되었다. 그 결과 2011.10월에는 EU정상회의
에서 그리스에 대한 2차 구제금융안이 잠정합의되었다. 또한 경제규모가
비교적 큰 스페인과 이탈리아도 경제성장 둔화, 과도한 국가채무 등으로
재정위기에서 쉽게 벗어나지 못하는 모습을 모였다.

     남유럽의 재정위기가 지속되면서 유로지역 전체의 재정수지가 상당기
간 적자를 보이면서 국가부채도 큰 폭으로 증가하였다. 이러한 영향으로
유로화는 미달러화에 대해 약세를 지속하였다.

유로지역의 재정건정성 및 유로화 환율

(단위: %)

	2005	2008	2010	2012	2016	2018
재정수지[1]	-2.6	-2.2	-6.2	-3.7	-1.6	-0.5
정부부채[1]	69.4	68.8	84.9	90.0	89.5	85.4
유로화 환율[2]	1.1839	1.4125	1.3290	1.3222	1.0489	1.1441

주 : 1) GDP에 대한 비율   2) 연말 기준
자료: IMF

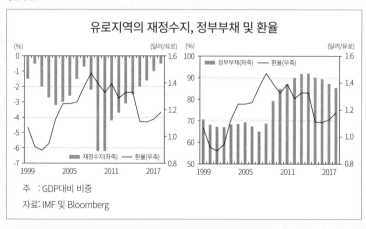

유로지역의 재정수지, 정부부채 및 환율

주 : GDP대비 비중
자료: IMF 및 Bloomberg

그리스는 글로벌 금융위기 발생 이전인 2000~2007년 기간중 연평균 약 4%의 경제성장률을 보이며 여타 유로국가보다 비교적 건실한 모습을 보였다. 그러나 글로벌 금융위기 이후 남유럽 국가중 가장 먼저 경제위기에 봉착하였는데 그 주된 원인으로 정부의 방만한 재정지출에 따른 재정수지 악화가 지적되고 있다. 즉 유로회원국 가입 이후 저리로 조달한 해외 자금을 정부가 주로 임금이나 연금 등 사회복지지출에 사용하면서 재정수지가 크게 악화되고 국가부채가 빠르게 증가하였다.

2008년에는 글로벌 금융위기 발생으로 그리스의 국채금리 상승 및 이자상환부담이 크게 증가하면서 재정건전성에 대한 우려가 높아지고 경상수지 적자가 2008년 GDP의 15%에 달하는 등 경제상황이 크게 악화되었다. 그 결과 국제신용평가기관인 S&P사는 2009년 1월 그리스에 대한 신용등급을 A+에서 A로, 피치사도 같은해 A-에서 BBB+로 강등하였다. 결국 그리스는 IMF, EU, 유럽중앙은행의 세 기관Troika으로부터 총 1,100억유로의 금융지원을 승인받았는데 그리스에 대한 IMF의 금융지원은 규모(대기성차관 300억유로)나 조건 면에서 파격적인 것으로 평가받고 있다.

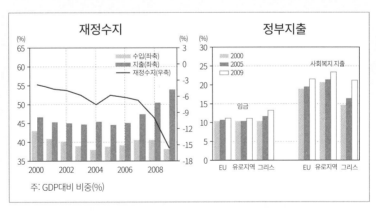

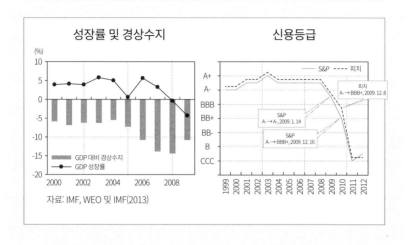

성장률 및 경상수지

신용등급

자료: IMF, WEO 및 IMF(2013)

　한편 주요 선진국중 미국과 영국의 경우에도 유로지역과 마찬가지로 재정수지 또는 국가부채의 추세적 움직임에 따라 장기환율이 영향을 받으면서 변동하여 온 것으로 보인다.

　미국은 2000년대 들어 재정상황이 1990년대에 비해 악화되는 가운데 글로벌 금융위기 직후인 2009~2010년에는 재정수지 적자규모가 GDP의 10%를 상회하고 국가부채도 이후 크게 증가하면서 미달러화는 대체로 약세를 보였다. 다만, 2014~2015년에는 미국의 비전통적 통화정책의 정상화 과정을 겪으면서 통화정책적 요인에 기인하여 미달러화가 다시 강세로 전환되었다.

　영국의 경우에도 재정수지 악화는 파운드화의 약세를, 재정수지 개선은 파운드화의 강세를 가져왔다. 특히 2009년 및 2010년중 재정수지 적자규모가 GDP 대비 약 10%를 기록하고 국가부채도 높은 수준에 머물면서 파운드화의 약세가 가속화되었다.

그러나 일본의 경우에는 재정수지와 환율이 큰 상관관계를 보이지 않았다. 2009년 이후 국가부채가 GDP 대비 200%를 상회하였으나 엔화는 강세를 보이다가 2012년 일본정부의 양적완화 정책 시행 이후 큰 폭의 약세로 전환되었다.

표 6-1   주요 선진국의 재정수지 및 정부부채비율

		2005	2008	2009	2010	2015	2016	2017	2018
재정 수지	미국	-3.1	-6.6	-13.2	-11.0	-3.6	-4.3	-4.5	-5.7
	영국	-3.1	-5.2	-10.1	-9.3	-4.2	-2.9	-1.8	-1.4
	일본	-5.0	-4.5	-10.2	-9.5	-3.8	-3.7	-3.2	-3.2
정부 부채	미국	65.4	73.7	86.7	95.4	104.7	106.8	106.0	104.3
	영국	39.8	49.7	63.7	75.2	87.9	87.9	87.1	86.8
	일본	176.8	183.4	201.0	207.9	231.6	236.3	235.0	237.1

주 : GDP에 대한 비율(%)
자료: IMF

그림 6-4   미국·영국·일본의 재정수지, 국가부채 및 환율

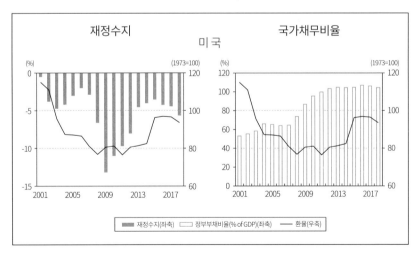

그림 6-4   미국·영국·일본의 재정수지, 국가부채 및 환율(계속)

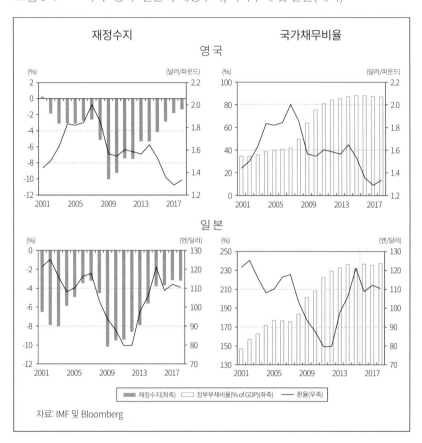

자료: IMF 및 Bloomberg

요 약

한 나라의 재정정책 변화는 단기적으로 환율에 미치는 영향이 불명확하나 자본이동성이 클수록 그 영향이 뚜렷이 나타난다고 할 수 있다. 이는 국채발행에 따른 장기금리 변화에 자본유출입이 민감하게 반응하기 때문이다. 다만 과도한 국채발행 증가가 장기적으로 지속될 경우 재정수지 악화 및 국가채무 증가에 따른 리스크프리미엄 상승으로 그 나라 통화가치의 하락을 가져오는 데 미국이나 유로지역 등에서 그 예를 찾아볼 수 있다.

참고문헌

Baxter, Marianne, 1994, "Real Exchange Rates and Real Interest rate Differentials: Have We Missed the Business Cycle Relationship?" *Journal of Monetary Economics* 33

Blanchard, Oliver and Rudiger Dornbusch, 1984, "US Deficits, the Dollar and Europe" *Banka Nazionale de Lavoro Review*.

Branson, William H., 1988, "Sources of Misalignment in the 1980s" *In Misalignment of Exchange Rates: Effects on Trade and Industry*, University of Chicago Press.

Evan, Paul, 1986, "Is the Dollar High Because of Large Budget Deficits?" *Journal of Monetary Economics* 18.

Feldstein, Martin, 1986, "The Budget Deficit and the Dollar", *NBER Macroeconomics Annual*.

Frenkel, J.A., and Assaf Razin, 1992, *Fiscal Policies and the World Economy*, 2nd ed. Cambridge: MIT Press.

Hemming, R., Kell, M., Schimmelpfennig, A., 2003, "Fiscal Vulnerability and Financial Crises in Emerging Market Economies", *IMF Occasional Paper*, No.218.

Hutchinson, Michael M., 1984, "Budget Deficits, Exchange Rates and the Currenct Account: Theory and U.S Evidence", *Federal Reserve Bank of San Francisco Review* No. 4.

Hutchinson, Michael M. and Adrian W. Troops, 1985, "US Budget Deficit, Exchange Rates and the Real Value of the Dollar", *Federal Reserve Bank of San Francisco Review*.

IMF, 2013, "Greece : Ex-Post Evaluation of Exceptional Access Under the 2010 Stand-By Arrangement", *IMF Country Report*, No. 13/156.

Koray, Faik and PinFai Chan, 1991, "Government Spending and the Exchange Rate", *Applied Economics* 23.

Kramer, C., 1996, "The Real Effective Value of the U.S. Dollar, the Fiscal Deficit, and Long-Run Balance of Payments Equilibrium: An Empirical Note", International Monetary Fund, unpublished.

Meese, R.A. and K. Rogoff, 1988, "Was it Real? The Exchange Rate-Interest Rate Relation, 1973-1984", *Journal of Finance* 43.

Melvin, Michael, Don Schlagenhauf, and Ayhan Talu, 1989, "The U.S Budget Deficit and the Foreign Exchange Value of the Dollar", *Review of Economics and Statistics*.

Morris, Dirk, 1988, *Government Debt in international Financial Markets*, London Printer Publishers.

Mühleisen, M., Towe, C., 2004, "U.S. Fiscal Policies and Priorities for Long-Run Sustainability", *IMF Occasional Paper* No. 227.

Mundell, Robert A., 1962, "The Appropriate Use of Monetary and Fiscal Policy for Internal and External Stability", *IMF Staff Paper* 9.

————, 1963, "Capital Mobility and Stabilization Policy under Fixed and Flexible Exchange Rates", *Canadian Journal of Economics and Political Science* 29.

Flemming, J. Marcus, 1962, "Domestic Financial Policies under Fixed and Floatinge Exchange Rates", *IMF Staff Paper* 9.

Sgherri, S., Zoli, E., 2009, "Euro Area Sovereign Risk During the Crisis", *IMF Working Papers* No. 09/222.

Throop, A.W., 1989, "Reagan Fiscal Policy and the Dollar", Federal Reserve Bank of San Francisco, *Economic Review*, Number 3.

제3부 환율제도와 환율정책

제7장
환율제도

The choice of exchange rate regime can affect countries' own macroeconomic performance – inflation, growth, susceptibility to crises – and contribute to the stability of the international monetary system.

- A. Ghosh and J. Ostry, 2009

개 요

한 나라 통화의 환율변동을 이해하기 위해서는 그 나라 환율의 운영체계를 규정하는 환율제도에 대한 이해가 필요하다. 실제 각국에서 사용하고 있는 환율제도는 고정환율제, 변동환율제 및 중간형태의 환율제도 등으로 매우 다양하다. 환율제도가 거시경제정책과 일관되지 못하면 외환위기의 원인으로 작용하면서 제도 변경과 환율의 구조적 변동으로 이어지기도 한다. 이 장에서는 환율제도의 종류 및 장단점과 환율제도 선택시 고려사항 등을 설명한 후 일부 국가의 환율제도 변경 사례를 살펴보았다.

환율제도는 고정, 변동 및 중간형태의 제도로 구분

환율제도^{exchange rate regime}란 한 나라가 채택하고 있는 환율의 변동방식 또는 운영체계를 의미하며 크게 고정환율제와 변동환율제, 그리고 이 둘의 중간형태의 환율제도로 나누어 볼 수 있다. 고정환율제도란 자국 환율을 특정 통화 또는 바스켓에 대해 일정 수준으로 고정시키는 제도이다. 반면 변동환율제도는 외환시장에서의 수요와 공급 등 시장메카니즘에 따라 환율이 자율적으로 결정되도록 하는 방식의 환율제도이다. 또한 전 세계의 많은 나라들은 고정환율제도와 변동환율제도의 중간 형태의 환율제도를 다양하게 사용하기도 한다. 여기서 중간형태의 환율제도라 함은 환율이 실질적으로 일정수준에서 크게 변동하지 않으나 점진적인 조정이 가능하도록 함으로써 고정환율제도와 변동환율제도를 절충한 형태라 할 수 있다.

국제통화기금의 분류체계에서는 아래의 <그림 7-1>에서 보는 바와 같이 환율제도를 세부적으로 총 10가지로 분류하고 있다.[64]

그림 7-1　　　　　　　　　　　IMF의 환율제도 분류

고정환율제도
(hard pegs)

통화위원회제도
(currency board)

통화동맹
(monetary union)

달러통용제도
(formal dollarization)

페그제
(conventional pegs)

밴드제도
(horizontal bands)

중간형태환율제도
(soft pegs)

크롤링페그
(crawling pegs)

크롤링밴드
(crawling bands)

안정적환율제도
(stabilized arrangement)

변동환율제도
(floating arrangement)

관리변동환율제도
(managed floating)

자유변동환율제도
(free floting)

자료: IMF, AREAER(Annual Report on Exchange Arrangements and Exchange Restrictions)

---

64 이러한 환율제도 분류는 회원국이 IMF에 보고한 각국의 제도적[de jure] 성격에 기초하고 있으므로 실제적인 환율변동을 토대로 분류한(de facto) 것과 상이할 수 있다.

◆ 고정환율제도

엄격한 형태의 고정환율제도에는 통화위원회제도^{currency board system}, 통화동맹^{monetary union} 및 달러통용제도^{formal dollarization} 등이 있다.

통화위원회제도란 그 나라로 미달러화 등 외환이 유입되는 경우 외환 당국이 이를 흡수하고 반대로 유출시에는 보유하고 있는 외환보유액 범위 내에서 자국통화와 외환의 자유로운 교환을 허용함으로써 시중의 외환공급량과 환율을 일정 수준에서 유지시키는 제도이다. 따라서 외자의 순유입시에는 외환보유액이 늘어나고 통화공급 확대로 금리가 하락하는 반면 외자의 순유출시에는 외환보유액 감소와 금리 상승이 나타난다. 이 제도는 환율을 고정시킨 상태에서 자본유출입 변동에 대하여 국내 통화공급 및 금리가 연동되도록 함으로써 국제유동성을 안정적으로 확보하고 환투기공격에 비교적 효과적으로 대응할 수 있게 한 제도라 할 수 있다. 그러나 대외거래에 따른 외환보유액의 증감이 자동적으로 국내통화의 공급 및 환수로 나타남으로써 중앙은행의 재량적 판단에 따른 독자적인 통화정책 수행이 불가능하다.[65]

통화동맹은 유로화 출범 이전 유럽의 EMS^{European Monetary System}나 현재의 EMU가 대표적인 예이다. 이 제도하에서는 통화동맹국 통화들의 바스켓으로 구성되는 중심통화(가령 ECU나 유로화)를 설정하고 각국 환율은 중심통화에 대한 일정 비율로 고정한다. 만약 각국 환율이 중심통화에 대해 미리 설정한 상하 일정폭 범위를 벗어날 경우에는 각국 중앙은행이 외환시장에 무제한 개입할 것을 의무화한 제도이다. 가령 미달러화에 대한 유로화가치가 변동하더라도 유로화에 대한 독일 마르크화는 일정수준

---

[65] 대규모 해외자본 유입시 중앙은행의 자율적인 통화정책이 불가능하므로 「자본유입→통화량 증가(금리하락)→경기과열→인플레유발」이나 반대로 「외자유출→금리상승→경기침체」 현상이 초래될 우려가 있다.

으로 고정되어 있는 엄격한 고정환율제도의 형태를 갖는다고 할 수 있다. 또한 독일의 공식적인 화폐는 유로화이므로 이 제도하에서 독일의 법적통화legal tender는 실질적으로 존재하지 않는다.

달러통용제도formal dollarization는 두 통화간의 대체currency substitution를 바탕으로 하는 통화위원회제도에서 한 걸음 더 나아가 자국 내에서 자국통화 대신 미달러화 등 기축통화를 자국통화로 사용하는 제도이다.[66] 따라서 통화동맹과 마찬가지로 그 나라의 법적통화가 존재하지 않는다. 이 경우 환투기세력의 공격을 차단하고 기축통화국과의 교역 및 자본이동 확대, 인플레이션 가능성 최소화 등의 장점이 있는 반면 자국통화의 발행에서 얻을 수 있는 화폐주조이익seigniorage을 포기해야 하고 자국통화의 사용이 제약되므로 국가의 정체성 약화라는 부담이 수반된다.

◆ 중간 형태의 환율제도

고정환율제와 변동환율제의 중간적 형태의 환율제도로는 특정통화나 주요국 바스켓basket에 대해 고정시키는 페그제peg system, 크롤링 페그제crawling peg system, 밴드제band system, 크롤링 밴드제crawling band system 및 안정적 환율제도stabilized arrangement 등이 있다. 이들 제도는 실질적으로 고정환율제도에 가까우나 환율의 점진적인 변동을 허용함으로써 통화가치의 안정성과 변동성을 절충한 제도라 할 수 있다.

페그제란 자국 통화를 미달러화 등 특정 단일통화에 고정시키거나 단일통화대신 주요국 통화들로 구성된 바스켓에 대해 일정 수준으로 고정시키는 제도이다. 이 경우 환율변동이 경제에 미치는 급격한 영향을 차단할 수 있으나 환율수준이 기초경제여건에 부합하지 못할 경우 당국이 이

---

66 통화동맹이나 달러라이제이션의 경우 자국의 법정통화가 존재하지 않는다는 의미에서 'no separate legal tender'라는 용어를 사용한다.

를 조정^{adjustable peg}하기도 한다는 점에서 엄격한 형태의 고정환율제도와 구별된다. 가령 통화가치의 고평가로 무역적자가 지속되는 경우 당국은 통화가치를 일시에 떨어뜨리는 평가절하^{devaluation}를 단행함으로써 자국의 수출가격경쟁력을 확보하고자 하며 반대로 환율의 물가에 대한 영향^{pass-through}으로 인플레이션 압력이 큰 상황에서는 통화가치의 상승을 위해 평가절상^{revaluation}을 시행하기도 한다. 주로 금융시장이 환율변동을 감내할 수 있을 만큼 성숙하지 못하였거나 자본자유화가 이루어지지 못한 나라에서 사용한다.

바스켓 페그제는 자국환율을 특정한 단일국가 통화가 아닌 주요 교역상대국의 환율변동을 동시에 감안하여 산출하는 페그제의 일환이다. 즉 주요 교역상대국의 환율이 변동하는 방향을 가중평균하여 자국의 환율을 결정하는 데 국별 가중치는 통상 자국과의 교역규모를 반영하여 정한다. 이 방식하에서는 수출경쟁관계에 있는 다른 나라의 환율변동에 연동하여 자국환율이 결정되므로 환율변동에 따른 수출가격경쟁력 저하를 방지하는 것이 주된 목적이라 할 수 있다.

크롤링 페그제는 물가 등 특정 경제지표의 변화가 일정기준에 달할 경우 환율수준을 미세하게 조정해 나가는 제도이다. 예를 들어 자국의 물가상승률이 상대국보다 더 큰 경우 실질환율의 고평가에 따른 가격경쟁력 약화를 방지하기 위해 통화가치 약세를 점진적으로 유도해 나간다. 환율의 변동은 매우 제한된 수준에서만 허용함으로써 통화가치의 안정성에 더 중심을 두는 형태라 할 수 있다.

밴드제도는 환율이 원칙적으로 외환시장에서의 수급에 따라 자유로이 결정되도록 하되 전일대비 상하 일정폭 범위내에서만 환율변동을 허용하는 제도이다. 일부 국가에서는 상하 밴드를 비대칭적으로 설정하기도 하며 여건 변화시 상하 밴드의 범위를 확대 또는 축소해 나가기도 한다. 만약 외환시장의 수급상황에 따라 은행간 시장에서 환율이 밴드의 상하한에 매우 근접하여 결정되는 경우 외환당국이 정해진 룰^{rule}에 따라 외환시장개입을 통해 시장안정을 도모한다. 크롤링 밴드제는 크롤링 페그제와 밴드제를 결합한 형태로 일정한 범위 내에서 환율의 미세한 움직임을 용인하는 제도이다.

그 밖의 중간형태의 환율제도로 분류되는 안정적 환율제도$^{stabilized\ arrangement}$하에서는 환율이 외환시장 수급에 따라 결정되도록 하되 정책당국의 외환시장개입을 통해 현물환율의 변동폭이 6개월 또는 그 이상의 기간 동안 2%를 넘지 않도록 운영하는 특징을 갖는다.

참고 7-1   중국 위안화 환율제도

중국의 환율제도는 중국본토의 역내환율과 홍콩에서 형성되는 역외환율의 이중환율이 존재한다. 역내 위안화 환율^{CNY}은 1980년대 초반 단일환율제 및 이중환율제를 거쳐 2005년 7월 이후에는 주요 무역상대국의 통화바스켓 및 시장수급에 기초한 관리변동환율제도를 시행하고 있다. 이 제도 하에서 중국외환거래센터$^{CFETS:\ China\ Foreign\ Exchange\ Trade\ System}$가 매일 오전 시장조성자들로부터 입수한 거래호가를 이용하여 가중평균환율을 산출하고 중국인민은행이 자체 통화바스켓 환율을 동시에 감안하여 당일의 기준환율을 공표해 왔다. 은행간 외환시장에서는 기준환율을 중심으로 상하 일정한 밴드내에서 당일의 거래가 가능토록 하였는데 미달러화에 대해서는 최초 ±0.3%에서 최근 ±2%까지 허용범위를 확대하여 왔다. 인민은행고시 기준환율은 전일종가와 괴리를 보이는 경우가 많고 매일 환율을 고시하고 있다는 점에서 엄격한 중간형태의 환율제도라 할 수 있다.

역내 위안화환율 추이

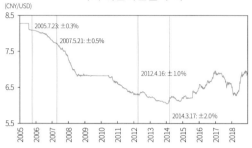

주 : 각 일자는 일중변동폭 확대일 및 변동허용폭을 의미
자료: Bloomberg

한편 홍콩 등 역외시장에서 형성되는 위안화 환율^{CNH}은 중국당국의 통제나 영향력이 크지 않아 환율이 외환수급은 물론 글로벌 금융시장의 다양한 요인들에 의해 변동하고 있다. 아래 그림은 2015년 하반기 중국의 주가하락 등 금융시장 변동성이 확대되자 중국인민은행이 환율운영 방식을 일부 변경한 8월 이후 역외환율과 역내환율간의 괴리가 확대된 모습을 나타낸다. 이는 당시 중국경기 부진에 대한 우려가 커지면서 역외에서 위안화의 약세기대가 더 크게 나타났음을 의미한다.

역내 및 역외 위안화환율의 괴리

주 : 괴리는 역내환율 대비 역외환율의 괴리율(%)을 의미
자료: Bloomberg 및 저자 시산

◆ 변동환율제도

변동환율제도는 환율결정이 기본적으로 시장메카니즘에 따라 외환시장의 수요와 공급에 따라 자유롭게 결정되는 제도이다. 이에는 당국의 외환시장개입을 전제로 하는 관리변동환율제도^{managed floating system}와 그렇지 않은 완전자유변동환율제도^{free floating system}로 나눌 수 있다.

관리변동환율제도는 환율이 외환시장에서 자유로이 결정되나 외환당국이 외환시장 및 환율의 안정을 기하기 위한 목적으로 재량적 판단을 통해 외환시장개입을 하는 경우이다.[67] 통상 외환시장개입은 환율을 의도한 수준으로 유도하기 보다는 환율의 단기 급등락에 따른 변동성을 완화하는 데 주목적이 있는데 IMF 등 국제사회도 이러한 목적을 위한 외환시장개입에 대해서는 용인하고 있다.[68]

완전변동환율제도는 외환시장개입이 없이 환율의 결정이 외환시장의 수급에 따라서 이루어진다. 이 제도가 효율적으로 운영되기 위해서는 외환시장이 거래 규모가 크고 질적인 면에서 충분히 발달하여 외부충격을 시장내에서 흡수할 수 있거나 어느 정도의 환율변동을 경제가 감내가능할 수 있어야 한다. 따라서 자국통화가 국제통화이고 금융시장이 성숙한 미국 등 선진국에서만 이 제도를 운영하고 있다. 완전변동환율제도의 경우 당국은 위기예방을 위해 외환보유액을 과도히 보유할 필요가 없으며 환율은 자유로운 경기조절 기능을 수행하므로 통화정책의 원활한 수행에 유리하다.

---

67 최근 IMF는 관리^{managed}라는 용어를 생략하고 단순히 변동환율제^{floating system} 라는 용어를 사용하고 있다.

68 이에 관해서는 제9장 외환시장개입에서 자세히 설명하였다.

우리나라의 환율제도는 과거 고정환율제도 형태에서 1980년 대 이후 중간형태의 환율제도를 거쳐 1997년 외환위기 직후 변동 환율제도로 변화하여 왔다.

우리나라의 환율제도 및 환율수준 변화

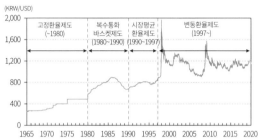

▶ 고정환율제도(1945.10월~1964.5월)

해방 이후 공정환율official exchange rate을 중심으로 복수환율제도 와 단일환율제도가 번갈아 시행되었다. 복수환율제도란 미국의 달 러화 원조액을 원화로 환산할 때 적용한 대출자금 환율(450원)과 일반환율을 이중으로 운영한 제도이다. 1949년 이후에는 단일환율 을 적용하였고 1953년 2월 및 1962년 6월에는 통화개혁을 실시하 면서 고정환율을 유지하였다.

▶ 단일변동환율제도(1964.5월~1980.2월)

1964년 5월에는 130원이던 공정환율에 대해 255원을 하한으 로 설정한 단일변동환율제도를 시행하였다. 이를 위해 외환을 한국 은행에 집중시키고 외환증서를 발행 유통시킴으로써 환율이 외환

증서의 수급에 따라 결정하도록 하였으나 실질적으로 고정환율제
도에 가까운 형태라 할 수 있다.

▶ 복수통화바스켓제도(1980.2월~1990.2월)

중간형태의 환율제도라 할 수 있는 복수통화바스켓 제도는
SDR에 대한 미달러화 환율, 주요 교역상대국인 일본, 서독, 영국 및
프랑스 환율변동을 가중평균한 독자 바스켓, 그리고 당국의 재량적
판단을 반영한 실세반영장치를 함께 고려하여 환율(집중기준율)을
산출하였다. 실세반영장치로는 내외금리차, 물가변동, 국제수지 및
외환수급 전망 등을 포함하였다. 한국은행은 매일 그 날의 환율인
집중기준율을 고시하는 형태를 취하였다.

▶ 시장평균환율제도(1990.3월~1997.12월)

1990년 3월부터는 환율의 시장기능 제고를 위해 밴드환율제
형태인 시장평균환율제도로 이행하였다. 전일의 은행간 거래의
가중평균 환율을 당일의 기준환율로 정하고 이에 대해 상하 밴드
내에서 거래가 이루어지도록 하였다. 일일밴드의 범위는 최초 ±
0.4%에서 1997년 외환위기 직전 ±2.25%까지 점차 확대되었다.

▶ 변동환율제도(1997.12월~현재)

외환위기 직후 시장평균환율제도하에서의 상하 밴드를 철폐하
면서 자유변동환율제도로 이행하였으며 일시적인 외부충격에 따
른 급등락시에만 시장개입을 통해 환율변동속도를 조절해 왔다.
2018년 현재 IMF에서는 우리나라의 환율제도를 변동환율제도로
분류하고 있다.

세계경제의 개방화로 변동환율제 채택국이 증가

세계 주요국의 환율제도는 1970년대 초반 브레튼우즈^{Bretton Woods}체제의 붕괴[69] 이후 주요 선진국들을 중심으로 변동환율제도를 도입하는 나라가 늘어났으나 상당수 개도국이나 신흥국들은 1990년대 초반까지 여전히 중간형태 또는 고정환율제도를 유지하였다. 그러나 이후 세계경제의 개방화와 자본자유화 진전으로 국경간 자본유출입 규모가 커지면서 상당수 신흥국들은 이전의 경직적인 환율운영에서 보다 신축적인 방향으로 환율제도를 변경하는 경향이 나타났다.

1990년대 후반 아시아 외환위기 이후 위기경험국의 중간형태의 경직적인 환율 운용이 외환위기를 초래한 원인의 하나로 인식되면서 엄격한 형태의 고정환율제도나 완전자유변동환율제도의 양 극단의 제도가 중간형태의 환율제도 보다 위기예방을 위해 더 바람직하다는 견해^{two corner solution}가 대두되었다.[70] 이에 따라 우리나라와 태국 및 멕시코는 위기 직후 중간형태의 환율제도에서 변동환율제도로 변경한 반면 말레이시아는 보다 엄격한 고정환율제도로 이행하였다.[71] 아르헨티나의 경우에는 2002

---

69 브레튼우즈 체제란 2차 세계대전 이후 금과 함께 미달러화의 태환성을 토대로 각국의 환율을 금 또는 미달러화에 고정시킨 고정환율제도라 할 수 있다. 이 체제 하에서 국제유동성은 금 및 SDR 창조, 그리고 미달러화에 의해 공급되었다. 그러나 당시 미국의 경상수지 적자 지속으로 국제준비자산으로서 미달러화의 신인도가 저하되고 미국이 금태환정지를 선언하자 1970년대 초반 결국 붕괴되었다. 트리핀^{Triffin}은 미국의 경상수지가 흑자를 보이더라도 국제유동성 공급이 감소하여 브레튼우즈 체제가 지속되기 어려운 구조적 문제점을 가지고 있다고 주장하였는데 이를 트리핀의 딜레마^{Triffin's dilemma}라고 부른다.

70 Eichengreen(1998), Fischer(2001) 등 참조

71 아시아 외환위기시 태국은 바트화에 대한 환투기공격에 대해 정책당국이 외환시장개입과 금리인상 등으로 대응하였으나 바트화 방어에 실패하면서 환율제도를 종전의 복수통화바스켓 제도에서 변동환율제도로 변경한 반면 말레이시아는 자본거래에 대한 일련의 제한 조치와 함께 환율제도를 고정환율제도로 변경하여 대미달러환율을 3.8링기트로 고정시킨 바 있다.

년 위기발생 이후 당시 통화위원회제도 형태의 고정환율제도에서 변동환율제로 이행하기도 하였다.

2008년 글로벌 금융위기를 거치면서는 이러한 양 극단의 환율제도 운용보다는 중간형태의 환율제도로 다시 회귀하는 경향이 늘어났다. 이러한 변화가 나타난 것은 2000년대 이후 국제자본이동 규모가 과거보다 큰 폭으로 늘어나 경제안정화를 위한 환율의 가격조절기능이 중요해졌음에도 불구하고 대다수 신흥국들의 '환율변동에 대한 두려움'fear of floating[72]이 적지 않았기 때문이다. 즉 이들 국가들은 자국통화의 고평가시에는 수출가격경쟁력의 저하로 무역의존도가 큰 경제에 부정적 영향이 나타나고 반대로 자국통화의 저평가시에는 물가상승과 외채부담이 가중되는 점을 고려하여 양방향으로의 과도한 환율변동을 줄이고자 노력하였다. 더욱이 글로벌 금융위기의 여파로 주요 신흥국의 환율변동성과 금융시장 불확실성이 크게 확대되면서 변동환율제도에 대한 회의적인 시각이 늘어났다.

아래의 <표 7-1>은 1990년대 이후 전 세계 국가의 환율제도 변천 추이를 나타낸다. 1990년대 초반에 비해 최근 변동환율제도 채택 국가가 늘어났으나 여전히 중간형태의 환율제도 운영국가의 비중이 가장 큰 편이다.

표 7-1　　　　　　　　　　IMF회원국의 환율제도 추이

(단위: %)

	1990	1995	2000	2005	2010	2015	2017
고정환율제도	15.7	16.2	25.3	25.5	13.2	12.6	12.5
중간형태의 제도	64.2	49.2	31.2	31.5	50.8	52.3	48.0
변동환율제도	20.1	34.6	43.5	42.9	36.0	35.1	39.5

주　: 1) 전체 IMF 회원국대비 비중, 저자 시산
　　　2) 2010년 이후 기타관리환율제도(other managed arrangements)는 중간형태에 포함
자료: IMF, AREAER 각호

---

72 Calvo and Reinhart(2002) 참조

환율제도		국가
고정환율제도 (hard pegs)	법적통화가없는제도 (no separate legal tender)	엘살바도르, 파나마, 팔라우 등 13개국
	통화위원회제도 (currency board arrangement)	도미니카, 홍콩, 불가리아, 브루나이 등 11개국
중간형태 환율제도 (soft pegs)	페그제 (conventional pegs)	바하마, 이라크, 카타르, UAE, 덴마크, 모로코, 스위스 등 43개국
	안정적환율제도 (stabilized arrangement)	크로아티아, 싱가포르, 베트남, 중국, 케냐 등 24개국
	크롤링페그 (crawling pegs)	온두라스, 니카라과, 보츠와나
	크롤링밴드 (crawling bands)	이란, 우즈베키스탄, 도미니카공화국 등 10개국
	밴드제도 (horizontal bands)	통가
변동환율제도 (floating arrangement)	관리변동환율제도 (managed floating)	뉴질랜드, 브라질, 콜롬비아, 말레이시아, 한국 등 38개국
	자유변동환율제도 (free floting)	호주, 캐나다, 일본, 영국 등 31개국
기타(other managed arrangement)		캄보디아, 미얀마, 베네수엘라 등 18개국

자료: IMF, AREAER(2018)

환율제도 선택시 정책목표가 상충

각국의 환율제도는 대내 경제여건이나 경제 및 금융시장 발전정도, 국제금융시장 상황 등에 따라 변화해 왔는데 모든 나라에 일률적으로 적용할 수 있는 바람직한 환율제도는 존재하지 않는다고 할 수 있다. 이는 각국별로 경제구조나 제도 그리고 금융시장 성숙도 등이 상이하므로 그 나라 거시경제정책과의 일관성 유지가 요구되는 환율제도도 각국별로 독자적인 형태가 필요하기 때문이다. 아래에서는 고정환율제도와 변동환율제도 등이 갖는 장단점과 성격을 바탕으로 환율제도 선택시 주요 고려사항을 부연하여 설명하였다.

고정환율제도는 환율수준이 엄격히 고정되어 있으므로 환율변동이 물가나 국제수지에 미치는 부정적 영향을 최소화하고 과도한 환율변동에 따른 경제의 신뢰성 저하를 예방할 수 있는 장점이 있다. 그러나 환율수준이 그 나라의 경제상황이나 기초경제여건에 부합하지 않는 경우에는 환투기 공격의 대상이 되기 쉬우며 오늘날처럼 개방화된 글로벌 경제체제 하에서 국가간 자유로운 자본이동이 제약을 받는 단점이 있다. 따라서 고정환율제도는 한 나라의 대외의존도나 특정국에 대한 수출비중이 매우 크거나 인플레이션에 대한 우려가 높아 환율변동에 따라 수출 및 경제전반에 미치는 부정적 영향이 과도하게 나타날 수 있는 국가에 적합하다고 할 수 있다.

반면 경제의 대외개방도가 크고 외국으로부터 대규모 자본유입과 유출이 빈번한 나라의 경우에는 환율이 자본유출입에 따라 변동하면서 경기안정화 역할을 수행하는 변동환율제도가 더 바람직하다고 할 수 있다. 즉 변동환율제도는 자본유입시 통화가치 상승으로 경기과열을 억제하고 자본유출시에는 환율상승으로 수출 및 경기부양 효과를 가지므로 통화정책 수행에 주는 부담을 최소화 할 수 있다. 아울러 고정환율제도에 비해 환율이 기초경제여건을 반영하여 변동할 수 있다는 점에서 투기세력의 환투기공격으로부터 자유로운 측면이 있다. 그러나 변동환율제도하에서는 단기간내에 환율이 급변동하기 쉬우므로 경제주체들의 의사결정을 어렵게 하고 금융시장의 변동성이 확대될 위험이 크다. 따라서 변동환율제도는 경제규모가 크고 금융산업이 고도로 발달되어 있는 나라의 경우나 해외충격에 대한 노출 정도 및 자본이동성이 큰 경우에 보다 유리하다고 할 수 있다. 다만, 변동환율제도가 그 장점을 발휘하기 위해서는 성숙하고 발달된 외환시장, 경제주체들의 환위험 관리, 통화정책과의 조화로운 운영 등도 중요한 필요조건으로 인식되고 있다.[73]

많은 신흥국이나 경제발전 정도가 상대적으로 낮은 국가에서 주로 채택하고 있는 중간형태의 환율제도는 고정 및 변동환율제도가 갖는 장점을 높이고 단점은 최소화하기 위한 절충적인 형태이다. 즉 대부분의 신흥국은 대체로 수출의존도가 높고 물가불안에 대한 우려가 크므로 과도한 환율변동으로 인한 부정적 영향을 최소화하기 위해 중간형태의 환율제도를 채택하는 경향이 강한 것으로 볼 수 있다.

한편 한 나라가 환율제도를 선택함에 있어서는 ① 자율적인 통화정책 운용adjustment, ② 자본이동 촉진을 통한 국제유동성 확보liquidity, ③ 환율안정을 통한 통화가치의 신뢰성 확보confidence 등 세 가지 정책목표를 충족시키는 것이 바람직하다고 할 수 있다. 그러나 이 세 가지 정책목표를 동시에 만족할 수 있는 환율제도는 없으며 이중 적어도 한가지 목표를 희생하게 되므로 환율제도 선택에 있어 정책목표간의 상충관계에 직면하게 된다. 이를 환율제도 선택의 트릴레마trilemma라고 하며 이에 관해서는 <참고 7-4>에서 부연하였다.[74]

---

73 Otker-Robe and Vavra(2007) 참조

74 Krugman(1998) 참조

환율제도 선택의 trilemma란 어떤 환율제도이든지 통화정책의 자율성[adjustment], 국제유동성[liquidity] 확보, 통화가치의 안정성[confidence] 유지 등 세가지 정책목표를 동시에 달성하기는 불가능함을 의미한다. 각 제도의 특징은 다음과 같다.

환율제도와 정책목표의 trilemma

자료: Krugman(1998)에서 일부 수정

▶ 변동환율제도

국제자본의 자유로운 이동을 전제로 하므로 국제유동성 확보[liquidity]면에서 유리하고 외부충격을 환율변동에 의해 흡수할 수 있으므로 독자적인 통화정책 수행이 용이[adjustment]한 장점이 있다. 그러나 외환시장 규모가 작고 외부충격흡수 능력이 미약한 신흥국의 경우 환율변동성 증대가 거시경제 운영에 교란요인으로 작용하여 통화가치의 안정성이 저해된다.

▶ **중간형태의 환율제도**

　경직된 환율수준을 유지함으로써 환율변동에 따른 경제충격을 완화하고^{confidence}, 동시에 통화정책의 자율성^{adjustment}을 어느 정도 확보할 수 있는 장점이 있다. 그러나 이를 위해서는 국제자본이동의 제약이 불가피하므로 국제유동성의 안정적인 공급이 제한적일 수 밖에 없으며, 대외불균형이 지속되고 기초경제여건이 악화될 경우에는 환투기공격에 노출되기 쉽다.

▶ **고정환율제도**

　국내통화를 미달러화 등 외환의 유출입에 비례하여 자동적으로 공급하거나 환율을 일정 교환비율로 고정시킴으로써 유동성 확보^{liquidity}에 유리하고 환위험을 어느 정도 차단^{confidence}할 수 있으나 통화정책의 자율성을 포기해야 하는 단점이 있다.

거시경제정책과의 부조화시 환율제도가 변경

　한 나라가 채택하고 있는 환율제도는 그 종류와 상관없이 그 나라의 통화정책 등 거시경제정책과 일관성을 갖는 것이 중요하다. 만약 환율제도가 거시경제정책과 조화롭게 운영되지 못할 경우 환율제도에 대한 신뢰저하로 제도의 지속가능성에 대한 의구심이 커지면서 단기적으로 환율의 변동성 확대와 환율예측의 불확실성이 커지게 된다.

　환율제도와 거시경제정책과의 부조화를 보이는 예로는 통화정책 목표와의 부조화, 수출가격경쟁력 저하, 거시경제정책과의 일관성 결여 등을 들 수 있다. 아래에서는 이에 관한 국별 사례를 간략히 소개하고 환율제도 변경 전후 환율의 움직임을 살펴 보았다.

◆ 통화정책 목표의 달성: 칠레

칠레는 통화정책의 일관성 증대를 목적으로 중간형태의 환율제도에서 변동환율제도로 변경한 사례이다. 1980년대 칠레의 환율운영의 주된 목표는 제한된 범위내의 환율변동을 허용하되 점진적인 통화 약세를 도모하여 수출경쟁력을 확보하는 데 있었다. 이를 위해 크롤링페그제에서 1984년부터는 크롤링밴드제도를 도입하였는데 1989년까지 밴드의 허용 범위를 상하 5%까지 점진적으로 확대 운영하였다.

그러나 1990년대 들어 칠레의 자본시장 개방이 가속화되면서 외자유입이 확대되고 물가상승 압력이 증가하는 상황이 지속되었다. 이에 따라 칠레 통화당국은 통화정책 운영방식을 물가안정에 명시적 최우선 목표를 두는 인플레이션 타게팅^{inflation targeting} 제도로 변경하였다. 이에 따라 당시 크롤링밴드 제도 하에서 암묵적으로 추구하던 수출가격경쟁력 유지와 새로운 통화정책 체계하에서의 물가안정이라는 두 가지 정책목표 간에 상충문제가 발생하였다. 즉 외자유입에 따른 인플레이션 압력을 통화가치 상승을 통해 상쇄해 나가는 동시에 수출경쟁력 유지를 위해 통화가치의 지나친 상승을 억제해 나가야 하는 어려움에 직면하였다. 결국 칠레 당국은 두 가지 정책 목표중 물가안정이라는 명시적 통화정책 목표의 달성을 중시하여 1999년 환율제도를 변동환율제도로 변경하였다. 이후 2000년대 초반까지 미달러화에 대한 페소화 환율은 큰 폭의 상승세를 이어 갔으나 물가는 대체로 하향안정세를 보였다.

그림 7-2   칠레 주요 경제지표 추이

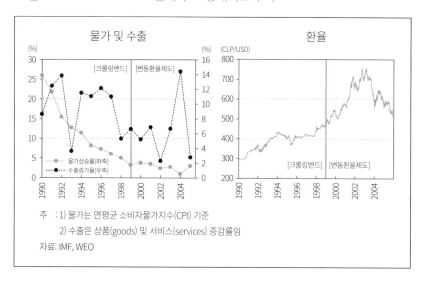

주 : 1) 물가는 연평균 소비자물가지수(CPI) 기준
    2) 수출은 상품(goods) 및 서비스(services) 증감률임
자료: IMF, WEO

◆ 수출가격경쟁력 제고: 스위스

　　스위스는 수출경쟁력 저하를 막기 위해 환율제도를 변경한 바 있다. 글로벌 금융위기와 유럽재정위기를 거치면서 국제금융시장의 위험회피 성향이 고조된 상황에서 스위스 프랑화는 일본 엔화 등과 더불어 안전자산으로서의 중요성이 높아졌다. 즉 선진국의 양적완화 정책으로 글로벌 유동성이 풍부해지면서 안전자산인 스위스 프랑화표시 자산에 대한 수요 증가로 유로화대비 스위스 프랑화의 가치가 빠르게 상승하였다. 이는 수출비중이 큰 스위스의 무역수지를 악화시키는 요인으로 작용하였을 뿐만 아니라 통화가치 상승에 따라 수입물가를 중심으로 물가상승률이 마이너스를 기록하는 결과를 초래하였다.

　　이에 대응하여 스위스 정책당국은 외환시장개입 등으로 가파른 통화가치 상승에 대응하였으나 이를 방어하기 어려워지자 2011년 9월에는 환율제도를 1유로당 1.2스위스프랑을 하한선으로 설정하여 사실상의 페그제형태의 고정환율제도로 변경하였다. 아울러 정책금리의 대폭 인하와 함께 자본유입에 대해 무제한의 외환시장개입을 병행함에 따라 외환보유액이 크게 증가하였다. 이후 약 3년간 이 제도를 유지하다가 2015년 1월 하한선을 철폐하였다.[75]

그림 7-3   스위스 주요 경제지표 추이

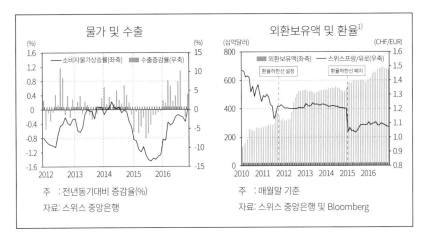

◆ 거시경제정책의 일관성 제고: 브라질

브라질의 경우에는 중간형태의 환율제도를 운영하다가 통화정책 및 재정정책 등과의 일관성이 저하되면서 환율제도를 변동환율제도로 변경하였다. 1990년대 이후 브라질은 칠레의 경우와 유사하게 자본시장 개방에 따른 외자유입 확대로 브라질 헤알화 명목환율의 하락이 지속되었으

---

75 스위스가 3년만에 고정환율제도를 철폐한 것은 고정환율제의 유지를 위해 대량 매입한 유로 국채가 유로화 약세로 평가손실이 커지면서 스위스중앙은행 수지가 크게 악화된데 기인한 것으로 평가된다.

며 1990년대 초반 초인플레이션으로 주요 교역상대국과 비교하여 실질
환율이 큰 폭으로 하락하면서 수출경쟁력이 약화되었다. 그 결과 경상수
지 적자폭이 확대되었으며 1990년대 중반 이후에는 경제성장률이 하락
하면서 저금리 정책기조를 유지하였다.

　　그러나 1998년에는 경상수지 적자 보전을 위해 정책금리를 대폭 인상
하고 긴축적 통화정책으로 전환하면서 외자유입을 도모하였다. 그 결과
고금리에 따른 내수부진에 직면하였으며 이를 만회하기 위해 재정지출
을 확대한 결과 재정수지 악화 및 국가부채 증가가 문제점으로 대두되
다. 결국 브라질은 중간형태의 환율제도라는 경직적 환율운영의 결과 경
상수지 적자 확대, 재정건전성 악화 등 거시경제 전반에 어려움이 확대되
자 종전의 중간형태의 환율제도에서 1999년 1월 변동환율제도로 이행하
여 거시경제안정화를 추구하였다.

그림 7-4　　　　　　　　　　　　브라질 주요 경제지표 추이

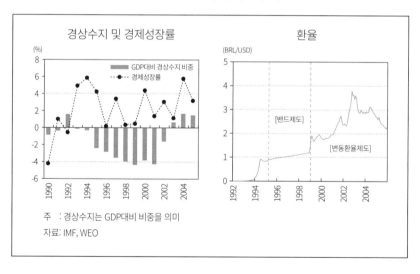

주 : 경상수지는 GDP대비 비중을 의미
자료: IMF, WEO

요약

환율제도는 고정, 변동 및 중간형태의 환율제도로 분류할 수 있는데 각 제도마다 장·단점을 가지고 있고 나라마다 경제구조나 금융시장 성숙도가 상이하므로 모든 나라에 일률적으로 적용할 수 있는 바람직한 제도는 존재하기 어렵다. 특히 어느 환율제도의 경우에도 유동성 확보, 통화정책의 자율성, 통화가치의 안정성 등 세가지 정책목표를 동시에 달성하기는 불가능하다. 한 나라의 환율제도가 거시경제정책 목표와 일관성이 결여될 경우 제도가 변경되면서 환율의 구조적 변동이 발생하고 환율예측의 불확실성이 커지게 된다.

참고문헌

Bubala, A., Otker-Robe, I., 2002, "The Evolution of Exchange Rate Regimes Since 1990: Evidence from De Facto Policies", *IMF Working Paper*, WP/02/155.

Eichegreen, B., and others, 1998, "Exit Strategies: Policy Options for Countries Seeking Greater Exchange Rate Flexibility", *IMF Occasional Paper* No. 168.

Fischer, S., 2001, "Exchange Rate Regimes: Is the Bipolar View Correct?", *Journal of Economic Perspectives*, Vol. 15.

Flood, R. and P. Garber, 1984, "Collapsing Exchange Rate Regimes: Some Linear Examples", *Journal of International Economics* 17.

Fraga, A., 2000, "Monetary Policy during the Transition to a Floating Exchange Rate: Brazil's Recent Experience", *Finance & Development*, Vol. 37.

Guillermo A. Calvo, Carmen M. Reinhart, 2002, "Fear of Floating", *The Quarterly Journal of Economics*, Vol. 117, Issue 2.

IMF, 2019, *Annual Report on Exchange Arrangements and Exchange Restrictions*.

Inci Otker-Robe and David Vavra, 2007, "Moving to Greater Exchange Rate Flexibility – Operational Aspects Based on Lessons from Detailed Country Experiences", *IMF Occasional Paper* No. 256.

Krugman, Paul R., 1998, "The External Triangle", *MIT*.

Mussa, M., P. Masson, A.K. Swoboda, E. Jadrestic, P. Mauro, and A. Berg, 2000, "Exchange Rate Regimes in an Increasingly Integrated World Economy", *IMF Occasional Paper* No. 193.

Williamson, J., 1985, "The Exchange Rate System", Institute for International Economics, *Policy Analyses in International Economics*.

———, 1996, "The Crawling Band as an Exchange Rate Regime: Lesson from Chile, Columbia and Israel", Institute for International Economics.

제8장
균형환율

In theory, a currency's value should gravitate over time towards real long-run equilibrium value. If we were able to estimate this value, investors would be able to identify the likely path that exchange rate that will take on a long-term basis.

- Michael Rosenberg, 2003

개 요

환율은 중장기적으로 한 나라의 경제성장률, 물가, 국제수지 등 기초경제여건을 반영한 균형환율 수준을 중심으로 변동한다. 또한 일시적 요인에 의해 단기적으로 이 수준을 벗어나더라도 다시 균형수준으로 회귀하려는 속성이 있다. 이런 점에서 균형환율 수준에 대한 분석은 장기환율 움직임을 예측하는데 유용하다고 할 수 있다. 본 장에서는 균형환율의 개념과 의의, 종류 및 산출방법에 대해 설명한 후 주요국 통화의 균형환율 수준에 대한 분석결과를 간략히 소개하였다. 아울러 각국 환율수준에 대한 IMF의 감시활동에 대해 부연하여 설명하였다.

균형환율은 기초경제여건에 부합하는 환율

변동환율제도를 채택하고 있는 나라에서 균형환율^{equilibrium exchange rate}
이란 좁은 의미에 있어 외환시장에서 외환의 수요와 공급에 의해 자유롭게 결정되는 환율수준을 의미한다. 이는 외환시장에서 결정된 환율은 외환에 대한 수요와 공급이 균형을 이루는 점에서 형성된 가격이므로 그 자체가 시장의 균형가격이라 할 수 있기 때문이다.[76]

그러나 외환시장에서 결정된 환율은 그 나라의 기초경제여건을 충분히 반영하여 결정되기 보다는 적어도 단기적으로 기초경제여건과 괴리되어 움직이는 경우가 많다. 이는 시장참가자들이 가지고 있는 비대칭적 정

---

76 Williamson(1985)은 이를 가리켜 시장균형환율^{market equilibrium exchange rate}라고 표현한 바 있다.

보^{asymmetric information}, 일방적 기대^{one-sided expectation}나 과민반응^{overshooting} 또는 쏠림현상^{herd behavior} 등에 따라 기초경제여건에서 과도히 벗어난 가격 결정이 빈번히 이루어지기 때문이다. 이러한 점에서 단순히 시장에서 결정된 실제 환율을 균형환율이라 하기에는 무리가 있다.

앞의 제5장에서 논의한 바와 같이 환율이란 한 나라 통화의 대외가치를 나타내므로 한 나라의 경제가 물가안정, 건실한 경제성장, 국제수지 흑자 등 양호한 모습을 보이면 궁극적으로 그 나라 통화의 가치는 상승하고 환율은 하락한다. 반대로 한 나라 경제가 높은 인플레이션, 경기둔화 및 실업률 상승, 만성적인 국제수지 적자 등을 나타내면 환율도 이를 반영하여 상승한다.

이처럼 변동환율제도를 채택하고 있는 나라에서 환율이 중장기적으로 경제상황에 부합하는 방향으로 원활한 조정과정을 보이는 경우 환율이 균형수준에 있다고 할 수 있다. 이런 점에서 균형환율은 경제성장, 물가, 국제수지 등 기초경제여건에 부합하는 환율수준을 의미한다. 경우에 따라서는 적정환율^{desired level of exchange rate}을 균형환율과 같은 의미로 사용하기도 한다. 그러나 적정환율이란 국제수지, 경제성장, 물가 등 기초경제여건을 바람직한 상태로 유지시켜 주는 목표환율의 성격을 지닌다. 예를 들어 '경상수지를 개선하기 위해 환율이 지금보다 10% 정도 상승할 필요가 있다'고 말한다면 이는 경상수지 목표 달성을 위한 적정환율 수준을 일컫는 것이라 할 수 있다. 따라서 엄밀한 의미에서 기초경제여건과 부합하는 환율수준을 의미하는 균형환율과 구별된다.

환율은 시차를 두고 균형수준에 수렴

한 나라 통화의 균형환율 수준을 추정하고 평가해 보는 것은 다음과 같은 여러 가지 유용한 정보를 제공한다. 첫째, 한 나라의 경제상황에 비추어 환율이 균형수준으로부터 괴리된^{misaligned} 정도를 파악하여 거시경제정책 운용에 활용할 수 있다. 단기적인 요인에 의해 환율이 큰 폭으로 변동하는 경우 균형환율 수준에 대한 평가는 제반 기초경제여건에 비추어 환율이 얼마나 과도히 변동하였는지 등을 판단하는 데 유용한 지표가 될 수 있으므로 환율정책^{exchange rate policy} 또는 거시경제정책 운영에 도움이 된다.

또한 고정환율제도^{fixed 또는 pegged exchange rate regime}를 채택하는 나라의 경우에도 환율이 균형수준으로부터 괴리된 정도를 파악함으로써 환율수준의 조정 및 거시정책 운용시 참고지표로 활용할 수 있다. 만약 자국 통화의 가치가 경제상황에 비추어 과도하게 고평가되어 있다고 판단되는 경우 통화당국이 환율을 평가절하^{devaluation}하여 거시경제정책 수행에 도움을 줄 수 있다.

둘째, 균형환율 수준을 파악할 수 있다면 향후 환율 움직임을 예측하는 데 도움이 된다. 예를 들어 현재 환율이 균형환율 수준보다 높으면 환율의 장기조정과정을 통해 점차 하락할 가능성이 높으며 반대로 현재 환율이 균형환율 수준보다 낮으면 환율상승 압력이 내재한다고 볼 수 있다. 이는 환율이 경제의 대내외균형을 반영한 장기균형환율 경로를 중심으로 순환하는 모습을 보이면서 변동하기 때문이다. 또한 단기적으로 환율이 오버슈팅하여 균형환율 범위를 일시적으로 크게 벗어나는 경우에도 다시 중장기 환율경로로 수렴해 나가는 모습을 보이는 경우가 많다. 다시 말하여 환율은 균형수준에서 이탈과 수렴을 반복하면서 변동하므로 균형환율 수준에 대한 평가는 미래 환율예측에 도움이 된다.[77]

---

77 <그림 8-1>에서 장기 균형환율경로를 우상향하지 않고 수평선으로 표시할 수도 있다.

그림 8-1　　　　　　　　　　시간흐름과 장단기 환율변동

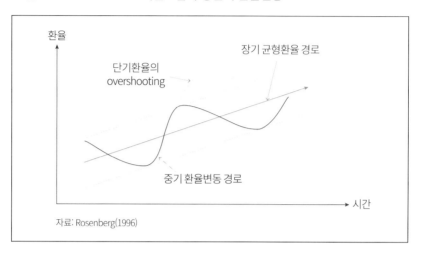

자료: Rosenberg(1996)

　셋째, 주요국간에 환율과 관련한 분쟁이 있는 경우 균형환율 수준에 대한 평가는 자기 나라의 입장을 주장할 수 있는 논리적 근거를 제공한다. 예를 들어 중국에 대해 큰 폭의 무역수지 적자를 보이고 있는 미국이 최근 중국 위안화에 대해 절상압력을 가하고 있는 것은 위안화가 균형수준으로부터 크게 저평가되어 미국의 무역수지 악화요인으로 작용하고 있다는 판단에 따른 것이다. 이 경우 위안화의 균형환율 수준에 대한 평가는 두 나라간의 환율갈등을 완화하는 데 도움이 될 것이다. 과거 1980년대말에도 미국은 대미 무역수지 흑자 규모가 큰 우리나라 및 대만에 대해 환율조작 등을 이유로 통상압력을 가하기도 하였다.[78] 이와 같은 국가간 환율분쟁은 그 나라 환율의 움직임에 보이지 않는 영향을 주기도 한다.[79]

---

78 미재무부는 반기 환율정책보고서("Report to Congress on International Economic and Exchange Rate Policies")를 통해 주요 교역상대국의 환율운용에 대한 평가를 발표하고 있다.

79 국가간 환율갈등에 관해서는 제12장에서 추가적으로 설명하였다.

균형환율의 추정방법은 매우 다양

◆ 실질실효환율 접근법

전통적인 장기균형환율 추정방법인 실질실효환율지수[REERI: Real Effective Exchange Rate Index]는 환율이 양국간의 물가변동에 따른 상대적 구매력 변화에 따라 결정된다고 보는 구매력평가이론에 기초하고 있다. 다만 실질실효환율은 비교 대상국이 특정국에서 주요 교역상대국으로 확대된 것으로 볼 수 있으므로 국내 및 교역상대국 통화간의 구매력을 일치시키는 환율로 정의할 수 있다. 구체적으로 실질실효환율지수는 자국과 경쟁국간의 명목환율 변동을 감안한 명목실효환율지수[NEERI: Nominal Effective Exchange Rate Index]와 물가의 상대적 변동을 반영한 구매력평가지수[PPPI: Purchase Power Parity Index]를 토대로 하여 산출한다. 우리나라 원/달러환율의 실질실효환율지수 산출방법을 수식으로 나타내 보면 아래 <참고 8-1>과 같다.

참고 8-1 　　　 원화의 실질실효환율지수 산출방법

$$\text{실질실효환율지수} = \frac{\text{명목실효환율지수}}{\text{구매력평가지수}} \times 100$$

$$\text{명목실효환율지수} = \frac{\sum_{i=0}^{n} w_i [ER_{it}/ER_{io}]}{[KOER_t/KOER_o]} \times 100$$

$$\text{구매력평가지수} = \frac{\sum_{i=0}^{n} w_i [PPI_{it}/PPI_{io}]}{[KOPI_t/KOPI_o]} \times 100$$

주: w_i: i국의 가중치, ER_i: i국 통화의 대미달러 환율
　　KOER: 원화의 대미달러 환율, PPI_i: i국의 물가지수
　　KOPI: 우리나라 물가지수, 하첨자 t 및 o는 비교 및 기준시점을 표시

이러한 산출방법에 따르면 한 나라 통화의 명목환율이 변동하지 않더라도 주요 교역상대국의 명목환율이 변동하면 자국통화의 상대적인 가치가 변한다. 즉 명목 원화환율이 일정하더라도 엔화, 유로화 등 경쟁상대국의 통화가 미달러화에 대해 강세를 보이면 원화가 명목실효환율 기준으로 주요 교역상대국에 비해 상대적으로 저평가된 셈이 된다. 이 경우 명목실효환율지수는 하락한다. 또한 각국의 명목환율은 일정하더라도 우리나라의 물가가 상대국의 물가에 비해 더 크게 오른 경우 구매력평가지수 기준으로 원화의 실질가치가 절상된 것으로 볼 수 있다. 즉 우리나라의 물가가 더 크게 올라 구매력이 떨어진 만큼 명목환율 상승으로 반영되지 못하였으므로 원화가 실질적으로 고평가된 것이다. 이 경우 위 산식의 구매력평가지수가 하락한다. 이러한 명목실효환율지수와 구매력평가지수의 변화를 모두 감안하여 산출된 실질실효환율지수가 100보다 작으면 원화가 기준년$^{base\ year}$에 비해 저평가되었음을, 100보다 크면 원화가 고평가되었음을 나타낸다.

실질실효환율은 장기적 균형환율 개념으로서 수출의 가격경쟁력 변화를 판단하는 데에 유용하다. 그러나 구매력평가의 성립을 전제로 하므로 단기적 환율변동을 설명하는 데는 한계가 있다. 또한 지수산출방법에 있어 기준년도나 물가지수의 선정 또는 국별 가중치의 부여 방법 등에 따라 결과가 상이하게 나타날 수 있다.

국제결제은행에서는 주요국의 실질실효환율지수를 월별로 작성하여 발표하고 있으며 IMF에서도 실질실효환율지수를 제공하는 회원국에 한해 동 지수를 발표하고 있다.[80] 아래의 <그림 8-2>에 따르면 일본 엔화는 2012년 이후 양적완화 정책으로 기준년 대비(2010=100) 저평가된 반면 원화와 위안화는 통화가치가 고평가된 것으로 나타나고 있다.

---

80 BIS 홈페이지(www.bis.org/statistics/eer/) 및 IMF의 International Financial Statistics 참조

그림 8-2 주요국의 실질실효환율지수

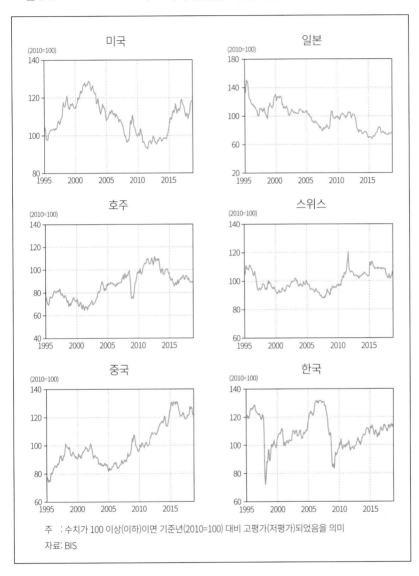

주 : 수치가 100 이상(이하)이면 기준년(2010=100) 대비 고평가(저평가)되었음을 의미
자료: BIS

◆ 거시경제균형 접근법

균형환율이란 기초경제여건에 부합하는 환율이라 하였는데 이를 다르게 표현하면 한 나라 경제가 중기적으로 대내 및 대외 부문에서의 균형을 달성한 경우의 환율수준이라 할 수 있다. 이러한 대내외균형 개념을 바탕으로 균형환율을 추정하는 방법을 거시경제균형 접근법^{macroeconomic} ^{balance approach}이라 한다. 대표적으로 기조적균형환율^{FEER}과 소망균형환율 ^{DEER}을 들 수 있다.

① 기조적균형환율^{FEER: Fundamental Equilibrium Exchange Rate}

실질실효환율지수에서는 균형환율을 추정함에 있어 구매력평가에 기초한 물가요인을 중시하는 반면 교역조건, 생산성, 경기변동 등 실물적 요인을 간과하는 단점이 있다. 따라서 실물적 요인을 감안하여 거시경제 전체적인 관점에서의 균형환율은 '대내적으로 완전고용이 달성되고 무역에 대해 인위적인 규제가 없는 상태에서 국제수지가 균형을 이루는 환율'로 정의한다. 또한 이런 견해를 발전시켜 경제의 대내 및 대외 균형이 달성된 경우에 부합하는 환율을 균형환율로 보기도 한다.[81]

여기서 대내균형^{internal equilibrium}은 물가상승을 가속화시키지 않는 상태에서 잠재성장률^{potential economic growth} 수준으로 생산활동이 이루어지는 경우에 달성되는 것으로 본다. 한 나라의 경제가 아무리 높은 경제성장을 달성한다고 하더라도 물가안정이 달성되지 못하면 그 나라의 경제는 비정상적으로 과열되어 있으므로 대내균형이 달성되었다고 볼 수 없다. 반대로 경제성장률이 낮고 디플레이션 압력이 존재하거나 생산활동도 저조

---

81 Nurkse(1945) 및 Williamson(1994) 참조

한 수준에서 머물러 있다면 그 경제는 침체상태에 있다고 말할 수 있으며 이 또한 대내균형이 달성되지 못한 상황이다.

따라서 대내균형은 한 나라 경제가 물가상승 없이 최대한의 생산을 이루어내는 경우 즉 잠재성장률이 달성될 때 이루어진다. 이 경우 대내부문의 총공급이 총수요와 일치하게 되므로 다음의 식이 성립한다.

$$총공급 = 총수요$$
$$Y = y(소비+투자, 환율)$$
$$+ \qquad +$$

여기서 총수요는 국내 소비 및 투자가 늘어나거나 환율상승으로 경상수지 흑자가 달성되는 경우 증가한다. 또한 이 식으로부터 <그림 8-3> 대내균형선[82]을 도출할 수 있다.

반면 대외균형external equilibrium은 경상수지가 기조적인 균형 상태에 있는 경우 달성된 것으로 본다.[83] 여기서 기조적인 균형상태란 경상수지가 적자를 보이더라도 그 규모가 한 나라의 경제규모에 비추어 그리 크지 않고 외국으로부터의 자본유입으로 보전될 수 있어 적자 규모가 감내가능한sustainable 경우를 말한다. 어느 정도의 적자가 감내가능한 수준인가에 대해서는 많은 논란이 있으나 이는 그 나라의 경제여건 및 고유한 경제구조적 특성에 따라 판단할 문제로 보아야 한다.[84]

---

82 만약 소비증가 등으로 총수요가 증가하는 경우 통화가치 상승(대미달러환율의 하락)에 따른 국내총생산 감소를 통해 다시 균형이 회복될 수 있다. 따라서 대내균형선은 우하향하는 형태를 띤다.

83 실제 대외균형은 경상수지(CA)=저축(S)-투자(I)의 등식을 이용하여 적정저축과 적정투자의 차이로부터 산출한다.

84 일부에서는 국내총생산 규모의 5% 이내를 감내가능한 수준으로 보는 견해도 있으나 이에 대한 이론적 근거를 찾기 어려우며 이 수준과 무관하게 외환위기를 경험한 나라도 많다.

대외균형은 경상수지가 균형을 이루어야 하므로 다음의 식이 성립하는 경우에 달성된다. 또한 이로부터 대외균형선[85]을 도출할 수 있다.

$$국제수지 = 0$$
$$BOP = b(소비+투자, 환율)$$
$$\quad\quad\quad\quad - \quad\quad +$$

대내균형선과 대외균형선을 함께 고려하면 아래 <그림 8-3>에서와 같이 기조적균형환율(r^*)을 도출할 수 있다. 이 균형환율 수준은 대내균형과 대외균형이 동시에 달성되는 경우의 중기적 균형환율 수준을 나타낸다. 만약 현재 환율이 이보다 더 높은 수준이라면 자국통화가 저평가되어있는 상황이므로 환율의 가격조절기능에 따라 환율은 하락압력을 받는다. 반대로 현재 환율이 이보다 낮은 수준인 경우 환율은 상승압력을 받는다.

그림 8-3   대내외균형 및 기조적균형환율

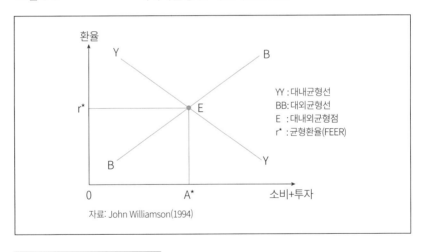

자료: John Williamson(1994)

---

85 소득이 늘어나면 수입수요 증가로 경상수지가 악화된다. 이 경우 환율이 상승(통화가치 하락)하면 무역수지가 개선되어 다시 대외균형에 도달할 수 있다. 따라서 대외균형선은 우상향하는 형태를 띤다.

② 소망균형환율 ^{DEER: Desired Equilibrium Exchange Rate}

기조적균형환율^{FEER}은 균형환율 수준이 대내 및 대외 균형에 부합하는 환율수준으로 정의할 수 있으나 역으로 어떤 환율수준이 경제의 대내 및 대외균형 달성을 가능하게 하는지에 대한 해답을 제시하기 어렵다. 가령 정책당국이 특정 경상수지 목표^{target current account balance}를 설정하여 거시정책을 운영하는 경우 이를 만족시키는 환율 수준을 파악하기가 곤란하다.

이런 점에서 소망균형환율^{DEER}이 제시되었다. 즉 소망균형환율은 대내외균형 달성과 밀접한 관련이 있다는 점에서는 기조적균형환율과 같으나 대외균형을 정의함에 있어 암묵적인 목표 경상수지를 가정하고 아울러 대내균형으로서 잠재성장률 목표 달성을 위한 바람직한 환율수준을 제시한다. 아래의 <그림 8-4>에서 소망균형환율은 주어진 경상수지 및 경제성장률 목표 달성을 위한 실질환율 수준을 나타낸다.

그림 8-4   소망균형환율

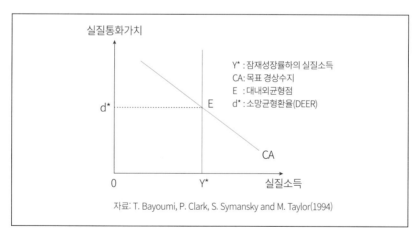

자료: T. Bayoumi, P. Clark, S. Symansky and M. Taylor(1994)

실제 환율이 소망균형환율(d*) 수준보다 낮을 경우 자국통화의 저평가 상태를 의미하며 이 경우 수출 가격경쟁력 향상으로 목표치를 상회하

는 경상수지 흑자 달성이 가능하다. 반면 실제 환율이 소망균형환율 수준
보다 높은 경우에는 경상수지가 목표치를 하회하게 된다.

사례 8-1 　　주요국의 기조적균형환율 추정 결과

피터슨연구소^{PIIE: Peterson Institute for International Economics}가 발표한 주요국의
기조적균형환율 추정 결과(2017년 10월 기준)를 보면 위안화(-4.7%), 엔
화(-10.6%), 원화(-10.6%) 등 상당수 국가의 통화가 저평가된 것으로 나타
났다.

주요국의 FEER 추정 결과

국가	2011년 4월			2017년 10월		
	실제 환율	기조적 균형환율	실제환율의 고평가 정도[2]	실제 환율	기조적 균형환율	실제환율의 고평가 정도[2]
아르헨티나	4.06	4.00	-1.5	17.46	19.19	9.9
호주[1]	1.05	1.02	2.9	0.78	0.82	-4.9
브라질	1.59	1.65	3.8	3.19	3.15	-1.3
캐나다	0.96	0.942	-1.9	1.26	1.25	-0.8
중국	6.54	5.09	-22.2	6.63	6.32	-4.7
유로[1]	1.44	1.5	-4.0	1.18	1.20	-1.7
인도	44.4	41	-7.7	65.1	63.0	-3.2
인도네시아	8,660	7,554	-12.8	13,528	12,504	-7.6
일본	83.6	75.8	-9.3	113	101	-10.6
한국	1,087	979	-9.9	1,134	1,014	-10.6
멕시코	11.8	11.6	-1.7	18.8	18.6	-1.1
남아공	6.75	7.38	9.3	13.70	13.32	-2.8
터키	1.52	1.98	30.3	3.68	3.64	-1.1
영국	1.63	1.71	-4.7	1.32	1.35	-2.2

주 : 1) 자국통화기준 미달러화 가치
　　2) FEER기준 실제 환율의 고평가 정도(수치가 마이너스인 경우는 각국 통화의 저평가를,
　　　 플러스인 경우는 고평가를 의미)
자료: 피터슨연구소(PIIE)

◆ 행태적균형환율 접근법 Behavioral Exchange Rate Approach

거시경제균형 접근법은 경제가 대내외균형을 달성하였을 경우 이에 부합하는 환율로 균형환율을 정의하고 있어 개념상 우수한 방법으로 인식된다. 그러나 이 방법은 대내외균형에 대한 정의 및 측정방법의 차이에 따라 실제 균형환율 수준의 추정치가 달라질 수 있다. 특히 균형환율을 추정함에 있어 환율에 영향을 미치는 다양한 변수들을 고려하지 않아 실제 환율의 변동 추이 및 경로를 반영하는데 한계가 있다.

이런 점에서 행태적균형환율 접근법이 다양하게 제시되고 있다. 이 방법은 환율과 다양한 경제변수와의 관계에 대해 행태방정식을 설정하고 이에 대한 추정을 통하여 균형환율을 도출한다. 따라서 이 방법에 의해 도출된 균형환율 수준은 실제 환율의 움직임을 추수해 가며 균형환율을 도출하므로 시장의 수요와 공급에 의해 형성된 균형가격 수준을 일정 부분 반영하는 장점이 있다. 실제 환율이 행태적균형환율 수준과 차이가 나는 경우 다시 균형환율 수준으로 수렴mean reversion한다는 점에서 향후 환율 움직임을 예측하는데 유용하다.

행태적균형환율의 추정 방법은 매우 다양한데 균형환율에 영향을 미치는 제반 변수로는 주로 경상수지, 대외개방도, 대외채무, 순대외자산NFA, 생산성, 교역조건, 내외금리차 등이 이용된다. 이 방법에서는 실제 환율은 물론 균형환율 수준도 이들 변수의 움직임에 따라 장기적으로 변동한다는 것을 전제로 한다. 즉 한 나라 통화는 해당국 경상수지의 개선, 대외개방도 증가, 순대외자산 증가, 생산성 증가, 교역조건 개선 및 내외금리차 확대시 그 가치가 높아지는 것으로 본다. <참고 8-2>에 소개된 대부분의 방법들은 실질환율의 개념을 바탕으로 한 장기균형환율의 성격을 갖고 있다.

▶ S. Edward(1989)은 대내외균형을 동시에 달성하는 교역재와 비교역재의 상대가격을 균형실질환율[ERER: equilibrium real exchange rate]로 정의하고 세율, 교역조건, 자본이동, 기술진보 등을 주요 변수로 가정

▶ J.Stein(1994)은 투기적 및 순환적 요소를 제거한 실질환율수준인 자연실질환율[NATREX: natural real exchange rate]을 균형환율에 대한 대안으로 제시하고 생산성, 자본스톡, 순대외자산[NFA] 변화 등에 따른 자본거래가 경상수지와 환율에 영향을 미치는 것으로 가정

▶ Elbadawi(1994)는 장기균형환율이 교역조건, 경제개방도, GDP 대비 자본유입 및 정부지출 규모, 수출증가율 등에 따라 결정되는 것으로 가정

▶ Faruqee(1995)는 경상수지가 양국간 생산성 차이, 비교역재의 상대가격, 교역조건 등에 따라 결정되는 것으로 보며 경상수지 변화에 따른 순대외자산 규모가 자본수지 및 환율에 영향을 미치는 것으로 가정

▶ Kramer(1996)는 Faruqee의 모형을 토대로 미국의 재정수지 적자가 환율에 미치는 영향을 중시

▶ Clark and MacDonald(1998)는 금리평가에 따른 국가간 자본이동을 중시하여 이에 영향을 미치는 외채 규모나 교역조건, 교역재와 비교역재의 상대가격, 순대외자산 등을 균형환율 결정의 주요 변수로 가정하여 행태적균형환율[BEER: Behavioral Equilibrium Exchange Rate]을 제안

▶ Wadhwani(1999)는 기조적균형환율과 위험프리미엄을 감안한 금리평가를 결합하여 중기균형환율ITMEER: Intermediate-term Equilibrium Exchange Rate를 제안하고 주요 설명변수로 내외금리차, 주가수익률, 경상수지/GDP, 실업률 및 생산성 차이 등을 사용

▶ MacDonald(2001)는 장기적으로 구매력평가의 성립과 내외금리 차의 존재에 따른 국가간 자본이동을 중시한 CHEERCapital Enhanced Equilibrium Exchange Rate를 제안

IMF는 회원국의 균형환율 수준을 평가

국제통화기금IMF은 각 회원국의 환율과 관련한 의무를 규정한 IMF조약 제4조(Article IV)에 의거하여 각국의 불공정 환율조작 여부 등 환율정책 운용에 대해 감시surveillance하고 있다. 이는 한 나라의 환율변동이 교역상대국인 다른 나라에 수출경쟁력 약화 등 직·간접적으로 부정적인 영향을 미칠 수 있기 때문이다.[86]

이러한 감시업무를 수행하기 위해 IMF에서는 환율문제에 대한 자문그룹CGER: Consultative Group on Exchange Rate Issues을 통하여 선진국 및 신흥시장국 통화의 균형환율 수준에 대해 분석하고 있다.

---

86 자국통화의 인위적인 저평가는 다른 나라 경제의 희생을 유발하여 궁핍하게 한다는 의미에서 근린궁핍화정책beggar my neighbor policy이라 불리기도 한다.

Article IV - Obligations Regarding Exchange Arrangements

Section 1. General obligations of members
...... In particular, each member shall: (iii) avoid manipulating
      exchange rates or the international monetary system
      in order to prevent effective balance of payments
      adjustment or to gain an unfair competitive advantage
      over other members; and ...... (생략)

Section 3. Surveillance over exchange arrangements
(b) ......, the Fund shall exercise firm surveillance over the
exchange rate policies of members, and shall adopt specific
principles for the guidance of all members with respect to
those policies. (생략)

구체적인 방법으로는 거시균형 접근법$^{Macroeconomic\ balance\ approach}$, 실질
균형환율 접근법$^{Equilibrium\ real\ exchange\ rate\ approach}$ 및 대외 감내가능성 접근법
$^{External\ sustainability\ approach}$ 등을 활용하고 있다.[87]

첫째, 거시균형 접근법은 우선 그 나라의 경상수지에 중요한 영향을
미치는 변수인 재정수지, 경제활동인구, 경제성장률, 순대외자산, 경제
위기 등을 이용하여 그 나라의 바람직한 균형수준의 경상수지$^{current\ account}$

---

87 보다 자세한 내용은 Lee, J., Milesi-Ferretti, G.M., Ostry, J., Prati, A., Ricci, L.A.(2008) 참조

norm를 추정한다. 이렇게 구한 경상수지와 현재 환율 수준으로부터 도출된 중기 경상수지 전망치를 비교하여 그 차이를 계산하고 두 가지 경상수지를 조정하는데 필요한 환율의 필요변동 수준을 구해서 환율수준을 평가한다.

만약 바람직한 균형수준의 경상수지보다 순수한 전망에 의한 경상수지가 더 악화될 것으로 예상되면 환율상승을 통해 경상수지 차이를 조정해 나갈 수 있다. 여기서 환율조정의 크기는 그 나라의 환율변동이 경상수지에 미치는 탄성치elasticity에 따라 달라진다. 만약 탄성치가 큰 경우라면 약간의 환율변동으로도 목표하는 경상수지 조정을 달성할 수 있으므로 환율의 고평가 혹은 저평가 정도도 상대적으로 작다고 할 수 있다.

둘째, 실질균형환율 접근법은 그 나라 통화의 실질환율을 순대외자산, 생산성 차이, 교역조건terms of trade 등을 이용하여 추정하고 이를 현재 환율과 비교하여 균형수준으로부터의 괴리misalignment 정도를 파악한다. 한 나라의 순대외자산이 크거나 다른 나라에 비해 생산성이 높은 경우 또는 교역조건이 양호한 경우에는 그 나라 통화의 실질환율이 고평가 되어야 하는 것으로 본다.

셋째, 대외 감내가능성 접근법은 우선 그 나라의 순대외자산 포지션을 안정화시킬 수 있는 경상수지 수준을 구하고 이를 실제 경상수지와 비교한다. 여기서 순대외포지션을 안정화시킨다는 것은 그 나라의 대외채무에 대한 안정적인 지급능력을 확보함을 의미한다. 그 나라의 경제성장률이 높거나, 순대외자산 규모가 클수록 순대외포지션의 안정을 위해 더 큰 규모의 경상수지 흑자가 필요하다고 본다. 이와 같이 추정된 경상수지 규모와 실제 경상수지를 비교하여 환율의 조정 및 균형수준과의 괴리 정도를 평가한다.

요약

균형환율이란 한 나라의 경제성장, 물가, 국제수지 등 기초경제여건에 부합하는 환율이라 할 수 있다. 환율이 단기적으로 균형환율 수준을 벗어나더라도 다시 이에 수렴하려는 속성을 지니고 있으므로 균형환율에 대한 평가는 미래 환율의 변동방향을 예측하는 데 도움이 된다. 균형환율의 평가방법으로는 실질실효환율 접근법, 거시경제균형 접근법, 행태적균형환율 접근법 등이 널리 이용되고 있다. IMF에서도 균형환율에 대한 추정을 통해 각국 환율의 균형이탈 정도를 평가하고 환율정책 운용을 감시하고 있다.

참고문헌

Abhyankar, A., Sarno, L., Valente, G., 2005, "Exchange Rates and Fundamentals: Evidence on the Economic Value of Predictability", *Journal of International Economics*, Vol. 66, pp. 325-48.

Bayoumi, T., Clark, P., Symansky, S., Taylor, M., 1994, "The Robustness of Equilibrium Exchange Rate Calculations to Alternative Assumptions and Methodologies", *IMF Working Paper* No. 94/17.

Bayoumi, T., Faruqee, H., Lee, J., 2005, "A Fair Exchange? Theory and Practice of Calculating Equilibrium Exchange Rates", *IMF Working Paper* No. 05/229.

Branson, William H., 1988, "Sources of misalignment in the 1980's" in *Misalignment of exchange rates: Effects on Trade and Industry*, University of Chicago Press.

Brook, A., Hargreaves, D., 2000, "A Macroeconomic Balance Measure of New Zealand's Equilibrium Exchange Rate", *Reserve Bank of New Zealand Discussion Paper* No. DP2000/09.

Carlo Cottarelli, C., Ghosh, A.R., Milesi-Ferretti, G.M., Tsangarides, C.G., 2008, *Exchange Rate Analysis in Support of IMF Surveillance: A Collection of Empirical Studies*, International Monetary Fund.

Clark, P.B., MacDonald, R. 1998, "Exchange Rates and Economic Fundamentals: A Methodological Comparison of BEERs and FEERs", *IMF Working Paper* No. 98/67.

Cline, W.R., Williamson, J., 2011, "Estimates of Fundamental Equilibrium Exchange Rates, May 2011", *PIIE Policy Brief* 11-5.

Driver, R.L., Westaway, P.F., 2004, "Concepts of Equilibrium Exchange Rates", *Bank of England Working Paper* No. 248.

Dunaway, S.V., Leigh, L., Li, X., 2006, "How Robust are Estimates of Equilibrium Real Exchange Rates: The Case of China", *IMF Working Paper* No. 06/220.

Edwards, S., 1994, "Real and Monetary Determinants of Real Exchange Rate Behavior: Theory and Evidence From Developing Countries", in Williamson, J (ed), *Estimating equilibrium exchange rates*, Institute for International Economics.

Elbadawi, I.A., 1994, "Estimating Long-Run Equilibrium Real Exchange Rates", in, J (ed), *Estimating equilibrium exchange rates*, Institute for International Economics.

Engel, C., West, K.D., 2005, "Exchange Rate and Fundamentals", *Journal of Political Economy*, Vol. 113, No. 3 PP. 485-517.

Faruqee, H., 1994, "Long-Run Determinants of the Real Exchange Rate - A Stock-Flow Perspective", *IMF Working Papers* No. 94/90.

———, 1995, "Pricing to Market and the Real Exchange Rate", *IMF Working Papers* No. 95/12.

IMF, *2006, Methodology for CGER Exchange Rate Assessments*. mimeo.

———, 2006, *Review of the 1977 Decision on Surveillance over Exchange Rate Policies —Further Considerations*.

Kramer, C. F., "FEERs and Uncertainty; Confidence Intervals for the Fundamental Equilibrium Exchange Rate of the Canadian Dollar", *IMF Working Paper* WP/96/68.

Lee, J., Milesi-Ferretti, G.M., Ostry, J., Prati, A., Ricci, L.A., 2008, "Exchange Rate Assessments: CGER Methodologies", *IMF Occasional Paper*, No.261.

Loretan, M., Mazda, A., Subramanian, S., 2005, "Indexes of the Foreign Exchange Value of the Dollar", *Federal Reserve Bulletin*.

MacDonald, R., 2001, Modelling the Long-Run Real Effective Exchange Rate of the New Zealand Dollar, *Reserve Bank of New Zealand Discussion Paper* No. DP2002/02.

———, 2004, "The Long-Run Real Effective Exchange Rate of Singapore: A Behavioural Approach", *MAS Staff Paper* No. 36.

Mark, N.C., 1995, "Exchange Rates and Fundamentals: Evidence on Long-Horizon Predictability", *American Economic Review*, Vol. 85, No. 1, pp.201-18.

McCown, T.A., Pollard, P., Weeks, J., 2007, "Equilibrium Exchange Rate Models and Misalignments", Department of the Treasury, Office of International Affairs, *Occasional Paper* No. 7.

Nurkse, R., 1945, "Conditions of International Monetary Equilibrium", *Essays in International Finance* 4(Spring), Princeton University Press.

Ricci, L.A., Milesi-Ferretti, G.M., Lee, J., 2008, "Real Exchange Rates and Fundamentals: A Cross-Country Perspective", *IMF Working Paper* No. 08/13.

Rosenberg, M.R., 1996, *Currency Forecasting: A Guide to Fundamental and Technical Models of Exchange Rate Determination*, McGraw-Hill.

Stein, J.L., 1994, "The Natural Real Exchange Rate of the US Dollar and Determinants of Capital Flows", in Williamson, J (ed), *Estimating equilibrium exchange rates*, Institute for International Economics.

Wadhwani, S., 1999, "Currency Puzzles", *Bank of England Speech*.

Williamson, J., 1985, "The Exchange Rate System", Institute for International Economics, *Policy Analyses in International Economics*.

————, 1994, *Estimating Equilibrium Exchange Rates*, Peterson Institute.

제9장
외환시장개입

......intervention has an important effect on the exchange rate only when it influences expectations. The key consideration is whether foreign exchange traders react to intervention by revising their forecasts of future exchange rate.

- Kathryn Dominguez 1993

개 요

1970년대말 주요 선진국이 변동환율제도를 채택한 이후 환율의 변동성 증가, 균형환율 수준으로부터의 이탈 등의 문제가 심화되면서 외환시장개입이 많은 나라에서 주요한 정책수단으로 부각되었다. 환율안정을 위한 외환당국의 시장개입은 환율의 단기적인 움직임은 물론 통화정책 수행에도 영향을 준다는 점에서 시장참가자의 환율예측에 중요한 정책변수이다. 이 장에서는 외환시장개입의 의의 및 목적, 통화정책 영향, 환율에 영향을 미치는 경로 및 효과 등을 설명하고 주요국의 외환시장개입 사례를 소개하였다.

외환시장개입은 환율안정이 주목적

외환시장개입^{FX market intervention}이란 외환당국인 정부나 중앙은행이 외환시장에서 자국통화를 대가로 미달러화 등 외환을 매입 또는 매도하는 것을 의미한다. 이는 중앙은행이 은행간 외환시장에 시장참가자의 하나로서 매매거래에 참가하는 것을 의미하며 은행들이 기업이나 개인 등 고객과 행하는 대고객 외환거래와는 구별된다. 또한 금융위기의 발생과 같은 특수한 상황에서 중앙은행이 최종대부자^{lender of last resort}로서 외화자금시장에 직접 외화유동성을 공급하는 경우와는 다르다고 할 수 있다.

고정환율제도 하에서는 만성적인 국제수지 적자 등 대규모 외환부족시에는 당국이 외환시장에 개입하여 외환을 공급하고 반대로 외환의 초과공급시에는 이를 흡수하여 환율수준을 유지하고자 한다. 반면 변동환율제도 하에서는 외부충격 등으로 환율이 단기적으로 과도한 움직임을 보이거나 외환시장의 불안정이 커지는 경우 당국이 외환시장에 개입하여 외환을 매입 또는 매도함으로써 환율안정을 도모한다.

참고 9-1 　　　　외환시장개입의 용어 및 분류

▶ 매입개입^{FX buying intervention}: 통화가치 상승 등에 대응하여 외환을 매입(자국통화를 매도)하는 개입

▶ 매도개입^{FX selling intervention}: 통화가치 하락에 대응하여 외환을 매도(자국통화를 매입)하는 개입

▶ 대응개입^{leaning against the wind}: 주로 환율변동성 완화를 위해 현재 환율 움직임과 반대 방향의 영향을 주려는 방식의 개입

▶ 순응개입^{leaning with the wind}: 목표환율 달성 등을 위해 현재 환율 움직임과 동일한 방향의 영향을 주려는 방식의 개입

▶ 단독개입^{unilateral intervention}: 다른 나라와의 정책공조 없이 한 나라가 단독으로 수행하는 개입

▶ 공조개입^{concerted intervention}: 다른 나라와 공통의 목표 달성을 위해 공동으로 실시하는 개입

▶ 불태화개입^{sterilized intervention}: 외환시장개입의 결과에 따른 통화량 변동을 상쇄하는 방식의 개입

▶ 태화개입^{non-sterilized intervention}: 통화량 변동이 수반되는 방식의 개입

▶ 공개개입^{public intervention}: 당국이 개입 사실을 공개하는 방식의 개입

▶ 비밀개입^{secret intervention}: 개입사실을 비밀로 하는 방식의 개입

▶ 실제개입^{actual intervention}: 외환당국이 외환시장에서 실제로 외환을 사거나 파는 개입

▶ 구두개입^{oral intervention}: 외환당국이 실제 외환의 매매없이 개입성 구두 발언을 통해 시장안정을 도모하는 개입

중앙은행의 시장개입 동기나 시점에 대해 예상할 수 있다면 환율변동을 이해하고 예측하는데에 도움이 된다. 일반적으로 중앙은행이 외환시장에 개입하는 이유는 환율정책 목표와도 직결된다고 할 수 있는데 이에는 환율변동성의 완화, 목표환율의 달성, 외환보유액의 확충 그리고 공조개입 등을 들 수 있다.

◆ 환율변동성의 완화

변동환율제도하에서 환율은 대외불균형을 시정하는 가격조절기능을 통해 거시경제 안정화에 도움이 된다. 그러나 큰 폭의 환율변동성은 환위험을 증대시켜 그 나라 기업의 해외직접투자 및 수출입에 관한 의사결정을 어렵게 하여 실물경제에 부정적인 영향을 미친다. 금융시장 측면에서도 과도한 환율변동성은 외환시장의 불확실성을 증대시키고 금융안정성을 저해한다. 이런 점에서 외환시장개입의 주된 동기중 하나는 환율변동성의 완화 또는 외환시장의 안정 달성이라 할 수 있다.

환율하락의 크기나 속도가 과도하여 외환시장의 불확실성이 확대되는 경우 외환당국은 외환시장에서 자국통화를 대가로 외환(미달러화)을 일정 부분 흡수함으로써 자국통화의 절상압력을 완화시킬 수 있다. 이러한 달러매입개입의 경우 외환보유액[88]과 국내 통화공급이 모두 증가한다.

반대로 외환시장에서 외환에 대한 초과수요로 환율이 급등하는 경우 중앙은행은 보유하고 있는 외환보유액을 은행간 외환시장에 매도하여 환율상승을 억제할 수 있다. 이러한 달러매도개입의 경우 외환보유액과 국

---

[88] 외환보유액이란 중앙은행이 긴급시를 대비하여 보유하고 있는 대외지급준비자산으로서 金, SDR, IMF 리저브트란쉐 및 보유외환으로 구성된다. 이는 중앙은행(또는 외환당국) 보유자산만을 포함하는 공적보유액을 의미하며 민간 은행이나 기업 등이 보유하고 있는 민간부문의 보유외환은 제외된다.

내통화 공급이 각각 감소한다. 외환당국의 달러매입개입시에는 자국통화를 대가로 외환을 매입하게 되므로 중앙은행의 발권력을 활용할 수 있으나 달러매도개입의 경우에는 중앙은행이 보유하고 있는 외환보유액을 개입재원으로 사용해야 한다. 따라서 대부분의 신흥시장국들은 위기시 환율 및 외환시장의 안정을 유지하기 위해 일정 수준의 외환보유액을 보유할 필요가 있다.

그림 9-1   중앙은행의 외환시장개입에 따른 영향

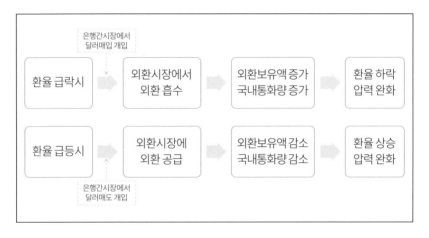

참고 9-2   외환시장압력지수의 개념 및 측정

한 나라 외환시장에서 외환의 초과수요가 발생하면 통상 환율이 상승한다. 만약 외환당국이 외환시장개입을 통해 시중에 유동성을 공급하면 환율상승은 억제되나 외환보유액이 감소한다. 따라서 외환시장개입이 있을 경우 외환시장의 실제 수요압력을 정확하게 측정하기 위해서는 이 두 요소의 변동을 동시에 감안할 필요가 있다.

외환시장압력$^{\text{EMP: FX Market Pressure}}$지수는 이러한 개념에서 일정기간 동안 명목환율 상승률(ΔS)과 외환보유액 증가율(ΔRes)을 함께 고려하여 아래 산식과 같이 산출하며, 수치가 클수록 외환에 대한 수요압력이 큼을 의미한다.

$$EMP = \omega_1{}^*\Delta S - \omega_2{}^*\Delta Res$$

단, ω_1, ω_2는 두 요소의 가중치로서 각 구성요소의 변동성이 지수에 동일하게 반영될 수 있도록 분산값의 역수를 이용한다.

미국의 비전통적 통화정책이 정상화과정을 보인 2014.1월~2016.1월 기간중 주요 신흥국의 외환시장압력지수를 산출해 보면 대부분의 국가에서 외환수요압력이 증가한 것으로 나타났다. 반면 한국은 원화의 소폭 절하에도 불구하고 외환보유액이 더 크게 증가하여 외환시장압력지수가 하락한 것으로 나타났다.

주요 신흥국의 외환시장압력지수

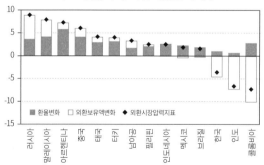

주 : 2013년말 대비 2016년 1월중 각국의 환율 및 외환보유액 변동 기준
자료: IMF, Bloomberg, 저자 시산

환율변동성 완화를 위한 시장개입은 환율의 추세적 흐름을 바꾸기 보다는 단기적인 환율변동의 속도를 완화한다는 의미에서 스무딩 오퍼레이션smoothing operation이라 한다. 이 경우 환율이 단기적으로 시장참가자들의 심리적인 요인이나 외부충격에 의해 급변동하거나 혹은 한쪽 방향으로 과도히 변동하는 것을 막기 위해 개입하는 대응개입leaning against the wind89의 형태를 띠는 경우가 대부분이다.

◆ 목표환율의 달성

외환시장개입의 또 다른 목적은 균형환율 또는 목표환율target exchange rate의 달성이다. 여기서의 균형환율은 단순히 외환의 수요와 공급이 일치하는 균형이 아니라 제8장에서 논의한 거시경제 차원의 균형환율을 뜻한다.

예를 들어 만성적인 무역수지 적자 등 대외불균형이 큰 경우 해당국 중앙은행은 다른 거시경제정책과의 조화를 보아 가며 자국 통화가치의 하락을 유도하여 대외불균형을 시정하기 위한 목적으로 외환시장개입을 행할 수 있다. 이 경우에는 환율이 중앙은행이 목표로 하고 있는 일정한 환율 수준 혹은 범위에 도달할 때까지 전체적으로 한 방향으로 환율을 유도해 나간다는 점에서 환율변동성 축소를 위한 개입전략과는 다소 상이한 면이 있다.

목표환율 달성을 위한 시장개입은 목표환율의 정의 및 측정이 어렵고 대내외 경제상황 변화에 따라 언제든지 바뀔 수 있을 뿐만 아니라 경쟁국으로부터 인위적인 환율조작국이라는 비난을 받을 수 있다는 점에서 외환시장개입의 주목적으로 사용하는 데는 한계가 있다.

---

89 이를 역풍개입이라고도 한다. 그 반대의 경우는 순풍개입leaning with the wind이라는 용어를 사용하기도 한다.

일본의 외환시장개입은 주로 내수 부진 및 엔화의 급속한 강세로 인한 수출경쟁력 약화를 완화하기 위해 1990년대 이후 크게 네 차례에 걸쳐 이루어졌다.

▶ 시기 1(1993.2/4~1996.1/4): 1990년대초 110엔/달러 수준에서 달러매입개입(3년간 11조엔)을 시작하였으나 환율은 달러당 84엔 수준까지 하락한 이후 반등

▶ 시기 2(1999.1/4~2000.3/4): 아시아 외환위기 이후 엔화강세에 대해 매입개입(1년반 동안 11조엔)을 실시하여 104엔 수준에서 엔화강세를 저지

▶ 시기 3(2001.3/4~2004.1/4): 2000년대초반 121엔/달러 수준에서 대규모 매입개입(2년반 동안 42조엔)을 단행하여 107엔대 수준 유지

▶ 시기 4(2011.3~11): 글로벌 금융위기 이후 엔화의 강세에 대해 G7국가와의 공조개입 형태로 총 14.3조엔 규모로 달러매입개입을 단행

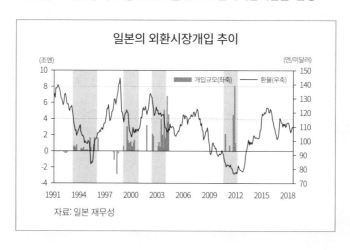

일본의 외환시장개입 추이

자료: 일본 재무성

호주는 1983년 변동환율제도 시행 이후 환율변동성이 확대되거나 환율이 장기균형수준으로부터 괴리되었다고 판단되는 경우 외환시장에 적극 개입하여 왔다. 이를 시기별로 살펴보면 다음과 같다.

▶ 시기 1(1989.1~1991.9): 호주달러화 강세와 환율변동성 완화를 위해 소규모로 빈번히 달러매입개입(총 125억호주달러)을 실시

▶ 시기 2(1992.3~1993.11): 호주달러화 약세를 방지하기 위해 간헐적이나 대규모로 달러매도개입(총 129억호주달러)

▶ 시기 3(1997.10~2001.9): 아시아 외환위기와 버블닷컴 붕괴에 따른 호주달러화 절하압력에 대응하여 달러매도개입(총 83억호주달러)

▶ 시기 4(2007.8~2008.11): 글로벌 금융위기 전후 단기적인 호주달러화 가치 하락에 대응하여 달러매도개입(총 41억호주달러)

호주의 외환시장개입

주 : 1) 중앙은행의 누적외환포지션은 GDP 대비 비중(%)을 의미
　　2) 그림의 음영부분은 개입기간을 의미
　　3) 미달러매입(호주달러매도)시에는 중앙은행 외환포지션이 양(+)의 방향으로, 미달러매도
　　　(호주달러매입)시에는 외환포지션이 음(-)의 방향으로 변동함. 단 중앙은행 외환포지션은
　　　시장개입 외에 정부와의 외환거래 등을 통해서도 수시로 변동
자료: 호주 중앙은행, Bulletin (2011)

◆ 외환보유액의 확충

외환보유액 확충을 위해 외환시장개입을 하는 경우도 있다. 중앙은행이 외환위기 등에 대비하기 위해 외환보유액을 충분한 수준으로 늘리고자 하는 경우 외환시장에서 매입개입을 하게 된다.[90]

그 예로 아시아 외환위기 이후 많은 아시아 신흥시장국들은 외환보유액의 확충을 외환위기 재발 방지를 위한 중요한 과제로 인식하고 외환시장에서의 달러매입 개입을 통해 외환보유액을 확충하였다. 그 결과 2000년의 경우 전 세계 외환보유액 보유 규모가 큰 국가들 중에서 아시아 국가들이 다수를 차지한 바 있다.

참고 9-3   주요국의 외환보유액 현황

(단위: 억달러)

2000			2017		
순위	국 가	외환보유액	순위	국 가	외환보유액
1	일 본	3,616	1	중 국	31,399
2	중 국	1,656	2	일 본	12,643
3	홍 콩	1,075	3	스 위 스	8,112
4	대 만	1,067	4	사우디아라비아	4,964
5	한 국	962	5	대 만	4,515

주 : 기말 잔액 기준
자료: 한국은행, 대만 중앙은행, IMF

---

90 외환보유액은 외환당국의 시장개입은 물론 외환보유액 운용에 따른 수익, 보유통화의 환율 변동에 따른 환산이익 증가 등 다양한 요인에 의해 변동한다.

한편 외환보유액을 어느 정도 규모로 확충하는 것이 바람직한가를 놓고 적정 외환보유액 규모^{optimum level of FX reserves}에 관한 많은 논의와 연구가 진행되어 왔다. 위기 대응을 위해서는 가급적 충분한 외환보유액을 확보하는 것이 유리함에도 불구하고 과도한 외환보유액을 유지하는 데 따른 기회비용도 함께 증가하기 때문이다.[91]

외환보유액의 적정수준을 가늠하기 위해서는 전통적으로 그 나라의 ① 수입액^{import} 또는 경상외환지급액, ② 통화량^{monetary aggregate}, ③ 단기외채^{short-term external debt} 등의 규모를 외환보유액과 비교해 보는 방법이 널리 쓰이고 있다.

첫째, 수입액 기준은 과거 국가간 자본이동이 활발하지 못하던 시기에 수입액의 일정 부분을 외환보유액으로 가지고 있으면 그 나라의 대외지급수요를 충당할 수 있다는 데 근거를 두고 있다. 통상 수입액 또는 수입액에 서비스 지급액을 합한 경상외환지급액의 3개월분을 외환보유액의 적정수준으로 본다.

둘째, 통화량 기준은 자국민에 의한 예금인출^{bank run} 및 해외로의 자본이탈^{capital flight} 등을 고려한 기준이다. 과거 1980~1990년대 남미국가들의 외환위기시 자국민들이 은행 예금을 인출한 후 이를 외화로 환전하여 해외로 외화를 도피시킨 경험에 바탕을 두고 있다. 따라서 국내 통화량이 큰 경우 잠재적 외화수요도 높아진다는 점에서 외환보유액 보유 규모도 그만큼 커야 한다고 본다.

셋째, 단기외채 또는 유동외채^{current external debt[92]}는 만기 1년 이내에 해외에 갚아야 할 외환의 규모를 의미하므로 외환보유액이 적어도 유동외

---

91 이에 관해서는 다음에서 설명하는 「외환시장개입은 통화정책 수행에 영향」 부분을 참조하기 바란다.

92 유동외채는 단기외채와 만기가 1년 이내로 도래한 장기외채를 포함하는 개념이다.

채 보다 많아야 한다고 주장한다. 이를 일명 구도티-그린스팬 룰Guidotti-Greenspan rule이라 부르기도 한다.

한편 외환 및 금융위기가 과거에 비해 빈번히 발생하고 있는 점을 고려하여 보다 보수적인 관점에서 위의 고려사항들을 모두 반영하여 적정 규모를 산정하여야 한다는 주장도 있다.[93] 최근 IMF에서도 과거 외환 및 금융위기시 주요국의 자본유출 경험을 바탕으로 각국의 외채구성 항목별로 위험도를 차등 적용하여 유동외채, 외국인증권투자, 통화량 및 수출액 등을 모두 포함한 적정 외환보유액 기준을 발표한 바 있다.[94]

이처럼 적정 외환보유액 규모에 관한 다양한 기준들이 제시되고 있음에도 불구하고 모든 나라에 일률적으로 적용할 수 있는 보편적인 기준은 찾기 어렵다. 이는 나라마다 경제발전 단계 및 금융시장의 발전 정도가 다르고 환율제도, 자본자유화 및 개방화 정도, 대내외 경제 상황 등이 상이하기 때문이다. 다만, 한 나라의 환율변동의 신축성flexibility이 크거나 통화의 국제화 정도가 큰 경우, 또는 국제자본시장에의 접근성accessibility이 높은 경우에는 위기대응을 위한 외환보유액 의존도를 줄일 수 있다. 또한 그 나라 경제주체의 적절한 환위험 관리, 건전한 기초경제여건 및 금융안전성의 유지 등도 외환보유액 보유에 따른 기회비용을 줄일 수 있는 요인이라 할 수 있다.

---

93 아울러 그 나라의 외화예금foreign currency denominated deposit도 위기시 언제든지 인출하여 해외로 유출이 가능하므로 적정 외환보유액 산출시 포함시키기도 한다. 또한 국내 거주자가 역외에서 빌린 역외금융offshore financing을 포함하는 경우도 있다.

94 변동환율제도를 채택하고 있는 경우 적정 외환보유액=유동외채의 30%+기타증권투자의 10%+통화량(M2)의 5%+수출액의 5%의 산식을 통해 산출하되 이의 100%~150%를 적정 범위로 설정하여 단일 추정치가 갖는 한계를 완화하였다. 이에 관한 보다 자세한 내용은 IMF(2011)를 참조하기 바란다.

◆ 공조개입

그 밖에 미국, 일본, 유럽 등 주요 선진국들은 외환시장개입의 효과를 극대화하기 위해 각국이 공조하여 외환시장에 개입하기도 한다.

그 예로 1980년대 미국의 무역수지 적자가 커지는 상황에서 미달러화가 강세를 보이자 미 연준, 일본은행 및 독일 분데스방크 등이 1985년 9월 플라자Plaza 합의[95] 및 1987년 2월 루브르Louvre 합의를 통해 공동으로 개입함으로써 미달러화의 약세를 유도한 것은 널리 알려진 예이다. 1990년대 후반에도 미달러화가 엔화에 대하여 큰 폭의 강세를 보임에 따라 미 연준과 일본은행이 공조하에 달러화의 약세를 유도하기 위한 공조개입을 실시한 바 있다.

유로화 출범 초기인 2002년경 유로화의 지속적인 약세가 세계경제에 부정적인 영향을 미칠 것을 우려하여 유럽중앙은행ECB: European Central Bank을 포함한 주요국 중앙은행이 유로화의 강세를 유도하기 위해 공조개입하기도 하였다.

2011년 일본에서 일어난 지진 사태 이후에도 미국 등 선진국은 일본 엔화의 일시적인 강세에 대응하기 위하여 공조개입을 실시하였다. 당시 엔화가 강세를 보인 것은 유럽재정위기 등으로 엔화가 상대적인 안전자산으로 인식된 데 기인한다.

---

95 당시 플라자합의가 이루어진 배경에는 미국의 경상수지 적자와 교역상대국들의 흑자 등 국제무역 불균형이 가장 직접적인 요인이다. 미국은 1980년대 초반 초긴축적인 통화정책을 시행한 결과 미달러가치가 급등하고 무역수지 적자가 크게 증가하였다. 이에 대해 미 의회는 1980년대 중반부터 보호무역조치를 강구하는 한편, 미 행정부는 플라자 합의를 통해 달러화의 약세를 도모하였다. 반면 미국에 대해 큰 폭의 무역흑자국인 일본은 미국의 수입물량조정, 관세인상과 같은 보호무역 조치로 타격을 받는 것보다는 환율조정시 자국의 정책여력이 더 커질 수 있다고 판단하여 이를 수용하였다.

플라자합의에 따른 각국의 공조개입 이후 미달러화의 약세와 일본 엔화 및 독일 마르크화의 강세가 나타났다. 특히 일본 엔화는 플라자합의 이후 약 10년 동안 무려 187%의 가파른 통화절상이 지속되었다.[96] 이러한 통화가치 상승에 대응하여 일본은행이 5차례 걸친 금리 인하를 단행함에 따라 1985년 5%이던 정책금리가 1987년 3월에는 2.5% 수준으로 하락하였다.

그러나 완화적 통화정책에 따른 시중유동성 확대로 일본 주식시장 및 부동산 시장에 버블이 발생하고 1989~1990년 들어서는 일본은행이 긴축으로 정책방향을 선회하면서 정책금리를 다시 인상('89.5월 2.5%→'90.8월 6%)하자 일본의 주가와 부동산 가격의 버블이 붕괴하였다. 결국 공조개입에 따른 급격한 엔화강세와 통화정책 변경은 이후 일본의 장기불황을 초래한 원인의 하나로 평가받고 있다.

자료: Bloomberg

---

96 엔/달러환율은 1985.8월말 239.0엔에서 1995.5월말 83.2엔으로 하락하였다.

한편 중앙은행의 외환시장 개입시점은 지금까지 위에서 살펴 본 시장 개입의 동기와 밀접한 관련이 있다. 일반적으로 외환시장개입의 시기는 외환시장에서 일시적인 외환수급 불균형이나 시장의 불확실성^{uncertainty} 증대로 인해 환율변동성^{volatility}이 크게 확대되거나 환율이 균형수준으로부터 장기간 크게 괴리되는 경우라고 할 수 있다. 보다 구체적인 개입시기는 ① 현재 환율이 균형에서 과도히 이탈했는지 여부, ② 외환시장에 교란요인이 있는지 여부, ③ 교란 요인이 영구적인지 여부 등에 대해 외환당국이 활용가능한 많은 정보와 과거 개입경험 등을 토대로 재량적으로 판단하게 된다.

첫째, 균형환율 수준으로부터의 괴리 정도^{misalignment}는 다양한 균형환율 추정방법을 이용할 수 있다. 그러나 외환시장에서 실시간으로 변동하는 단기환율의 움직임과 균형환율 수준을 비교하여 개입 시기를 결정하는 것은 현실적으로 어려움이 따른다.

둘째, 외환시장에 교란요인이 있는지의 여부는 외환시장내의 환율변동성, 매입-매도 스프레드$^{bid-ask\ spread}$, 거래량$^{trading\ volume}$ 및 외환딜러들의 거래패턴 변화 등 다양한 지표들을 통해 판단하게 된다. 그러나 이러한 시장지표들도 외부충격 발생시 상이한 반응을 나타내는 경우가 많아 개입시점 선택에 제한적인 정보를 제공한다. 따라서 당국은 시장상황에 대한 사전적이고 면밀한 분석을 토대로 각 나라마다의 고유한 사정과 과거 개입 경험 및 효과 등을 종합적으로 고려하여 개입 여부와 시기를 판단한다.

셋째, 외환시장에 교란요인이 발생되더라도 그 영향이 단기간에 그칠 것으로 예상되고 시장이 이를 감내할 수 있는 경우에는 외환당국이 가급적 개입을 자제하는 경우가 많다. 이는 중앙은행이 기본적으로 환율결정의 시장메커니즘을 중시하기 때문이다.

외환시장개입은 통화정책 수행에 영향

중앙은행의 외환시장개입은 외환매매와 반대방향으로 국내통화의 매매가 이루어지므로 국내 통화정책 기조와 상반된 방향으로 통화량이 변동하는 경우가 발생하기도 한다. 예를 들어 긴축적인 통화정책 기조하에 있는 경우 통화강세를 억제하기 위해 외환시장에서 달러매입개입을 실시하면 본원통화 공급증가로 통화량이 늘어나므로 통화정책과 환율정책간에 일관성이 저하될 수 있다. 이에 대해 중앙은행이 통화정책 수단을 이용하여 외환시장개입에 따른 통화량 변동을 즉시 상쇄시키는 경우를 불태화외환시장개입sterilized intervention이라 하며 그렇지 않은 경우를 태화외환시장개입non-sterilized intervention이라고 한다.

중앙은행의 대차대조표를 이용하여 이를 설명하여 보자. 아래의 <그림 9-2>에서 보는 바와 같이 자산란은 국공채나 시중은행대출 등으로 구성된 국내자산과 외화표시 채권이나 보유금 등의 외화자산 즉 외환보유액으로 구성되어 있다.[97] 부채란은 현금시재금이나 지준예치금으로 구성된 본원통화reserve money [98]와 기타 국내부채 및 외화부채로 구성되어 있다.

그림 9-2 　　　　　　　　　　중앙은행의 대차대조표

국내자산(domestic asset)	본원통화(monetary base)
	국내부채(domestic liability)
외화자산(foreign asset)	외화부채(foreign liability)

---

97 엄밀한 의미에서 중앙은행의 외화자산과 외환보유액은 구분된다. 외환보유액은 위기시 즉시 사용가능한 외화자산만을 의미하므로 외화자산이 더 포괄적인 개념이라 할 수 있다.

98 본원통화란 중앙은행 창구를 통해 시중에 공급된 통화로서 monetary base로 표현하기도 한다.

중앙은행이 환율하락을 방지하기 위해 외환매입개입을 한 경우를 가정해 보자. 이 경우 중앙은행 대차대조표상에서 외화자산과 본원통화가 각각 동일한 금액만큼 증가한다. 태화외환시장개입의 경우는 여기서 일련의 거래가 끝나게 된다. 시장개입의 결과 단기적으로 외환시장에 대한 외환공급이 감소하고 중장기적으로는 통화공급 증가의 영향이 나타나면서 환율하락 압력이 줄어든다.

그러나 대부분 국가의 중앙은행은 외환시장매입개입에 따른 본원통화 증가가 통화정책 수행의 교란 요인이 되지 않도록 불태화정책을 수행한다. 불태화의 방법으로는 다음의 두 가지 방법을 이용할 수 있다.[99]

첫째로 공개시장조작open market operation을 이용하는 방법이다. 이는 중앙은행이 국공채 등 보유하고 있는 유가증권을 매각하거나 혹은 국내신용 공급을 축소하여 본원통화 증가분을 상쇄시키는 방법이다. 이 경우 본원통화의 감소와 국내자산의 감소가 동시에 일어나므로 결국 시장개입의 결과 대차대조표상에는 외화자산의 증가와 국내자산의 감소가 나타나고 부채 측에는 아무런 변화가 없게 된다.

둘째, 중앙은행이 통화량 조절 목적으로 사용하는 중앙은행증권의 매매를 통해 통화량을 조절하는 방법이다. 우리나라의 경우에도 한국은행이 통화안정증권MSB: Monetary Stabilization Bond, 이하 통안채을 통화량 조절을 위한 주된 수단으로 사용하고 있다. 이를 시중에 매각하여 본원통화를 환수하면 대차대조표상에서 본원통화가 감소하고 통화안정증권의 발행증가에 따라 국내부채가 증가한다. 결국 외환시장개입의 결과로 대차대조표상 외화자산 증가와 국내부채 증가가 나타나게 된다.

---

99 외환매도개입의 경우에는 반대로 국내통화가 감소하므로 이를 상쇄하기 위해 반대방향의 불태화정책을 수행하게 된다.

우리나라는 외환시장개입에 따른 본원통화 변동을 주로 중앙은행 증권인 통화안정증권 발행 및 환수를 통해 상쇄시키고 있다. 그 결과 시장개입에 따른 외환보유액 증가와 함께 통화안정증권의 발행 잔액도 함께 증가하였다.

우리나라의 외환보유액은 2008년 글로벌 금융위기시를 제외하고 1997년말 외환위기 이후 지속적으로 증가하여 2018년 10월말 현재 4,027.5억달러를 기록하였다. 또한 불태화정책의 결과 등으로 통화안정증권 잔액도 동반 증가하여 170조원을 상회하고 있다.

이처럼 불태화외환시장개입의 결과 외환보유액은 물론 중앙은행증권 발행이 증가하므로 통화정책 수행과정에서 정책비용이 수반된다. 즉 시장개입으로 외환보유액이 늘어난 경우 외환보유액의 운용수익과 중앙은행증권에 대한 이자지급의 차이만큼 비용$^{negative\ carrying\ cost}$이 발생한다.

일반적으로 외환보유액은 위기시 즉각적인 활용을 위해 수익성^{profitability}

보다는 유동성^{liquidity}과 안전성^{safety} 위주로 운용되므로 안전자산인 미국 국채 등에 투자하는 비중이 높다. 따라서 우리나라의 경우 통안채에 대한 이자지급 비용이 외환보유액 운용수익률(가령 미국채수익률) 보다 높은 경우가 많으므로 순비용이 발생한다. 또한 정부가 외국환평형기금채권(이하 외평채)¹⁰⁰을 재원으로 개입하여 외환보유액이 늘어난 경우에는 외환보유액 운용수익률과 외평채 금리의 차이만큼 정책비용이 발생한다.

다른 나라의 경우에도 아래의 <참고 9-4>에 나타난 바와 같이 뉴질랜드의 경우 외화표시채권 발행으로, 싱가포르의 경우 재정흑자로부터 개입재원을 확보하므로 각각 신용스프레드 및 자본의 한계생산성만큼 보유비용을 갖는다. 따라서 외환보유액의 확충이 어떤 방식으로 이루어 졌는가에 따라 시장개입 또는 외환보유액 운용에 따른 정책비용이 달라진다고 할 수 있다.

참고 9-4   국가별 외환보유액 재원 및 보유비용

국 가	뉴질랜드, 필리핀	호주, 중국, 인도, 일본, 한국, 말레이시아, 싱가포르, 대만, 태국	홍 콩, 싱가포르(GIC)
재 원	외화차입 (외화채권 발행)	국내 채권발행 (중앙은행 채권 또는 국채 발행)	재정흑자 (준재정 흑자 포함)
보유 비용	신용 스프레드¹⁾ (Sovereign credit spread)	내외 금리차²⁾/ 환평가손익 또는 자본의 한계생산성³⁾	자본의 한계 생산성³⁾

주 : 1) 외화자산 운용수익률 - 외화표시 채권 발행금리. 2) 외화자산 운용수익률 - 국내 채권 발행금리(주로 단기물), 3) 외화자산 운용수익률 - 신흥시장국 자본의 한계생산성
자료: R. McCauley(2007)에서 일부 수정

---

100 외평채는 기획재정부 장관이 국회의 승인을 거쳐 발행하는 국채의 일종이다.

또한 중앙은행이 발행한 중앙은행증권에 대한 이자지급이 늘어나는 경우 중앙은행 수지의 악화 요인으로 작용한다. 이는 통화정책 수행에 대한 중앙은행의 신뢰도^{credibility}에도 부정적인 영향을 줄 수 있다.

그러나 이러한 정책비용에도 불구하고 시장개입의 유효성이 없다고 단정하기는 어렵다. 왜냐하면 당국의 개입이 없음으로 인해 환율변동성 및 외환시장의 불확실성이 확대되거나 외환보유액 부족으로 외환위기 발생 가능성이 커지는 경우에는 금융시장은 물론 실물부문에 이르기까지 훨씬 더 큰 경제적 비용이 초래될 수 있기 때문이다.

시장개입효과는 정책신뢰성에 좌우

외환당국의 시장개입이 환율안정 등 의도한 정책효과를 나타내기 위해서는 중앙은행에 대한 시장참가자들의 신뢰와 정책의지에 대한 확신이 중요하다. 당국에 대한 시장의 신뢰가 높으면 시장참가자들이 중앙은행의 정책의도를 주의 깊게 관찰하고 이와 같은 방향으로 외환매매를 하게 되므로 시장개입이 환율에 미치는 영향도 커진다. 이 경우에는 시장개입 규모가 전체 은행간시장의 외환거래 규모에 비해 적더라도 개입효과가 높으며 경우에 따라서는 실제 개입이 없이 구두개입$^{oral\ intervention}$만으로도 외환시장 안정이 달성되기도 한다.

그 동안 중앙은행의 외환시장개입이 환율에 미치는 유효성에 대해 많은 논란이 있어 왔다. 개입의 환율효과에 대해 부정적으로 보는 이유는 다음과 같다.

첫째, 대부분의 나라에서 개입방식으로 활용하고 있는 불태화시장개입의 경우에는 통화량 변동이 환율에 미치는 영향이 나타나지 않으므로 환율에 대한 개입효과가 제한적이며[101] 효과가 나타나더라도 단기간에

---

101 반면 태화외환시장개입의 경우에는 매입개입시 국내통화 공급이 확대되므로 장기적으로

사라지게 된다고 주장한다.

둘째, 통상 외환시장개입 규모가 전체 외환시장에서 차지하는 비중이 작아 환율에 미치는 영향이 크지 않다고 주장하기도 한다. 또한 선진국들의 경우 외화자산의 높은 대체성^{substitutability}으로 외환시장개입을 통해 국내자산과 해외자산간의 상대적 공급에 영향을 주기 어려운 점 등이 지적되고 있다.

그러나 외환시장개입의 환율 효과를 옹호하는 입장에서는 시장개입이 다음과 같은 이론적 경로를 통해 환율에 영향을 준다고 본다.

◆ 포트폴리오밸런스 효과

환율결정이론의 하나인 포트폴리오밸런스 접근법$^{portfolio\ balance\ approach}$[102]에 따르면 국내자산과 해외자산이 불완전대체재$^{imperfect\ substitutability}$인 경우 외환시장개입은 두 자산간의 구성비율 및 리스크프리미엄$^{risk\ premium}$에 변화를 가져오므로 환율에 영향을 주는 것으로 본다.

우리나라의 매입개입을 예로 들어 보자. 이 경우 원화의 공급이 늘어나면서 시중에 원화자산이 외화자산보다 상대적으로 더 풍부해져 원화자산에 대한 리스크프리미엄이 증가한다. 원화자산에 대한 투자를 유인하기 위해서는 현 시점에서 원화의 가치하락 즉 환율상승이 이루어져 미래 투자회수 시점에 원화의 강세에 따른 환차익 실현이 요구된다. 따라서 시장에서 현재 원화환율의 상승이 나타나게 된다.

환율상승 효과가 더욱 크다고 할 수 있다.

102 이에 따르면 투자자들은 기대수익 및 위험을 고려해 최적의 자산포트폴리오를 구성하고자 하는데 위험이 높은 투자자산을 선택할 경우 이에 대한 대가로 리스크 프리미엄$^{risk\ premium}$을 요구하게 된다. 또한 국내자산과 해외자산이 불완전대체재인 경우 환율은 금리평가이론에 따른 내외금리차 뿐만 아니라 리스크프리미엄의 변화를 반영하여 결정된다.

그림 9-3   포트폴리오밸런스 효과

◆ 신호효과

신호효과^{signaling effect}란 외환시장개입이 중앙은행의 미래 통화정책에
대한 시장참여자의 기대를 변화시켜 환율에 영향을 주는 경로를 말한다.

매입개입의 경우를 예로 들어보자. 이 경우 일차적으로 본원통화 공
급이 증가하므로 시장참여자는 중앙은행이 향후 확장적인 통화정책 방향
을 가지고 있는 것으로 예상할 수 있다. 이에 따라 시장참여자들의 미래
기대환율이 상승하고 그 결과 시장참가자들의 외환매매 패턴에도 즉각적
인 변화를 가져와 현재 환율이 상승하게 되는 것으로 본다.

신호효과는 중앙은행이 시장참여자들은 모르는 내부정보^{internal}
^{information}를 가지고 있고 이를 시장에 전달함에 있어 정책의 일관성^{consistency}
이 있는 경우에 그 효과가 더욱 뚜렷이 나타난다고 할 수 있다.

그림 9-4   신호효과

◆ 기술적 거래행태에 따른 효과

시장에서 차트^{chart} 분석이나 기술적 분석$^{technical\ analysis}$ 등을 이용하여 외환거래를 하는 이른바 기술적 거래자$^{noise\ trader}$들이 당국의 시장개입에 대해 향후 환율정책 기조의 변화로 인식하여 이를 추종하는 거래를 하게 되면 시장개입 효과가 더욱 크게 나타난다.[103]

예를 들어 환율 하락시 중앙은행이 시장이 예상치 못한 달러매입개입을 하면 기술적 거래자들은 이를 환율정책 기조 변화로 받아 들여 앞으로 환율이 상승할 것으로 예상할 수 있다. 그 결과 이들은 외환매매에 따르는 이익을 극대화하기 위하여 원화를 매각하고 달러화를 매입하는 추종거래를 할 가능성이 크다.

따라서 중앙은행이 시장거래자들의 거래 속성이나 행태 등에 관한 정보를 활용하여 이들의 거래 변화를 유도할 수 있는 적절한 시점에서 외환시장개입을 하면 적은 규모의 시장개입으로도 개입효과를 증대시킬 수 있는데 이를 위해서는 당국의 정책신뢰성이 중요한 요건이라 할 수 있다.

한편 외환시장개입은 환율 및 외환시장 안정효과의 달성을 위해 현물환시장 또는 외환파생상품 시장에 대해 각각 이루어 질 수 있는데 대부분 국가에서 외환시장개입은 현물환시장$^{spot\ market}$을 대상으로 이루어진다. 이는 시장개입이 주로 현물환율$^{nominal\ exchange\ rate}$의 안정을 목적으로 하는 데다 현물환시장이 선물환시장 등 여타 외환시장에 비해 유동성이 상대적으로 풍부하고 거래상대방을 용이하게 찾을 수 있기 때문이다. 또한 현물환시장은 거래상대방이 신용위험$^{credit\ risk}$에 노출될 가능성이 적은 점도 그 이유라 할 수 있다.

---

103 기술적 거래자란 거시경제지표의 움직임 즉 펀더멘탈을 중시하는 시장참가자^{fundamentalists}와 대별되는 개념으로 통상 단기 투기적^{speculative}인 거래성향이 강하다.

일부 신흥국 외환당국은 선물환이나 옵션 등 외환파생상품시장에 개입하기도 한다. 선물환시장에 개입하는 경우에는 현물환거래처럼 2영업일 이내에 대금 결제가 이루어지지 않아도 되므로 개입재원이 부족한 경우처럼 특수한 상황에서 이용될 수 있다. 또한 개입재원 부족시 외환스왑거래를 통해 개입재원을 조달한 후 시장개입을 하기도 한다. 외환당국이 옵션시장을 통해 개입하는 경우에는 거래상대은행의 델타헤징을 통해 시차를 두고 환율변동성이 축소되는 효과가 있는 것으로 분석된다.[104] 과거 1990년대 콜롬비아, 멕시코 등이 옵션시장에 개입한 바 있으며 최근에도 브라질, 인도, 멕시코, 터키 등이 파생상품시장을 외환시장개입에 활용한 바 있다.[105]

　　그러나 외환파생상품시장에 대한 개입은 현물환율에 간접적인 전달경로를 통해 영향을 미치므로 개입효과가 현물환시장에 개입하는 경우보다 불확실하다. 또한 외환스왑을 이용하는 경우에는 외환당국의 외환포지션이 노출될 우려가 있고 개입효과를 유지하기 위해서는 일정기간 후 스왑거래에 대한 만기연장roll-over을 해야 하는 부담이 따른다.

　　이런 점에서 IMF에서는 외환파생상품시장에 대한 개입은 중앙은행(또는 외환당국)이 파생상품거래에 따른 포지션노출 위험을 인식하고 이에 대한 적절한 모니터링 체계를 갖추거나 적절한 통제 및 관리 시스템을 운영하는 경우, 그리고 한 방향으로의 지속적인 개입protracted intervention이나 단기적인 포지션 노출을 회피할 수 있는 경우 등에 한해 매우 신중하게 이루어져야 한다는 입장이다.[106]

---

104 Breuer(1999) 참조

105 Domanski, Kohlscheen, and Moreno(2016) 참조

106 Ishii, S.(2006) 참조

외환시장개입은 정부와 중앙은행이 공동 수행

일반적으로 한 나라의 외환정책^{foreign exchange policy}은 그 나라의 정부가 담당한다. 그러나 외환정책의 중요한 부분이라 할 수 있는 환율정책은 통화정책과 동전의 앞뒷면과 같은 불가분의 관계에 있으므로 중앙은행의 업무와 분리하여 생각하기 어렵다. 특히 시장개입시 국내통화와 외환의 직접적인 매매가 일어나므로 통상 정부와 중앙은행이 긴밀한 협의하에 공동으로 수행하는 것이 보통이다. 이런 점에서 외환당국이라 함은 정부와 중앙은행을 통칭하는 개념으로 받아들여진다.

우리나라의 경우 포괄적인 외환정책의 수립 및 운용에 관한 권한은 『외국환거래법^{Foreign Exchange Transaction Law}』에 의거 기획재정부 장관에게 부여되어 있다. 따라서 환율정책에 대한 최종적인 권한과 책임 역시 정부에게 있다. 한국은행은 정부의 외환정책 중 외환건전성 규제 등 일부 업무를 위탁받아 수행한다. 특히 외환시장개입과 관련하여 한국은행은 정부의 환율정책에 대하여 협의하는 기능을 수행하며, 시장개입을 포함한 일상적인 외환시장 관리업무 등을 담당하고 있다.

참고 9-5 　　　외환시장개입 관련 우리나라의 법체계

현행 외국환거래법과 한은법에서는 외환시장개입과 관련한 정부의 지시권과 한은의 협의권을 명기하고 있어 정부와 한은의 긴밀한 정책 협조를 요구하고 있다.

외국환거래법
제5조(환율) 기획재정부장관은 원활하고 질서 있는 외국환거래를 위하여 필요하면 외국환거래에 관한 기준환율, 외국환의 매도율과 매입률 및 재정환율을 정할 수 있다.

외국환거래규정

제2-27조(한국은행의 외환시장개입 및 보유외환의 운용) 한국은행총재는 외환시장의 안정을 위하여 필요하다고 인정될 때에는 한국은행 및 외국환평형기금의 자금으로 외환시장에 개입할 수 있으며 기획재정부장관은 외환시장 개입, 외화자금의 조달 및 운용에 대하여 필요한 지시를 할 수 있다.

한국은행법

제83조(환율정책 등에 대한 협의) 한국은행은 정부의 환율정책, 외국환은행의 외화 여·수신업무 및 외국환 매입·매도 초과액의 한도설정에 관한 정책에 대하여 협의하는 기능을 수행한다.

외환당국이 필요시 언제라도 시장개입을 실행하기 위해서는 개입에 필요한 충분한 재원을 확보하고 있어야 한다. 만약 그렇지 못할 경우 개입능력에 대한 시장으로부터의 불신을 초래할 수 있고 나아가 시장개입 효과도 떨어지게 된다. 정부와 중앙은행이 시장개입 업무를 공동으로 수행함에 따라 개입재원도 분담하는 경우가 많은데 중앙은행은 발권력을, 정부는 환안정기금을 주로 활용한다.

개입재원의 확보를 매입개입시와 매도개입시로 나누어 살펴보자. 환율하락에 대응한 매입개입시에는 개입재원으로 자국통화가 필요한 데 중앙은행은 발권력을 가지고 있으므로 이를 확보하는 것은 큰 문제가 되지 않는다. 다만 개입에 따른 본원통화공급 확대로 통화정책 수행이 영향을 받는다. 반면 환율급등시에는 환율안정을 위해 달러매도개입을 해야 하므로 개입재원으로서 외환보유액을 충분히 확보하고 있어야 한다.

참고 9-6　　　　　　　　　　주요국의 환안정기금

	미국	일본	영국	캐나다
명칭	Exchange Stabilization Fund(ESF)	외국위체자금 특별회계(FEFSA)	Exchange Equalization Account (EEA)	Exchange Fund Account(EFA)
설치근거 (도입시기)	금준비법(1934)	외국환자금 특별회계법(1949)	재정법(1932)	환기금법(1935)
설치 목적	환율안정 및 외환 시장 질서유지	외환수급 불균형 시정 및 환율안정	환율안정	외화유동성 공급 및 환율안정
운영 체계	• 재무부가 관할 • 중앙은행이 대리인 자격으로 관리·운영	(좌동)	(좌동)	(좌동)
자금 조달	• 주요재원: 기금적립금 • 기타재원: 정부전입금, SDR배분 • 자국통화는 FRB 로부터 차입, 또는 스왑거래로 조달	• 주요재원: 채권발행 • 기타재원: 적립금, SDR배분, 자본금	• 주요재원: 기금적립금 • 기타재원: 정부전입금, SDR배분, 은행예치금 등	• 주요재원: 정부적립금 • 기타재원: 기금수익금
자금 운영	• 외화는 예치금 및 유가증권 형태로 보유 - 엔화 및 유로화 가 각각 절반 수준 • 자국통화는 전액 미재정증권으로 보유	• 외화는 예치금 및 유가증권 형태로 보유 • 자국통화는 전액 일본은행 내 정부계좌에 예치	• 외화는 예치금 및 유가증권 형태로 보유 - 유로화 비중이 가장 높음 • 자국통화 보유 비중이 미미	• 외화는 예치금 및 유가증권 형태로 보유 - 50%정도 미달 러화로 보유 • 자국통화 여유 자금발생시 다시 정부로 이전
손익 상황	• 차입비용이 없어 운영수익만 발생	• 엔화채권 발행 금리가 외화운영 금리 보다 낮아 내외금리차에 따른 수익발생	• 외화표시부채 및 스왑거래에 의한 정부전입금으로 대체로 수익이 발생하는 구조	• 비용이 저렴한 외환스왑으로 정부전입금을 조달하므로 구조적 수익 발생

자료: 이승호(2005)

우리나라를 비롯한 미국, 영국, 일본 등 일부 국가의 경우 환율안정을 위해 외환보유액과 별도로 정부가 환안정기금을 관리·운용하고 있다. 외환시장개입시 중앙은행의 발권력에 의한 통화공급 대신 환안정기금을 재원으로 활용하는 경우 중앙은행의 본원통화 증발을 수반하지 않으므로 개입에 따른 통화정책 수행상의 부담이 적어진다.

그러나 정부는 국채를 발행하여 외환시장 안정 목적의 기금을 조성해야 하므로 재정수지에 부담요인이 된다. 우리나라의 경우 정부는 외국환평형기금^{Foreign Exchange Stabilization Fund}을 운영하고 있는데 기금의 확충이 필요한 경우 국회의 승인을 얻어 외국환평형기금채권을 발행한다.[107]

외환시장개입자료의 공개는 투명성 제고 목적

대부분의 나라에서 외환시장개입자료는 통상 공개하지 않는 비밀개입이 그간 주류를 이루어왔다. 자료를 공개하는 일부 국가의 경우에도 개입시점과 자료공개 시점간에 시차를 두는 등 제한적으로 이루어져 왔다. 개입자료의 비공개는 주로 다음과 같은 이유에 기인한다.

첫째, 외환시장개입이 환율 수준이나 변동성에 미치는 효과를 극대화하기 위해서이다. 만약 개입이 시장참가자들이 예상치 못한 시점에 이루어지면 시장참가자들이 이를 외환당국의 환율정책 기조변화로 받아들여 개입과 동일한 방향으로 외환매매를 하게 되므로 개입효과를 극대화 할 수 있다. 그러나 개입자료가 공개될 경우 시장참가자들이 중앙은행의 개입형태를 분석하여 개입시점을 미리 예상할 수 있으므로 개입효과가 반감된다고 할 수 있다.

---

107 우리나라의 외평채는 원화표시 또는 외화표시로 발행되는데 이중 외화표시 외평채 발행액은 통계상 외환보유액에 포함된다.

둘째, 외환시장개입이 전체적인 거시경제정책 기조와 상충되는 경우가 발생할 수 있기 때문이다. 이 경우 시장개입 정보의 공개는 투명성 증대의 긍정적 효과보다 당국의 거시경제정책 운용 및 정책일관성에 대한 시장의 의구심을 증대시킬 수 있다.

셋째, 암묵적으로 목표환율을 설정하여 운용하는 일부 국가의 경우 목표환율 수준의 노출을 방지하기 위해 비밀리에 개입하는 경우도 있다. 즉 당국이 외환시장에 비밀리에 개입secret intervention함으로써 목표환율 수준을 시장참가자에게 알리지 않고 환율의 변동을 통해 정책 목표를 달성하고자 하기 때문이다.

그러나 최근으로 오면서 점차 외환시장개입자료를 공개하는 국가가 늘어나고 있다.[108] 이는 외환시장개입자료를 투명하게 공개함으로써 국가간 환율분쟁을 미연에 방지할 수 있고 정책당국의 신뢰도를 높이는 장점이 강조되고 있기 때문이다. 즉 인위적인 환율조작국이라는 다른 나라의 압력에 대해 외환시장개입자료의 공개는 해당국 환율운영이 자국의 수출경쟁력 강화를 위한 인위적인 방식이 아니라는 투명한 증거가 되므로 국가간 환율분쟁 가능성을 줄여준다.

개입자료의 공개방식에 있어서는 공개주기나 대상 등이 국별로 다소 상이하다. 일부 국가의 경우에는 일별로 공개하는 경우도 있으나 월별 또는 분기별로 공개하기도 한다. 개입대상에 있어서는 외환 매입액과 매도액의 차이인 순매입액만을 공개하기도 하나 경우에 따라서는 매입액과 매도액 각각을 공개하기도 한다. 주요국의 외환시장개입자료 공개 방식을 정리하면 아래 <참고 9-7>과 같다.

───────────────

108 우리나라의 경우에도 2019년부터 외환시장개입자료를 공개하고 있다.

국가	공개주기	공개시점	공개대상	공개방식
영국	월	외환보유고 발표시	매입액 및 매도액	영란은행 보도자료
ECB	일	당일	매입액 및 매도액	ECB 보도자료
일본	월	익월	매입액 및 매도액	중앙은행 홈페이지
호주	연간	RBA Annual report 발표시	매입액 및 매도액	중앙은행 홈페이지
캐나다	월	외환보유고 발표시	순매입 규모	중앙은행 홈페이지 및 보도자료
스위스	연간	Annual report 발표시	순매입 규모	중앙은행 Annual report
싱가포르	반기	3개월 이후	순매입 규모	중앙은행 홈페이지
인도	분기	RBI Bulletin 발표시	매입액 및 매도액	RBI Bulletin
한국	분기	3개월 이후	순매입 규모	중앙은행 홈페이지

자료: 각국 중앙은행 홈페이지

요 약

외환시장개입이란 외환당국이 주로 환율 및 외환시장 안정을 위해 은행간 외환시장에서 시장참가자의 하나로서 외환을 매매하는 것을 말한다. 외환시장개입은 통화정책 수행에 영향을 주므로 불태화를 통해 그 영향을 상쇄하는 경우가 대부분이다. 매입개입의 결과 외환보유액이 늘어나면 환율 및 외환시장 안정이나 위기대응력 강화에 긍정적인 효과를 가져오는 반면 외환보유액 유지에 따른 정책비용도 수반된다. 시장개입 효과는 당국의 정책 신뢰성이 높을수록 더 크게 나타나는데 개입시기 등 구체적인 의사결정은 정부와 중앙은행이 재량적 판단을 토대로 공동으로 수행한다.

참고문헌

Borio, C., Galati, G., Heath, A., 2008, "FX Reserve Management : trends and challenges", *BIS Papers* No. 40.

Breuer, P., 1999, "Central Bank Participation in Currency Options Markets", *IMF Working Paper* No. 99/140.

Domanski, D., Kohlscheen, E., and Moreno, R., 2016, "Foreign Exchange Market Intervention in EMEs: What Has Changed?", *BIS Quarterly Review*.

Dominguez, K.M., 1993, *Does Foreign Exchange Intervention Work?*, Institute for International Economics, Washington D.C.

———, 1998, "Central Bank Intervention and Exchange Rate Volatility", *Journal of International Money and Finance*, Vol. 17.

———, 2003, "The Market Microstructure of Central Bank Intervention", *Journal of International Economics*, Vol. 59, pp. 25-45.

———, 2006, "When Do Central Bank Interventions Influence Intra-Daily and Longer-Term Exchange Rate Movements?", *Journal Of International Money and Finance*, Vol. 25, pp. 1051-71.

———, and Jeffrey Frankel, 1990, "Does Foreign Exchange Intervention Matter? Disentangling the Portfolio and Expectation Effect of the Mark", *NBER Working Paper* No. 3299.

Edison, Hali J., 1990, "Foreign Currency Operations: An Annotated Bibliography", Board of Governors of Federal REserve System, *International Finance Discussion Paper Series* No. 380.

Edison, Hali J., Cashin, P., and Liang, H., 2003, "Foreign Exchange Intervention and the Australian Dollar: Has it Mattered?", *IMF Working Paper* No. 03/99.

Galati, G., 2000, "Trading Volumes, Volatility and Spread in Foreign Exchange Markets: Evidence from Emerging Market Countries," *BIS Working Papers*, No.93.

IMF, 2001, *Issues in Reserves Adequacy and Management*. mimeo.

———, 2011, *Assessing Reserve Adequacy*, mimeo.

Ishii, S., Canales-Kriljenko, J.I., Karacadag, C., 2006, "Official Foreign Exchange Intervention", *IMF Occasional Paper* No. 249.

Klein, M. and E. S. Rosengren, 1991, "Foreign Exchange Intervention as a Signal of Monetary Policy", *New England Economic Review*.

Lee, S.H., 1996, "The Effects of Central Bank Intervention in Korea: by Exchange Rate System and Monetary Credibility", Ph.D. Dissertation, American University, Washington D.C.

McCauley, R.N., 2007, "Assessing the Benefits and Costs of Official Foreign Exchange Reserves", in Bakker, A., Herpt, I., (ed), Central Bank Reserve Management: New Trends, from Liquidity to Return, (Cheltenham: Edward Elgar, 2007), pp 19-36.

Neely, C.J., 2007, "Central Bank Authorities' Beliefs about Foreign Exchange Intervention", *Journal of International Money and Finance*.

Newman, V., Potter, C., Wright, M., 2011, "Foreign Exchange Market Intervention", *Quarterly Bulletin*, Reserve Bank of Austrailia.

Sarno, L., Taylor, M.P., 2001, "Official Intervention in the Foreign Exchange Market: Is It Effective and, If So, How Does It Work?", *Journal of Economic Literature*, Vol. 39, No. 3, pp. 839-68.

Wijnholds, O., Arend, K., 2001, "Reserve Adequacy in Emerging Market Economies", *IMF Working Paper* No. 01/143.

이승호, 2005, "주요국의 환율정책 수행 및 개입비용 분담체계", 『외환국제금융 리뷰』, 제5호, 한국은행.

이승호, "우리나라의 외환보유액 현황 및 향후 과제", 『한중정책연구시리즈』, 11-01, 자본시장연구원, 2011. 8.

이승호 · 정재식, 2006, "서울외환시장에서의 거래량 · 환율변동성 · 매입매도스프레드 간의 정보흐름 분석", 『금융연구』, 20권 2호, 한국금융연구원.

이승호 · 최창규 · 이영섭, 1998, "외환시장개입의 환율안정효과", 『국제경제연구』 제4권 제2호, 한국국제경제학회.

한국은행 보도자료, 월별 외환보유액 동향, 각호.

제4부 외환위기와 정책대응

제10장
외환·금융위기와 환율

Foreign investors in emerging market economies have been blamed for touching off recent financial crises by rushing en masse to sell their investments. .... market participants disregarded fundamental economic conditions in emerging economies and instead acted as a herd.

- Eduardo Borensztein and R. Gaston Gelos, 2001

개 요

외환·금융위기시에는 평상시와 달리 환율이 비정상적으로 급등하고 변동성도 크게 확대된다. 이는 특정 국가의 기초경제여건 악화 못지않게 국제금융시장의 불확실성 증대로 위험회피성향이 커지고 시장참가자의 군집행동 등 비합리적 거래행태가 확산되기 때문이다. 이 장에서는 외환·금융위기의 발생원인 및 특징을 이론적으로 고찰해 본 후, 주요 위기경험국의 사례를 살펴보았다. 아울러 위기시 환율 움직임과 관련이 큰 주요 시장지표들의 움직임을 함께 설명하였다.

외환·금융위기시 환율은 비정상적으로 급등

외환위기^{currency crisis}란 일반적으로 자본의 급격한 유출이나 특정 통화에 대한 투기적 공격^{speculative attack} 등으로 해당 통화의 가치가 큰 폭으로 하락하고 외환보유액이 고갈되는 현상[109]을 말한다. 외환위기가 발생하면 환투기 공격이나 유입외자의 대규모 유출로 금융기관의 외화유동성 상황이 크게 악화되므로 금융위기^{financial crisis} 또는 은행위기^{banking crisis}가 동시에 발생하는 경우가 많다. 해당국 외환시장에서 외환에 대한 초과수요가 최고조에 달하여 자국통화의 가치가 폭락하고 외환당국

---

[109] Frankel and Rose(1996)는 외환위기를 통화가치의 하락 정도에 초점을 두고 해당국 통화의 가치가 25%이상 하락하면서 동시에 전년도의 가치 하락률 보다 10% 포인트 이상인 경우로 정의하였다. Goldstein(1998)이나 Kaminsky and Reinhart(1996)는 자국통화의 가치가 하락하는 정도는 물론 자국의 외환당국이 보유하고 있는 공적 외환보유액의 감소 정도도 함께 고려하여야 한다고 주장하였다.

이 보유하고 있는 외환보유액을 시장에 공급하면서 외환보유액이 소진되거나 급격히 감소한다. 2008년 글로벌 금융위기와 같은 범세계적 차원의 금융위기시에도 국제금융시장의 불확실성이 증대되면서 신흥시장국 통화가치가 급락하고 환율변동성이 크게 확대되기도 하였다.

한 나라의 기초경제여건economic fundamentals 악화나 환투기 공격 또는 이웃나라 위기의 전염contagion 등으로 외환위기나 금융위기가 발생하는 경우 환율은 비정상적으로 급등한다. 환율이 기초경제여건의 취약성 이상으로 크게 상승하는 것은 외환시장 참가자들의 불안심리가 확산되고 위험회피심리risk aversion가 커지면서 해당국 통화에 대한 위험프리미엄risk premium이 증가하기 때문이다. 위험프리미엄이란 위험회피형risk averse 투자자들이 위험자산에 투자할 때 요구하는 위험에 대한 대가를 말한다. 외환 및 금융위기시에는 평상시보다 투자에 따른 채무불이행default 및 유동성liquidity 위험이 증가하므로 환율상승 등을 통해 위험에 대한 대가를 요구[110]하게 되므로 환율이 급등하는 요인으로 작용한다.

한편 국제금융시장에서 위험프리미엄이 상승하는 경우 안전자산에 대한 선호현상flight to safety은 위험자산의 경우와 반대로 강화된다. 통상 안전자산으로 인식되는 미국 국채나 금gold 등에 대한 투자가 늘어나는 반면 상대적으로 위험자산으로 볼 수 있는 신흥시장국 통화표시 자산에 대한 수요는 감소한다. 그 결과 신흥시장국에 투자하였던 외국인이 해당국 주식 및 채권을 매도하거나 금융기관을 통해 공급되었던 해외자금이 일시에 대규모로 유출되고 신규 자금의 유입은 중단sudden stop되면서 신흥국의 주가하락 및 환율상승 등이 나타난다.

---

110 위험프리미엄을 감안한 금리평가식은 「i = i* + (f-s)/s + rp」으로 표시할 수 있다. 여기서 rp는 위험프리미엄을 나타낸다. 즉 금리평가가 성립하기 위해서는 기대수익률이 위험프리미엄만큼 더 상승하여야 한다.

뿐만 아니라 위험회피성향이 크게 높아진 상황에서는 자금의 유출이 일시에 대규모로 이루어지는 경우가 많다. 또한 시장의 불확실성이 증가하므로 수요와 공급이 균형을 이루는 정상적인 가격형성이 이루어지기보다는 시장참가자들의 환율에 대한 일방적 기대^{one-sided expectation}나 군집행동^{herd behavior111} 등으로 환율변동성이 크게 확대된다.

군집행동이란 시장의 일부 주도적 거래자가 환율결정을 선도해 나가는 경우 다른 참가자들이 주도적 거래자가 자기는 모르는 사적정보^{private information}를 바탕으로 거래를 한다고 믿고 이와 동일한 방향으로 거래에 가세하는 것을 말한다. 이 경우 시장참가자가 가지고 있던 환율기대와는 달리 외환매매 의사결정이 비합리적^{irrational}으로 이루어지면서 환율이 단기 급등하거나 급락하는 경우가 발생한다. 특히 외환시장의 참가자가 많지 않고 외환시장의 거래 규모 및 형태가 단순한 경우에는 외부충격에 대해 외환시장참가자들의 환율기대와 거래가 한 방향으로 집중되는 쏠림현상이 나타나기도 한다. 이러한 과정을 그림으로 정리하면 <그림 10-1>과 같다.

그림 10-1   외환·금융 위기시 환율상승 경로

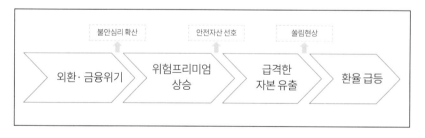

---

111 이와 유사하게 밴드웨건^{bandwagon} 효과는 환율결정이 정상적인 외환의 수요와 공급에 의해 이루어지기 보다는 일부 거래자들의 외환매매 행태와 그 결과로서 나타나는 환율을 합리적인 것으로 믿음으로써 대다수 시장참가자들의 거래가 동일한 방향으로 나타나는 경우를 일컫는다.

외환위기의 발생 원인은 국별 및 시기별로 다양

과거 경험을 보면 외환위기는 1980년대 남미국가들의 외채위기에서와 같이 기초경제여건의 악화에 일차적인 발생원인이 있는 경우도 있으나 1990년대 유럽 일부 국가의 환투기공격, 아시아 외환위기의 전염 사례 등 기초경제여건의 취약성과 뚜렷한 관계를 발견하기 어려운 경우도 있다. 또한 외환위기는 특정 국가나 지역에 국한된다는 점에서 뒤에서 설명한 글로벌 금융위기와 구별된다고 할 수 있다. 외환위기에 관한 기존의 연구와 사례들을 소개하면 다음과 같다.

◆ 제1세대 모형

외환위기의 제1세대 모형은 그 발생 원인을 주로 기초경제여건의 악화에서 찾으려는 전통적 이론이다.[112] 한 나라의 거시경제정책과 고정환율 수준이 서로 상응하지 않는 상황에서 투기적 공격이나 급격한 자본유출로 외환위기가 발생하였던 남미 국가들의 사례가 이를 잘 설명한다. 특히 앞에서 설명한 바와 같이 통화가치의 고평가로 경상수지 악화, 외채증가 등이 발생하거나 물가급등 또는 방만한 재정지출에 따른 재정건전성 악화 시에는 기초경제여건이 취약해지면서 외환위기로 이어진 경우가 많이 발생하였다.

멕시코, 브라질, 아르헨티나 등 중남미 국가들은 1970년대 해외자본 유입에 의한 성장위주 정책으로 높은 경제성장률을 달성하였다. 그러나 이 과정에 지나친 해외자본의 유입으로 외채가 크게 증가하였으며 1980

---

112 제1세대 이론은 대체로 환율결정의 통화론적 모형에 입각하여 외환위기 원인을 설명하고 있다. 환율에 영향을 미치는 기초경제변수들로는 통화량, 실질국민소득, 물가, 경상수지 및 재정수지 등을 중시한다.

년대 초반 들어 국제금리 급등, 국제원자재가격 하락 등이 발생하자 외채상환부담이 가중되었다. 이에 대해 상당수 남미국가의 정부가 국제수지 방어를 위해 자국 통화의 평가절하^devaluation 움직임을 보이자 자국민들에 의한 자본도피^capital flight 현상까지 가세하면서 외채위기를 경험한 바 있다.[113]

한편 만성적인 경상수지 적자에도 불구하고 이들 국가의 환율은 대미 달러에 대해 대체로 경직적으로 운영되거나 고정되어 있어 수출경쟁력이 약화되고 경상수지 적자폭도 더욱 확대되는 악순환이 반복되었다. 또한 정부의 팽창적인 재정 및 통화정책으로 물가가 매우 높은 수준을 지속함에 따라 실질환율이 하락하고 경상수지 악화가 심화되었다.

이러한 기초경제여건의 악화에 대해 외환시장참가자들은 해당 국가가 당시의 고정환율 수준을 더 이상 유지하지 못하고 조만간 자국통화를 평가절하할 것이라고 예상하였다. 그 결과 국내외 투자자들이 환차익 획득을 위해 자국 통화를 매각하고 외환을 대규모로 매입하는 투기적 거래 행태를 보이자 환율이 급등하고 외환위기를 맞게 되었다.

1990년대 들어서도 멕시코에서 확장적인 재정 및 통화정책이 추진되면서 경상수지가 악화되고 단기외채 및 은행부실채권 증가와 같은 부작용이 다시 발생하였다. 그 결과 멕시코는 아시아 외환위기가 일어나기 이전인 1994년 외환위기를 맞게 되었다. 브라질의 경우에도 경상수지 및 재정수지 등 기초경제여건이 크게 악화된 가운데 아시아 외환위기와 1998년 러시아의 모라토리엄^moratorium 선언 등의 영향으로 해외자본이 급격히 유출되면서 외환위기를 경험하였다.

---

113 당시 남미국가에서 자국민에 의한 자본유출이 일어난 것은 자국경제내 미달러화가 광범위하게 유통되는 경제구조^dollarized economy에도 근본 원인이 있었다.

     1990년대 초반부터 이어진 물가폭등에 대응하여 브라질 정부는 1994년 7월 화폐개혁을 단행하였다. 이후 인플레이션이 진정되고 금융부문의 구조조정 노력 등으로 거시경제가 어느 정도 안정화되었다.

     그러나 1990년대 중반 이후 인플레이션세 폐지, 정부지출 확대 등으로 재정수지가 적자로 반전되고 경상수지 적자 규모도 GDP의 4% 이상 확대되는 등 기초경제여건이 악화되었다.

     이런 상황에서 1998년경 국제원자재가격이 폭락하고 러시아의 모라토리엄 선언(1998.8.17일)을 계기로 해외자본이 브라질로부터 급격히 유출되었다. 이에 대응하여 브라질 정부는 정책금리를 인상하고 재정건전화 개혁안을 발표(1998.9월)하는 등 다각도로 노력하였다. 그럼에도 외자유출이 지속되면서 외환보유액이 1998.7월말 702억달러에서 같은해 10월말에는 401억달러로 급감하였다. 이에 따라 브라질은 IMF로부터 181억달러의 대기성차관stand-by credit을 지원(1998.12월) 받았다.

1990년대 브라질의 주요 경제지표 추이

	1990	1994	1995	1996	1997	1998	1999
GDP 성장률(%)	-4.2	5.8	4.2	2.1	3.4	0.1	0.3
물가 상승률(%)[1]	2,947.7	2,075.9	66.0	15.8	6.9	3.2	4.9
재정수지[2]	0.0	0.4	-0.6	-1.1	-0.6	-0.9	-1.6
경상수지[2]	-0.7	-0.3	-2.4	-2.8	-3.5	-4.0	-4.4
외환보유액[3]	10.0	38.8	51.8	60.1	52.2	44.6	36.3
헤알화 환율[4]	0.0001	0.8460	0.9730	1.0394	1.1164	1.2087	1.7882

주 : 1) 소비자물가지수 기준 2) 대GDP 비율(%) 3) 십억달러 4) 연말기준
자료: IMF 및 Datastream

◆ 제2세대 모형

1992~1993년 발생한 일부 유럽국가의 외환위기는 제1세대 이론만으로 설명하기 어려운 현상으로 평가된다. 이는 당시 이들 국가의 경제상황이 비교적 양호하였음에도 불구하고 환투기공격의 발생으로 외환위기를 겪었기 때문이다. 따라서 이를 가리켜 제2세대 모형 또는 투기적 공격speculative attack 모형이라고 한다.

이 이론에서는 외환위기의 발생이 기초경제여건의 악화보다는 미래 환율 움직임에 대한 시장참가자의 예상에 더 크게 기인한다고 본다. 기초경제여건이 취약한 경우라도 시장참가자가 미래 환율의 안정을 예상한다면 실제 환율도 안정되나, 반대로 기초경제여건이 양호한 경우라도 시장참가자가 미래 환율의 급등을 예상한다면 실제 환율도 급등할 수 있다고 본다.[114]

제2세대 모형에 따르면 외환위기는 기초경제여건의 건실함 여부와 상관없이 시장참가자의 미래 환율움직임에 대한 자기실현적self-fulfilling 기대 또는 군집행위 등에 의해 발생한다. 따라서 거시경제지표 등을 통해 기초경제여건의 안정성 여부를 분석하여 외환위기의 발생 가능성이나 시기를 예측하는 것은 큰 의미가 없다고 할 수 있다.

그 예로 1990년대 초반 비교적 양호한 기초경제여건에도 불구하고 환투기세력으로부터 공격에 직면한 이탈리아 리라화, 영국 파운드화, 프랑스 프랑화는 급격한 통화가치 하락이 초래되었다. 환투기세력은 물론 금융기관들도 이들 국가의 환율이 고평가된 것으로 인식하면서 이들 통화를 투매함으로써 각국 중앙은행의 환율방어가 불가능해졌다. 그 결과 이탈리아와 영국이 유럽통화제도EMS를 탈퇴하고 유럽환율제도ERM: European Exchange Rate Mechanism의 환율변동폭도 크게 확대되는 계기가 되었다.

---

114 이를 가리켜 복수균형multiple equilibria이 가능하다고 말한다.

1992~1993년경 유럽통화제도[EMS] 체제하에 있던 이탈리아 리라화, 영국 파운드화 등이 환투기공격을 받으면서 통화제도의 안정성이 크게 위협을 받았다.

▶ 이탈리아 리라화(1992년)

이탈리아 리라화에 대한 환투기공격이 일어난 가장 큰 이유는 당시 이탈리아와 독일의 인플레이션 차이에 있었다. 이탈리아의 물가상승률이 독일에 비해 매년 높은 상황이 지속되었음에도 불구하고 역내 국가간에 고정환율제의 형태(환율변동 허용폭 ±2.25%)를 유지함에 따라 리라화의 실질환율이 고평가되고 수출의 가격경쟁력이 지속적으로 약화되었다. 이에 따라 환투기세력들이 조만간 리라화의 평가절하가 일어날 것으로 예상하면서 투기적 공격이 발생하였다.

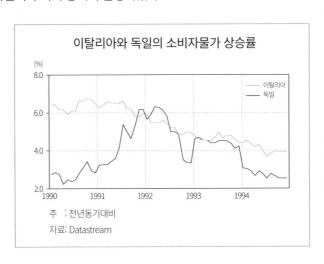

이탈리아와 독일의 소비자물가 상승률

주 : 전년동기대비
자료: Datastream

▶ 영국 파운드화(1993년)

영국 파운드화에 대한 환투기공격의 주요인은 이탈리아의 경우처럼 독일과의 물가상승률 차이가 아니라 영국과 독일간의 금리차에 있었다. 당시 독일은 인플레이션 압력에 대응하기 위해 긴축적인 통화정책 및 고금리 정책을 시행하였던 반면 영국은 경기침체에 대응하기 위해 팽창적인 통화정책을 시행하였다. 이에 따라 양국간의 금리차가 1990년대 초반에 비해 점차 축소되었다.

이에 따라 시장에서는 국제자본이 독일로 이동하고 파운드화가 약세를 보일 것이라는 전망이 우세한 가운데 양국간 경제상황 차이로 조만간 영국이 유럽통화체제(EMS)를 탈퇴할 것으로 예상하였다. 1992년 9월 들어서는 환투기세력에 의해 영국 파운드화에 대한 투기적 공격이 시작되자 파운드화의 절하가 가속화되었다.

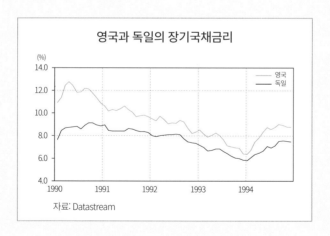

◆ 위기의 전염

한 나라의 외환위기가 기초경제여건의 건실함 여부와 관계없이 이웃 나라로 파급되는 경우도 흔히 발생하는 데 이를 위기의 전염효과contagion effect 또는 감염효과라고 한다.[115] 지역적으로 인근한 국가간 위기의 전염은 주로 다음과 같은 원인에 의해 일어난다.

첫째, 금융의 연관성financial interdependence이다. 한 나라가 위기 발생국에 대해 직접적으로 큰 규모의 금융자산을 보유하고 있는 경우 위기발생국의 채무불이행으로 인해 손실을 볼 수 있으므로 인접국에 대한 불안심리가 커진다. 또한 글로벌 금융거래의 연관성이 큰 상황에서 국제금융시장의 위험회피성향 증대가 유동성 경색을 초래하고 주변국 환율이 상승하면서 위기 가능성이 높아진다.

둘째, 실물경제의 연관성이다. 위기 발생국의 환율급등이 수출경쟁 관계에 있는 주변국의 수출가격경쟁력 저하를 가져올 것으로 예상하여 인접국 환율이 상승하는 파급효과spillover effect를 들 수 있다. 예를 들어 1997년 아시아 외환위기시 태국 바트화에 대한 투기적 공격으로 태국과 수출경쟁 관계에 있는 동남아시아 주변국의 환율이 경쟁적으로 절하되면서 외환위기가 발생한 경우를 들 수 있다.

셋째, 한 나라의 기초경제여건이 비교적 건실하다고 하더라도 외환위기를 경험한 나라와 경제 구조 및 제도, 정책 운용이 유사한 경우에는 환투기세력의 투기적 공격을 받는 경우가 많다. 이는 동일한 지역국가들은 여타 지역과 비교하여 대체로 경제구조나 제도가 유사한 경우가 많기 때문이다.

---

115 해외금리나 주요국 환율의 변화가 주변국에 영향을 미쳐 광범위한 지역 국가들의 외환위기를 가져오는 경우를 가리켜 몬순효과monsoon effect라 하기도 한다.

1997년 하반기 들어 아시아 외환위기 여파가 이웃나라로 전염되면서 환투기세력들은 홍콩에 대해서도 환투기공격을 감행하였다. 홍콩은 자국 환율을 미달러화에 대해 HK$ 7.8로 엄격히 고정시키는 통화위원회제도 currency board system를 채택하고 있어 외자유입(유출)시 시장금리가 자동적으로 하락(상승)하는 점을 투기적 공격전략으로 사용하였다.

▶ 1차 환투기 공격(1997년 10월)

헤지펀드 등 환투기세력들은 1997년 10월 홍콩 외환시장에서 홍콩 달러에 대한 선물환매도 및 현물환 공매도를, 주식시장에서는 주식공매도 와 주가지수선물매도 포지션을 취하여 외환시장과 주식시장에 대한 동시 적 공격형태를 취하였다. 즉 "홍콩달러 매도 → 외자유출 → 금리급등 → 주가하락"을 겨냥하여 300억HK$ 규모의 투기적 공격을 감행하였다. 헤 지펀드의 주가지수선물시장 공격은 홍콩의 외환보유액 수준과 중국정부 의 지원 가능성 등으로 환투기가 실패할 경우에 주식시장에서 차익을 남 기려는 전략이라 할 수 있다.

환투기 공격에 대응하여 홍콩통화당국HKMA은 통화위원회제도를 고수 하여 환율방어에는 일단 성공하였으나 국내금리가 급등하고 주가가 급락 (1997.10.28일 전일비 14% 하락: Black Tuesday)하는 등 경제전반에 큰 후유증을 안게 되었다. 반면 헤지펀드들은 환차익을 얻는 데는 실패하였 으나 주가지수 선물시장에서는 큰 이익을 실현하였다.

▶ 2차 환투기 공격(1998년 8월)

1998년 8월 들어 헤지펀드들은 중국의 위안화 평가절하 분위기에 따 라 홍콩당국의 페그환율제 포기 전망이 팽배하자 재차 동일한 형태의 투 기적 공격(8.5~8.27일중 735억HK$ 추정)을 감행하였다.

이에 대해 홍콩 통화당국은 1차 공격시의 경험을 교훈삼아 외환시장 개입 외에도 전례 없이 주식 및 주가지수 선물을 직접 대량 매입하는 등 단호하게 대처함으로써 헤지펀드에게 큰 손실을 입혔다. 즉 홍콩 통화당국은 8월 14일부터 약 2주 동안 주식시장 방어를 위해 1,200억HK\$(약 150억미달러)를 증시에 투입한 결과 주식가격의 폭락을 막고 환율 방어에도 성공할 수 있었다.

투기세력들의 공격으로 항생지수가 8.13일 저점(항생지수: 6,660)을 기록한 후 정부의 적극적인 개입으로 다시 상승세로 반전되어 1998.8.3~8.28 기간중 3.7% 상승을 나타내었다.

2차공격시 금리 및 항생지수 추이

(단위: 억HK\$, %)

일자	8.5~13	8.14	18	19	20	21	24	25	28	합계
환투기규모[1]	580	20	15			120				735
주식선물시장 개입규모[1]	-				500				700	1,200
금리[2]	7.25[4]	8.00	8.75	9.00	8.88	9.13	10.00	13.25	11.50	-
항생지수변동률[3]	-1.4[4]	8.5	-0.2	5.7	1.6	-2.8	4.2	0.6	-1.2	-

주 : 1) 추정치 2) 은행간 대출금리(Hibor Overnight) 2) 전일대비(%) 3) 기간평균
자료: Bloomberg 및 중앙일보 1998.8.27일자

그러나 시장개입 이후 홍콩은 자유시장경제를 표방하는 국제금융중심지로서의 명성에 손상을 입었을 뿐만 아니라 일시적으로 외환보유고의 소진, 유동성부족에 따른 금리급등, 증권 및 부동산 가격 하락 등 후유증을 겪었다.

◆ 붐-버스트 사이클 모형

선진국 자본이 신흥국에 유입되면 이들 국가의 경제적 붐^{boom}을 가져오는데 도움이 되나 자산가격에 거품^{bubble}이 형성되기도 한다. 또한 국제금융시장 불안이 발생하거나 신흥국의 경제 상황이 악화될 것으로 예상되면 자본이 일시에 대규모로 유출되면서 거품이 붕괴^{bust}되고 외환위기가 발생한다는 이론이다.

한 나라로 외자유입이 지속되면 금융기관의 과다차입 및 과잉대출[116]로 그 나라의 통화량 증가와 주식, 부동산 등 자산가격의 거품을 가져와 경제가 과열 양상을 보인다. 또한 외자유입으로 통화가치가 상승하면서 경상수지 적자 및 외채 증가를 가져온다. 경상수지 적자에도 불구하고 자본유입이 지속되면 자국통화의 고평가가 신속히 조정되지 못하고 외부충격시 대규모 자본유출이 발생하면서 외환위기가 초래되는 것으로 본다. 이런 점에서 붐-버스트 사이클 모형 또는 자본유출모형이라고 한다.

환투기공격에 의한 외환위기는 주로 주식이나 채권 등 증권투자자금에 초점이 있는 반면 붐-버스트 사이클 모형은 국내 금융기관의 해외차입금 등 각종 신용공여를 포괄하므로 외환위기가 금융기관의 외화유동성 부족에서 발생하는 금융위기와 관련이 깊다고 할 수 있다.

1997년말 우리나라의 외환위기도 주식이나 채권투자자금의 유출보다는 해외 금융기관으로부터의 차입금에 대한 대출만기연장$^{roll-over}$ 애로가 직접적인 원인이었던 점에서 자본유출모형과 관련이 깊다고 할 수 있다. 또한 글로벌 금융위기 이후 선진국의 통화정책 변화와 국제자본이동의 변동성 확대는 붐-버스트 사이클에 의한 신흥국 위기발생 가능성을 더욱 크게 하는 요인이라 할 수 있다.

---

116 금융기관의 과다차입과 기업에 대한 무분별한 대출, 기업의 과잉투자, 정부의 암묵적 지급보증 등 경제주체들의 포괄적인 도덕적 해이$^{moral\ hazard}$가 외환위기의 주요인으로 보는 견해도 있다.

사례 10-4   아이슬란드의 외환위기

아이슬란드^{Iceland}는 2000년대 초반부터 중반까지 안정적인 물가 기조 하에서 경제성장률이 연평균 4%를 넘어서는 등 경제가 호황기의 모습을 보였다. 그 결과 저리의 유로화 및 엔화 캐리트레이드 자금유입이 크게 늘어나면서 경제적 붐^{boom}을 이루었다.

그러나 한편으로는 금융기관의 과도한 해외차입으로 자산 및 부채 규모가 경제규모 대비 과도히 팽창하였으며 총외채 규모도 2007년말 GDP의 5.5배에 달하였다. 또한 통화가치 상승과 경상수지 적자의 확대가 지속되면서 경제의 구조적인 취약성이 노정되었다.

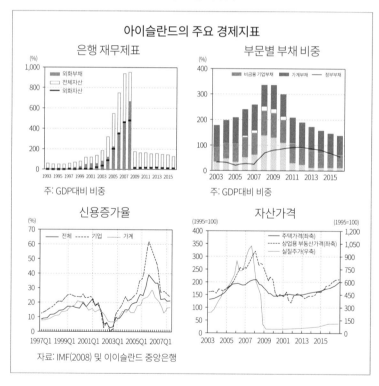

이러한 상황에서 2008년 글로벌 금융위기가 발생하자 금융기관의 과도한 외채상환 부담으로 3대 대형은행이 파산하면서 아이슬란드 경제에 대한 해외투자자의 신뢰가 급속히 추락하였다. 그 결과 단기간 동안 주가가 80% 폭락하고 크로네^{Krone} 환율도 급등하는 등 금융시장의 변동성이 크게 확대되었다. 더욱이 외국자본의 유출이 지속되면서 외환보유액의 고갈로 외환위기에 직면하였다. 결국 2008년 11월 IMF에 14억 SDR 상당의 구제금융을 신청하여 승인받으면서 글로벌 금융위기 이후 유럽국가중 처음으로 외환위기를 맞게 되었다.

아이슬란드의 외환위기는 경제적 붐과 금융기관을 통한 과도한 외자유입이 일시에 외자의 대규모 유출과 외환위기로 발전한 붐-버스트 사이클의 전형적인 예라고 할 수 있다.

2008년 금융위기는 범세계적 외화유동성위기

2008년 9월에 발생한 리먼브라더스^{Lehman Brothers}사의 파산으로 확산된 글로벌 금융위기는 범세계적 차원의 외화유동성 부족을 초래하여 신흥시장국 환율이 크게 상승하는 결과를 가져왔다. 선진국에서 시작된 금융위기가 신흥국의 환율상승을 초래하는 과정은 다음과 같다. 우선 선진국 금융기관들이 유동성 부족에 직면하면서 연쇄적 파산을 막기 위해 해외에 보유하고 있는 자산과 부채 규모를 줄이는 디레버리징^{deleveraging}이 발생하였다. <그림 10-2>는 글로벌 금융위기 직후 전 세계 은행들의 디레버리징에 의한 대외자산규모의 축소를 보여준다.

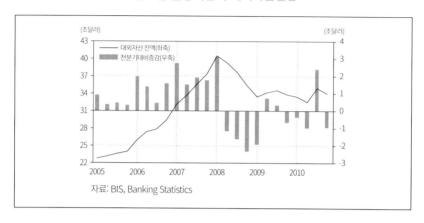

그림 10-2   글로벌 금융기관의 대외자산변동

자료: BIS, Banking Statistics

이러한 선진국 금융기관의 디레버리징으로 신흥시장국에 대한 해외
금융기관의 대출금이 급속히 회수되었다. 또한 글로벌 유동성 감소로 신
흥국들이 국제금융시장에서 신규로 외화자금을 조달하기가 힘들어지고
차입가산금리 등 자금조달비용도 크게 상승하였다.

뿐만 아니라 국제투자자들은 선진국 투자은행들의 파산 영향 등으로
위험회피성향risk aversion이 크게 증가하면서 적극적인 투자수익률 추구보
다는 투자위험에 대해 신중한 행태를 보였다. 그 결과 국제투자자들은 상
대적으로 안전자산safe asset이라 할 수 있는 미국 국채 등에 대한 투자를 증
가시킨 반면 신흥국에 투자하고 있던 주식이나 채권을 대규모로 매도함
으로써 신흥국의 증권투자자금 유출 규모가 더욱 커지게 되었다.

아래 <그림 10-3>은 글로벌 금융위기 직후 선진국의 은행대출금 회수
및 증권투자자금 유출을 중심으로 신흥국의 순자본유입이 크게 축소되었
음을 나타낸다.

그림 10-3 　　　　　　　　　신흥국에 대한 국제자본흐름

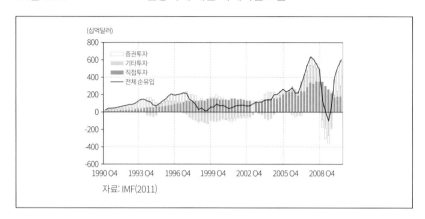

자료: IMF(2011)

　　요약하자면 글로벌 금융위기 발생 직후 선진국 은행들의 디레버리징
과 국제투자자들의 증권투자자금 유출로 신흥국으로부터 국제자본이 급
격히 유출되었다. 또한 국제금융시장의 유동성 경색이 상당기간 지속되
면서 신흥시장국의 신규 자금유입이 어려움을 겪는 가운데 이들 국가의
위험프리미엄이 크게 상승하자 국제금융시장의 불확실성에 대비하기 위
한 외환수요는 더욱 증가하였다. 결국 선진국 금융기관의 파산으로부터
촉발된 글로벌 유동성 부족 현상이 선진국 및 신흥국의 외화자금시장을
거쳐 신흥국 외환시장으로 급속히 전이되면서 신흥국 통화의 환율이 큰
폭으로 상승하였다. 우리나라의 경우에도 선진국 외화자금시장의 유동성
경색이 국내 은행의 대규모 차입금 상환과 현물환시장의 외환수요 증가
로 이어지면서 환율이 급등한 바 있다.[117] 이에 관해서는 <사례 10-5>에
서 부연 설명하였다.

---

117 원/달러환율은 2009.3.2일 1,570.3원까지 상승하여 2008년 8월말 대비 원화가 31.3% 절하
　　되었다.

글로벌 금융위기시 우리나라에서도 대규모 외자유출이 발생하였다. 이를 국제수지 항목별로 보면 2008년 9~12월중 은행부문을 통한 차입금 상환이 513억달러에 달하여 전체 외자유출의 대부분을 차지하였다. 반면 외국인의 국내 주식 및 채권투자자금 유출은 이보다 상대적으로 작았다.

우리나라의 항목별 외자유출입[1] 추이

(단위: 억달러)

	2006	2007	2008			2009
				1~8월	9~12월	
순차입(net borrowing)	429.0	327.8	-343.0	169.9	-512.9	82.1
주식(equity securities)	-236.5	-812.8	-265.0	-283.3	18.3	227.5
(거주자)	-152.6	-525.5	71.2	-21.2	92.5	-21.1
(비거주자)	-83.9	-287.3	-336.2	-262.1	-74.1	248.6
채권(debt securities)	4.2	552.2	240.9	249.2	-8.3	269.8
(거주자)	-160.2	-38.9	163.6	37.8	125.9	35.4
(비거주자)	164.5	591.1	77.3	211.5	-134.1	234.4
직접투자(direct investment)	-75.9	-179.4	-169.4	-136.9	-32.5	-149.5
기타[2]	-10.0	48.6	-40.7	-97.5	56.8	-92.6
합 계	110.9	-63.6	-577.1	-98.5	-478.6	337.3

주 : 1) 거주자 및 비거주자에 의한 순유출입(국제수지 기준)
    2) 파생금융상품, 무역신용, 현금 및 예금 등
자료: 한국은행

이처럼 은행부문을 통한 대규모 자본유출이 일어난 것은 국제금융시장의 유동성 경색으로 해외 은행으로부터의 차입금에 대한 만기연장이 원활히 이루어지지 않았기 때문이다. 2008년 4/4분기 차입금에 대한 차환율$^{rollover\ ratio}$은 30% 내외 수준까지 하락하였다. 다만, 거주자에 의한 해외증권자금의 회수규모가 주식 92.5달러, 채권 125.9억달러에 달하여 외화유동성 부족을 일부 상쇄한 점은 주목할 만하다.

글로벌 금융위기의 파급과정을 정리해 보면 아래 <그림 10-4>과 같다.

그림 10-4 글로벌 금융위기의 파급과정

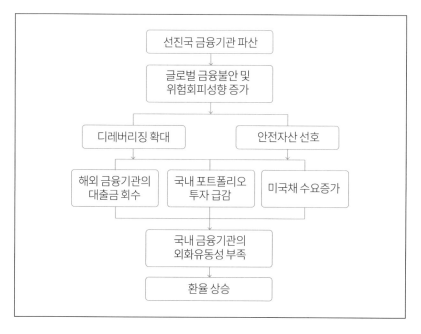

한편 글로벌 금융위기는 신흥국 환율의 급등을 초래한 점에서는 외환위기와 같으나 위기의 성격에 있어서는 다음과 같은 점에서 외환위기와 구별된다. 첫째, 외환위기는 한 나라 또는 특정 지역에서 발생한 반면 글로벌 금융위기는 그 영향이 범세계적으로 확산되었다. 둘째, 위기발생의 진원지가 주로 신흥시장국인 외환위기와는 달리 기축통화국인 미국 등 선진국 금융기관에서 문제가 촉발되었다. 셋째, 외환위기시에는 자본유입을 촉진하기 위해 정책금리 인상으로 대응하였으나 글로벌 금융위기시에는 실물경기 하락을 방지하기 위해 각국이 초저금리 정책을 사용하였다.

우리나라의 1997년 외환위기와 2008년 글로벌 금융위기는 많은 공통점에도 불구하고 위기발생 원인과 처방에 차이점이 있다.

첫째, 위기발생 원인으로서 두 위기 모두 실물경제의 부실이라는 공통점이 있다. 한국은 기업의 차입에 의존한 과잉투자로 기업부채가 확대된 반면 미국은 부동산 버블에 편승한 가계의 차입의존형 주택투자와 거품붕괴가 원인으로 작용하였다.

둘째, 두 경우 모두 예금기반이 없는 비은행금융기관의 부실이 위기의 원인이었다. 한국의 경우 종금사 부실이 직접적인 원인이었던 반면 미국은 투자은행investment bank의 부실이 원인이 되었다.

셋째, 외환위기시 종금사의 단기외화차입에 의한 장기자산운용이 유동성 위기를 초래하였으며 미국은 투자은행 및 헤지펀드의 저금리통화차입을 통한 과도한 레버리지가 원인이라 할 수 있다.

넷째, 대응과정에 있어서 아시아 외환위기의 처방으로는 초고금리 정책이 사용된 반면 글로벌 금융위기시에는 초저금리와 양적완화 등 적극적인 완화정책을 사용하였다.

1997년 외환위기와 글로벌 금융위기 차이 비교

	1997년 외환위기	2008년 금융위기
① 위기 근원지	아시아 신흥시장국	기축통화국인 미국
② 위기 성격	외환위기	금융위기
③ 위기 원인	기업부채의 부실화	가계부채의 부실화
④ 대응방식	고금리정책	저금리정책
⑤ 위기전염	아시아국가에 국한	전 세계에 파급

글로벌 금융위기시 유동성 부족을 겪은 미달러화자금시장에는 이후 다음과 같은 변화가 나타나고 있다. 단기자금시장의 경우 외환스왑 거래가 꾸준히 증가하고 있으나 과거에 비해 유로화 및 엔화에 대해 금리평가(CIRP)로 부터의 괴리폭이 소폭 커지고 변동성도 확대되었다. 반면 장기자금시장의 경우에는 미달러화표시 채권발행이 비은행 금융기관을 중심으로 꾸준한 증가세를 보이고 있으나 은행대출은 글로벌 실물경제 규모에 비해 잔액이 축소되고 있다. 이는 글로벌 금융위기 이후 미국의 도드-프랭크(Dodd-Frank) 법안이나 국제결제은행의 바젤III 규제 등이 도입되며 은행의 위험관리가 강화된 데 따른 결과이다.

다만, 글로벌 외화자금시장에서 미달러화는 글로벌 은행대출 및 채권 발행에서 50% 내외의 비중을 차지하고 있고 각국 외환보유액의 61%를 구성하는 등 여전히 외화자금의 조달 및 투자 통화로서 독보적인 지위를 유지하고 있다.

미달러화표시 장단기 외화자금시장

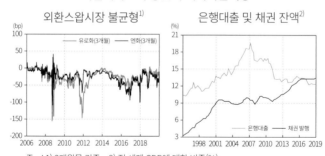

주 : 1) 3개월물 기준   2) 전 세계 GDP에 대한 비중(%)
자료: BIS(2020) 및 Bloomberg

금융위기시 위험지표들이 환율과 동반 상승

글로벌 금융위기시 투자자들의 위험회피성향 및 위험프리미엄이 크게 증가한다. 이를 반영한 다양한 위험지표들은 환율상승과 함께 나타나거나 환율상승보다 선행하여 변동하는 경향이 있다. 따라서 환율변동을 이해하고 예측하는 데 있어 다양한 위험지표들의 움직임을 함께 살펴보는 것이 중요하다. 아래에서는 글로벌 금융위기시를 중심으로 나타난 다양한 위험지표의 변화를 살펴보았다.

◆ 미달러화 및 금값 상승은 안전자산 선호를 반영

금융위기시 투자자의 위험회피성향이 증가하면서 안전자산에 대한 선호가 늘어난다. 따라서 안전자산으로 평가받는 미달러화나 스위스 프랑화 표시 투자자산이나 금^{gold}에 대한 수요가 늘어나면서 아래 <그림 10-5>에서 보는 바와 같이 단기적으로 이들 통화의 강세 및 금값 상승이 나타났다. 특히 미국의 경우 글로벌 금융위기 진원지였음에도 불구하고 약 6개월간 미달러화의 강세가 나타나기도 하였다.

그림 10-5   미달러화 및 금시세

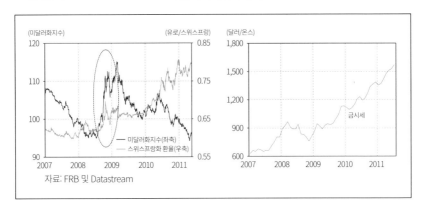

◆ TED스프레드 및 VIX는 시장위험도를 반영

투자자들의 위험성향을 나타내는 지표는 매우 다양한데 이중 국제금융시장에서 널리 사용되는 것으로 TED스프레드와 VIX를 들 수 있다. TED스프레드는 통상 3개월물 리보libor 금리와 미국채 금리와의 차이를 말한다. 국제금융시장의 신용리스크credit risk가 증가할 경우 상대적으로 안전자산인 미국채의 금리보다 리보 금리가 더 크게 오르므로 TED스프레드의 상승은 신용위험이 상승하였음을 의미한다.

VIXvolatility index는 미국 주식시장의 단기변동성에 대한 시장의 기대치를 나타내는 변동성지수로 일명 공포지수라고도 불린다. 이 지수값이 높아질수록 금융시장의 변동성이 크고 투자자들의 심리가 위험에 더 민감하게 반응하고 있음을 의미한다.

이들 지표 추이를 보면 미국 서브프라임 모기지 사태가 발생한 2007년 하반기경과 리먼브라더스사가 파산하여 글로벌 금융위기가 확산되기 시작한 2008년 9월 이후 크게 상승하였다. 이는 이 시기에 국제금융시장의 위험회피성향 및 시장위험도가 크게 증가하였음을 보여주는 것이다.

그림 10-6　　　　　　　　　　TED스프레드 및 VIX

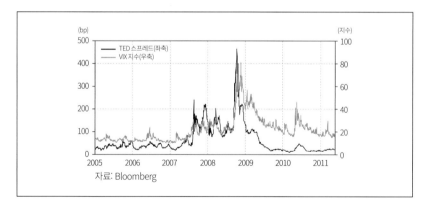

◆ CDS프리미엄은 신용위험 수준을 반영

신용부도스왑^{CDS: Credit Default Swap}이란 채권, 대출 등 준거자산^{underlying} ^{asset}을 발행한 국가, 기업, 금융기관 등의 신용위험을 거래하는 대표적인 신용파생상품^{credit derivative}이다. 국가 CDS프리미엄^{sovereign CDS premium}은 모라토리엄, 채무재조정 등 특정 국가에 신용사건^{credit event}이 발생할 경우 투자 손실을 보전받기 위해 지불하는 대가로서 보험료 성격과 유사하다.

따라서 한 국가의 외환위기 발생가능성이나 금융기관의 부도위험이 커질수록 CDS프리미엄이 올라가고 그 반대의 경우 CDS프리미엄은 하락한다. 글로벌 금융위기시 국제투자자의 신흥국에 대한 위험프리미엄 상승으로 우리나라를 비롯한 대다수의 신흥국에서 CDS프리미엄이 크게 상승하였으며 변동성도 매우 높게 나타났다. 이는 신흥시장국의 신용위험을 전가하기 위한 CDS를 매입하는데 더 높은 비용(프리미엄)을 지급해야 함을 의미하는 것으로 선진국발 금융위기가 신흥시장국 금융시장에 전이된 데 따른 현상이라 할 수 있다. 한편 위기시 환율은 그 나라 통화에 대한 위험프리미엄에 민감하게 반응하므로 CDS프리미엄과 유사한 움직임을 보이는 특징을 갖는다.

그림 10-7   신흥국의 CDS프리미엄

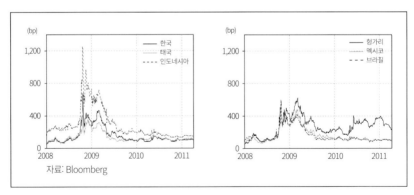

자료: Bloomberg

◆ 차입가산금리는 해외차입시 지불하는 위험프리미엄

CDS프리미엄과 유사한 위험지표로 국내 기업 및 금융기관이 해외차입을 하는 경우 지불하는 차입가산금리^{spread}를 들 수 있다. 차입가산금리란 국제금융시장에서 외화를 차입해 오는 경우 채무불이행 등 각종 위험에 대해 추가적으로 지불하는 금리를 말한다.

차입가산금리가 상승한다는 것은 유동성 사정이나 위험선호 등 해외차입 여건의 악화나 차입자의 신용도가 하락함에 따라 해외차입에 더 높은 비용을 지불하여야 함을 의미하므로 궁극적으로 환율에는 상승압력으로 작용한다. 반대로 국가신인도 또는 개별 금융기관의 신용도 상승 등으로 차입여건이 개선되면 차입가산금리가 하락하면서 환율의 하락요인으로 작용한다.

민간 금융기관은 물론 국가가 발행하는 채권에 대해서도 가산금리가 더해진다. 우리나라의 경우 정부가 발행하는 외평채에 대해서도 가산금리가 부과되는데 통상 외평채가산금리는 미국 국채수익률 대비 유통시장에서 형성된 외평채수익률의 가산금리를 의미한다. 이는 채권의 발행주체인 우리나라 정부에 대한 신용위험의 상대적 크기를 나타내는 지표의 하나로 볼 수 있다. 따라서 외평채가산금리가 상승하는 경우 글로벌 금융시장에서 우리나라 경제에 대한 외국인투자자들의 부정적 인식이 커지면서 채권가격이 하락하는 반면 유통금리는 상승하는 것으로 볼 수 있다.

이러한 외평채가산금리가 상승(하락)하면 원화환율도 동반 상승(하락)하는 경향을 보인다. 이는 외평채가산금리가 우리나라 경제의 기초경제여건이나 대외지급능력은 물론 시장의 위험프리미엄을 반영하고 있기 때문이다.

우리나라의 외평채가산금리(5년물)는 리먼브러더스사의 파산(2008. 9.15일) 이후 급등하여 2008.10.27일에는 791bp로 최고치를 기록하였다. 그 이후 국제금융시장 불안이 다소 진정되면서 점차 안정되어 2011년 5월에는 200bp 내외에서 등락하였다.

외평채에 대한 CDS프리미엄(10년물)도 이와 비슷한 움직임을 보이면서 2008.10.27일에는 699bp로 최고치를 기록하였다. 이후 남유럽 재정위기 등으로 등락을 거듭하다가 2011년 6월말경에는 100bp 내외 수준에서 안정된 모습을 보였다.

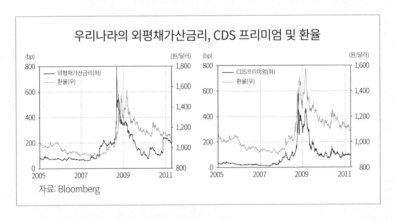

자료: Bloomberg

한편 글로벌 금융위기를 전후하여 원/달러환율은 외평채가산금리나 CDS프리미엄의 움직임과 매우 유사한 모습을 보였다. 이는 우리나라의 위험프리미엄이 반영된 이들 가격지표에 외환시장 참가자들이 민감하게 반응하면서 외환매매시 이를 반영하기 때문이다.

◆ 스왑레이트는 외화자금시장의 유동성 사정을 반영

대규모 외자유출은 신흥시장국 외화자금시장[118]에서의 외환부족을 가져온다. 그 결과 외화자금시장에서의 가격지표인 스왑레이트나 통화스왑 금리가 변동한다.

글로벌 금융위기시 우리나라의 경우에도 스왑레이트가 급락하면서 내외금리차와의 괴리폭이 크게 확대된 바 있다. 이는 우리나라 채권에 대한 재정차익거래 유인이 크게 확대됨에도 불구하고 해외의 외화유동성 경색 및 위험회피성향 증대로 외자가 국내로 유입되지 못하는 상황을 나타낸다.

그림 10-8 　　　　　우리나라의 스왑레이트 및 내외금리차

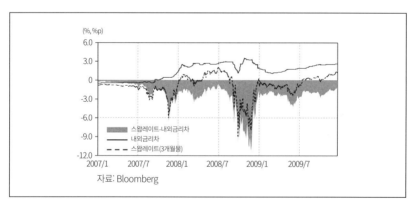

자료: Bloomberg

한편 스왑레이트나 통화스왑금리는 평상시의 경우 환율에 직접적인 영향을 주는 것으로 보기 어렵다. 그러나 외화자금시장의 외화유동성 부

---

118 외화자금시장에는 은행간에 초단기로 외화자금의 차입 및 대차가 이루어지는 외화콜시장과 1년 이내의 기간물 대차거래 시장도 존재한다. 은행들간의 외화자금의 대차는 주로 은행들간에 개설되어 있는 크레딧 라인credit line을 통해 이루어지는 것이 보통이다.

족이 장기간 광범위하게 나타나는 금융위기시에는 그 영향이 외환시장으로 전이된다. 따라서 외환시장에서 외환에 대한 초과수요가 발생하고 환율도 상승한다. 이는 외화자금시장과 외환시장이 은행을 매개로 밀접하게 연결되어 있어 해외차입여건 변화가 은행의 외화유동성 사정 및 외환매매에 영향을 미치기 때문이다.

예를 들어 글로벌 금융위기시와 같이 국제금융시장의 신용경색credit crunch이나 높은 차입비용 등으로 해외로부터 자금을 원활하게 조달하기 어려운 경우 은행은 국내 외환시장내에서 필요한 외화유동성을 조달하고자 한다. 따라서 외환시장에서 외환수요가 증가하면서 환율이 상승압력을 받는다. 뿐만 아니라 국제금융시장의 불확실성 증가로 향후 외화유동성의 조달이 용이하지 않다는 시장 인식이 확산될 경우 외환시장에서 외환수요는 더욱 늘어난다. 환율상승 기대감이 커지면서 잠재적 외환수요자들은 미리 외환을 확보해 두고자 하기 때문이다.

◆ 재정위기를 동반하는 경우 국채금리가 급등

글로벌 금융위기의 극복 과정에서 그리스, 이태리, 포르투갈 등 남유럽 국가들은 부실 금융기관에 대한 유동성 지원 등을 위한 재정지출이 크게 증가하였다. 이 과정에서 국채발행 및 국가부채 규모가 크게 증가[119]하고 금융부문의 부실도 확대되었다.

이에 대해 S&P, Moody´s 등 국제신용평가기관들이 이들 국가의 신용등급credit rating을 하향조정하고 신용등급전망도 부정적 관찰대상으로 조정하자 이들 국가에 대한 위험프리미엄이 크게 상승하였다. 그 결과 이들 국가의 CDS프리미엄은 물론 국채금리가 급등하였다. 국채금리의 급등은 국

---

119 이에 관해서는 제6장 <사례 6-1>을 참고하기 바란다.

채발행 규모의 증가와 이들 국가에 대한 재정위기 우려감이 커지면서 시장으로부터 그만큼 더 높은 위험프리미엄이 더 요구된데 따른 결과이다.

그림 10-9   남유럽 국가의 국채금리 및 CDS프리미엄

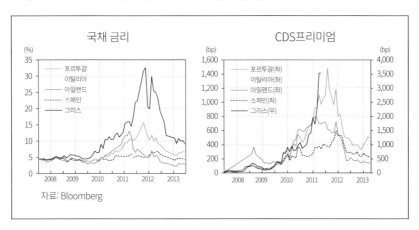

자료: Bloomberg

요 약

외환·금융위기가 발생하면 환율은 그 나라의 기초경제여건에 비해 비정상적으로 과도히 상승한다. 이는 위기시 위험프리미엄 상승 및 안전자산 선호가 강화되어 신흥국으로부터의 급격한 대규모 자본유출이 진행되기 때문이다. 외환·금융위기의 발생원인은 국별 및 시기별로 매우 다양한데 경험적으로 보면 개별 국가의 기초경제여건 악화, 환투기적 공격, 위기의 전염은 물론 선진국의 통화정책 변화 등으로 국제자본이 신흥국으로 과도히 유입되었다가 일시에 빠져나가는 붐-버스트 사이클 등을 들 수 있다. 위기 발생시에는 국제금융시장의 다양한 위험지표들이 환율상승에 선행하거나 동반하여 나타나므로 환율의 움직임을 예측하는 데 도움이 된다.

참고문헌

Aldasoro, I. and T. Ehlers, 2018, "The Geography of Dollar Funding of Non-US Banks", *BIS Quarterly Review*.

Aldasoro, I., Ehlers, T., and Eren, E., 2019, "Global banks, dollar funding and regulation", *BIS Working Papers*, No. 708.

Adrian Blundell-Wignall, Paul Atkinson and Se Hoon Lee, 2008, "The Current Financial Crisis: Cause and Policy Issues", *Financial Market Trends*, OECD.

Aizenman, J., Pasricha, G.K., 2009, "Selective Swap Arrangements and the Global Financial Crisis: Analysis and Interpretation", *NBER Working Papers*, No. 14821.

Anderson, 2003, "Modeling and Forecasting Realized Volatility," *Econometrica* 71, pp.579-626.

Avalos, S., W. Du, C. Koch and H.S. Shin, 2019, "The Dollar, Bank Leverage and Deviation from Covered Interest Rate Parity", *American economic Review: Insights* Vol. 1, No. 2.

Baba, N, Packer, F., 2008, "Interpreting Deviations from Covered Interest Parity during the Financial Market Turmoil of 2007–08", *BIS Working Papers*, No. 267.

Baba, N, Packer, F., 2009, "From Turmoil to Crisis: Dislocation in the FX Swap Market before and after the Failure of Lehman Brothers", *BIS Working Papers*, No. 285.

BIS, 2010, "The Functioning and Resilience of Cross-Border Funding Markets", *CGFS Paper* No. 37.

——, 2020, "US dollar funding: an international perspective", *BIS CGFS Papers*, No. 65.

Borio, C., McCauley R., and McGuire, P., 2017, "FX swaps and forwards: missing global debt?", *BIS Quarterly Review*, September.

Bruno, V., and H.S. Shin, 2015, "Cross-border Banking and Global Liquidity", *The Review of Economic Studies*, Vol. 82.

Canales-Kriljenko, J., Habermeier K., "Structural Factors Affecting Exchange Rate Volatility: A Cross-Section Study", *IMF Working Paper* No. 04/147.

Cassino, E., Wallis, Z., 2010, "The New Zealand Dollar through the Global Financial Crisis", Reserve Bank of New Zealand, *Bulletin*, Vol. 73, No. 3.

Catão, Luis A.V. and Milesi-Ferretti, G.M., 2013, "External Liabilities and Crises" *IMF Working Paper* WP/13/113.

Cetorelli, N. and L. Goldberg, 2011, "Global Bank and International Shock Transmission: Evidence from the Crisis", *IMF Economic Review*, Vol. 59, No. 1.

Frankel, J. and Rose, A., 1996, "Currency crashes in emerging markets: An empirical treatment", *Journal of International Economics*, Vol. 41.

Fratzscher, M., 2002, "On Currency Crises and Contagion", *ECB Working Paper* No 139.

Gai, P., Vause, N., 2004, "Risk Appetite: Concept and Measurement", *Financial Stability Review*, Bank of England.

Goldstein, M., 1998, "The Asian Financial Crisis: Causes, Cures, and Systematic Implications", Institute of International Economics: Washington, DC.

Hong Kong Monetary Authority, 2000, "Curency Options and Central Bank Operations", *Quarterly Bulletin*, No. 08/2000.

IMF, 2000, *Debt- and Reserve-Related Indicators of External Vulnerability.*

——, 2008, "Iceland: Request for Stand-By Arrangement", *IMF Country Report* No. 08/362.

Kaminsky, G. and C. Reinhart, 1996, "The Twin Crises: The Causes of Banking and Balance-of-Payments Problems", *International Finance Discussion Papers*, Board of Governors of the Federal Reserve System.

————, 1999, "The Twin Crises: The Causes of Banking and Balance of Payments Problems", *American Economic Review*, Vol. 89, No. 3.

Lee, S.H., 2000, "The Causes of Currency Crises: Do Fundamentals Really Matter", KIEP, *Journal of International Economic Policy Studies*.

McCauley, R., McGuire, P., 2009, "Dollar Appreciation in 2008: Safe Haven, Carry Trades, Dollar Shortage and Overhedging", *BIS Quarterly Review*, December, pp 85–93.

Obstfeld, M., 1996, "Models of Currency Crises with Self-Fulfilling Features", *European Economic Review*, vol. 40.

Rhee, G.J., 2009. "Foreign Exchange Liquidity Pressures in Korea: Recent Experiences and Lessons", *2009 KDI Conference*, August 7.

Wallis, Z., 2010, "Global Currency Trends through the Financial Crisis", Reserve Bank of New Zealand, *Bulletin*, Vol. 73, No. 4.

박대근, 2000, "NDF 선물환시장과 한국의 외환위기", 『국제경제연구』, 제6권 제3호.

안병찬, 2011, 『글로벌 금융위기 이후 외환정책』, 한나래플러스.

이승호, 1999, "외환위기를 전후한 금리 · 환율 · 자본이동 관계의 특성 분석", 『대외경제정책연구』, 대외경제정책연구원, 가을.

제11장

자본유출입관리정책

Macroprudential frameworks can play an important role over the capital flow cycle, and help members harness the benefits of capital flows.

- IMF, 2017

개 요

국가간의 급격한 자본이동은 신흥국의 환율변동성 증가와 금융안정성 저하를 가져오며 외환위기의 원인이 되기도 한다. 이에 대응하기 위한 신흥국의 자본유출입관리정책은 국가간 자본이동에 영향을 주면서 환율에도 간접적인 영향을 미친다. 글로벌 금융위기 이후 많은 신흥국에서 외환부문의 거시건전성정책 수단들을 도입하며 위기예방과 금융안정을 위해 노력하고 있다. 이 장에서는 과거 자본통제 사례와 최근 외환부문의 거시건전성정책 등 다양한 자본유출입관리정책에 대해 그 도입배경, 의의, 정책수단 및 효과를 설명한 후 각국의 사례를 소개하였다.

국가간 급격한 자본이동은 금융안정성을 저해

1990년대 이후 전 세계적인 자본자유화와 개방화의 진전으로 국가간 자본이동이 크게 확대되었다. 특히 신흥국에 대한 선진국 투자자금의 유입이 과거보다 크게 늘어났으며 유입자본의 형태도 전통적인 직접투자자금^{FDI} 이외에 주식이나 채권 등 포트폴리오투자자금과 은행차입금 등 다양한 형태로 발전하였다.

통상 국제자본이동이 발생하는 요인은 크게 자본유입국 자체의 대내 경제적 요인$^{pull factor}$과 글로벌 경제여건 변화에 따른 대외요인$^{push factor}$으로 나누어 볼 수 있는데 최근 들어서는 후자의 중요성이 더 커지고 있다. 가령 해당 국가의 양호한 경제성장률, 안정된 물가, 금융안정성의 유지 등 양호한 기초경제여건은 외자의 유입을 촉진하는 대내요인이라 할 수 있다. 반면 미국 등 선진국의 통화정책 기조 변화와 글로벌 유동성 및 위험선호심리 변화, 국제은행들의 디레버리징 등은 글로벌 금융환경 변화와 관련한 대외요인이다. 예를 들어 미국의 완화적 통화정책은 글로벌 유동성을 풍부하게 하고 위험선호심리를 강화시키므로 신흥국으로의 자본이동을 촉진하는 요인이라 할 수 있다. 최근 들어 이러한 대외요인들이 국제자본이동에 미치는 영향력이 커지면서 신흥국의 경제나 환율에 큰 영향을 미치고 있다.

표 11-1　　　　　　　　　　신흥국으로의 자본유입 요인 예시

	경기순환적(cyclical)	구조적(structural)
대외요인 (push factor)	· 미연준의 저금리 정책 · 위험회피성향 둔화 · 선진국 재무구조 악화	· 국제분산투자 강화 · 낮은 선진국 잠재성장률
대내요인 (pull factor)	· 높은 원자재가격 · 높은 신흥국 이자율 · 안정된 물가	· 신흥국 재무구조 개선 · 높은 신흥국 잠재성장률 · 무역자유화

자료: IMF(2011b)

　국가간 자본이동의 확대시 자본유입국은 해외로부터 상대적으로 저렴한 비용으로 외화자금의 조달이 가능해지므로 그 나라 기업활동 등 실물부문의 경쟁력제고에 도움이 된다. 이는 그 나라의 경제성장에 도움이 될 뿐만 아니라 금융산업 발전에도 긍정적인 요인으로 작용한다.

　그러나 자본유입이 단기간에 대규모로 일어나거나 유입된 자금이 일시에 대거 유출되는 등 급격한 자본유출입이 발생하는 경우에는 금융시장의 변동성이 커지고 나아가 금융안정성이 훼손되는 부작용이 초래될 수 있다. 특히 금융시장의 발전이 상대적으로 미흡한 신흥국의 경우 과도

한 자본유입은 주가나 부동산가격 등 자산가격에 거품을 형성시키고 통화가치의 가파른 상승을 가져와 수출가격경쟁력을 저하시키는 요인이 된다. 뿐만 아니라 과도한 해외차입으로 외채가 늘어나고 풍부해진 유동성을 바탕으로 금융기관의 대출 확대 등 신용 붐$^{credit expansion}$이 일어나면서 경제의 취약성^{vulnerability}이 확대되기도 한다. 아래 <그림 11-1>은 대규모 자본유입시의 영향 및 전달경로를 나타낸다.

그림 11-1   국제자본흐름의 영향 및 전달경로

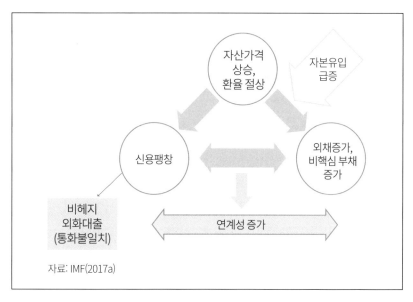

자료: IMF(2017a)

이와 반대로 유입되었던 자본이 일시에 유출되거나 자본유입이 갑자기 중단되는 현상$^{sudden stop}$이 발생할 경우에는 그동안 과열양상을 보였던 주가 등 자산가격이 급락하고 외자유출에 따른 외화유동성 감소로 통화가치가 크게 하락하면서 금융시장의 변동성이 확대된다. 이러한 금융시장의 변동성이 지속될 경우에는 실물경제에도 악영향을 미치고 경제성장

률이 하락하는 등 경제가 어려움에 처하게 된다.

이처럼 국제자본이동의 확대로 인한 부작용이 큰 것은 국제자본이 속성상 경기순응성^{procyclicality}을 지니고 있기 때문이다. 즉 국제자본은 개방경제하에 있는 한 나라의 경제가 호황이거나 향후 호황이 예상될 경우 그 나라로 신속히 유입되면서 자산가격 버블이나 통화가치 급등과 같은 부작용을 낳고, 반대로 경기둔화 조짐이 나타나거나 대외불확실성 등 외부충격이 발생하는 경우에는 그 나라로부터 빠르게 유출된다. 그 결과 그 나라 실물경기 사이클의 진폭을 더욱 크게 하고 거시경제의 변동성을 증가시키는 속성이 있다.

지난 20여년간 국제자본이동 확대에 따른 부정적 영향은 선진국보다는 주로 신흥국에서 발생하였다. 이는 신흥국의 경제구조가 선진국보다 상대적으로 취약한 데 근본원인이 있는데 이에는 높은 외자의존도 및 외채구조의 취약성, 금융산업의 미성숙, 통화의 국제화 미흡에 따른 외자조달애로 등이 포함된다.

첫째, 개방경제하에 있는 많은 신흥국의 경우 경제의 성장과 발전을 도모하는 과정에서 대체로 외자의존도가 높다. 따라서 경제규모 대비 외채의 비중이 크며 특히 1년 이내에 갚아야 할 단기외채 비중이 높은 경우가 많다. 이러한 외채구조의 취약성은 단기로 외자를 빌려 이를 장기로 국내자산에 운영함으로써 통화불일치$^{currency\ mismatch}$와 만기불일치$^{maturity\ mismatch}$를 가져온다. 특히 글로벌 금융시장의 불확실성 증가로 위험회피성향이 확대되는 경우 외국인 증권투자자금이나 해외은행으로부터의 차입금이 급격히 유출되거나 신규 유입이 중단되면서 이들 국가의 환율이 급등하고 외화유동성 부족에 직면하기도 한다.[120]

---

120 제10장에서 설명한 붐-버스트 사이클 모형을 상기하기 바란다.

둘째, 외환시장 등 금융시장의 발전 정도가 미흡한 점도 변동성 확대 요인이라 할 수 있다. 대규모 자본의 유입 및 유출이 발생하더라도 국내 주식시장이나 외환시장 등 금융시장이 양적 및 질적으로 충분히 발전된 경우에는 자본유출입의 부정적 영향을 시장가격기능을 통해 원활히 흡수할 수 있으나 신흥국의 금융시장 발전 정도는 대체로 미흡하다. 예를 들어 신흥국은 주식시장의 시가총액이나 외환시장의 거래규모가 상대적으로 작아 외국인의 주식매매가 전체 주식시장 거래에서 차지하는 비중이 크다. 따라서 국내 주가가 외국인투자자의 거래행태에 따라 민감한 영향을 받을 뿐만 아니라 외국인 주식투자자금의 유출입으로 그 영향이 환율에 즉각적으로 파급된다.

셋째, 신흥국의 경우 자국 통화가 국제화되지 못하여 자국통화를 이용하여 국제통화를 조달하는데 태생적인 어려움을 안고 있다.[121] 특히 국제금융시장의 불확실성이 커지는 경우 신흥국은 장래 외환수요에 대비하기 위해 국제금융시장에서 외화채권의 발행을 통해 외자를 조달할 필요성이 커지나 이러한 상황에서는 위험프리미엄이 평상시보다 오히려 상승하므로 채권발행을 통한 외자조달에 더 많은 비용을 지불하거나 채권발행이 성공적으로 이루어지기도 쉽지 않다. 2008년 발생한 글로벌 금융위기시와 같은 범세계적인 외화유동성 부족현상이나 특정지역에서 위기가 발생하는 경우 신흥국의 대외신인도가 하락하면서 해외로부터의 외자조달이 더욱 어려워지고 환율 등 금융자산 가격은 더 큰 변동성을 보인 사례들을 쉽게 찾아 볼 수 있다. 이처럼 통화국제화 정도가 미흡한 신흥국이 외자조달과 관련하여 안고 있는 태생적 한계는 자본유출입에 따른 부정적 영향을 증폭시키는 근본적인 요인이라 할 수 있다.

---

121 Calvo and Reinhart(2000)는 이를 가리켜 태생적 원죄$^{original sin}$라는 용어를 사용하였다. 이와 관련하여 한 나라의 전체 채권중 자국통화표시채권의 비율을 지수화하여 original sin index를 활용하기도 한다. 이 비율이 높을수록 통화의 국제화 정도가 낮은 것으로 볼 수 있다.

　　국제자본이동은 2000년대 중반 이후 그 규모가 크게 확대되면서 신흥국에 대한 자금유출입 변동성도 심화되었다. 신흥국으로의 자본유입 형태는 직접투자자금이 가장 큰 비중을 차지하고 있으나 주식이나 채권 등 포트폴리오투자자금의 규모도 빠른 속도로 증가하였다. 글로벌 금융위기 이후에는 미국 등 선진국 은행의 디레버리징 영향으로 신흥국의 은행차입금이 순유출로 반전되면서 범 세계적으로 외화유동성 부족을 가져오는 요인으로 작용하였다.

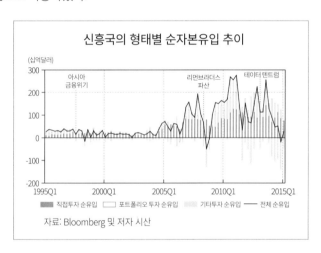

신흥국의 형태별 순자본유입 추이

자료: Bloomberg 및 저자 시산

　　1990년 이후 자본유출입 변동성을 순자본유입액의 표준편차를 이용하여 시산해 보면 신흥국의 변동성이 선진국의 약 2배 정도에 달하는 것으로 나타났으며 신흥국중에서는 동유럽, 아시아 순으로 높은 것으로 분석된다.

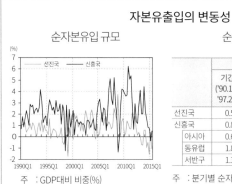

자본유출입의 변동성

순자본유입 규모

순자본유입 변동성

주 : GDP대비 비중(%)
자료: Bloomberg 및 저자 시산

		순자본유입			
		기간I ('90.1Q~'97.2Q)	기간II ('98.1Q~'08.2Q)	기간III ('09.3Q~'15.2Q)	전체기간 ('90.1Q~'15.2Q)
선진국		0.5	0.9	1.0	0.9
신흥국		0.8	1.8	2.1	2.1
	아시아	0.6	1.9	2.5	1.9
	동유럽	1.8	4.5	4.0	3.9
	서반구	1.3	1.6	0.7	1.5

주 : 분기별 순자본유입의 표준편차
자료: IMF BOP 및 저자 시산

이러한 신흥국의 자본유출입 규모 및 변동성 증가는 이들 국가에서 빈번한 외환위기 발생을 초래하였다. 과거 아시아 외환위기 이후부터 글로벌 금융위기 직전까지 10년간 신흥국의 위기발생 국가는 13개국이었으나 글로벌 금융위기 이후 2011년까지 불과 4년 동안 12개 국가에서 위기가 발생하였다.

기간별 위기발생 횟수 및 국가수

	1986~1996	1997~2007	2008~2011
전체위기횟수	3	15	12
국가수	3 (아르헨티나, 요르단, 멕시코)	13 (아르헨티나, 벨리즈, 브라질, 도미니카공화국, 에콰도르, 인도네시아, 요르단, 한국, 파키스탄, 태국, 터키, 우크라이나, 우르과이)	12 (도미니카공화국, 에콰도르, 그리스, 헝가리, 자메이카, 라트비아, 파키스탄, 포르투갈, 로마니아, 세르비아, 터키, 우크라이나)

자료: Catão and Milesi-Ferretti(2013)

신흥국은 자본유출입관리정책으로 대응

국제자본이동의 확대와 자본유출입의 변동성 증대로 인한 금융불안이 빈번히 발생하고 경제운용에 어려움을 가중시킴에 따라 많은 신흥국들은 다양한 형태의 자본유출입관리정책^{CFMs: Capital Flow Management} measures을 통해 금융안정을 도모해 왔다. 자본유출입관리정책이란 급격한 자본유출입을 제한하거나 그 부작용을 줄이고자 하는 정책을 의미한다. 즉 자본유출입관리정책은 과도한 단기자본의 유입을 사전적으로 억제하여 경제의 구조적 취약성이 확대되지 않도록 하고 자본유출에 따른 충격을 미연에 방지함으로써 궁극적으로 금융안정^{financial} stability을 달성하고자 하는 정책이라 할 수 있다. 따라서 환율의 안정적 관리를 주목적으로 하는 환율정책과는 구별되나 정책시행 과정에서 자본유출입에 영향을 미치므로 환율에도 간접적인 영향이 나타나게 된다. 만약 자본유입의 억제와 관련된 정책이 도입되면 환율하락 압력을 완화하는 효과가 나타나며 반대로 자본유출과 관련된 정책의 도입 시에는 단기적으로 환율상승 압력을 둔화시키는 효과를 갖는다.

자본유출입관리정책은 크게 자본통제^{capital control}와 기타자본유출입관리정책[122]으로 대별해 볼 수 있다. 자본통제는 주로 1990년대까지 고정환율제도나 경직적 형태의 환율제도를 운영하는 나라에서 인위적으로 비거주자의 자본이동을 양적으로 직접 통제^{control} 하거나 간접적으로 제한하는 규제조치^{regulation}를 의미한다. 자본통제는 거주자와 달리 비거주자에 대해서 차별적으로 통제를 가함으로써 국가신인도 저하 등 부작용을 가

---

122 IMF에서는 자본이동 제한을 목적으로 하는 조치를 통칭하여 자본유출입관리정책^{CFM: Capital} Flow Management Measures이라 표현하고 있다. 이중 거주성에 차별을 두는 조치의 경우 자본통제 또는 규제로 볼 수 있으며 거주성에 차별이 없는 조치들은 기타자본유출입관리정책(other CFMs)으로 구분하고 있다.

져올 뿐만 아니라 정책효과도 단기간에 그치는 것으로 평가되고 있다.

글로벌 금융위기 이후에는 많은 신흥국에서 자본통제나 규제보다 기타자본유출입관리정책을 널리 활용하고 있다. 기타자본유출입관리정책은 자본통제와는 달리 비거주자에 대한 차별이 없고 자본유출입 자체보다는 금융안정 목적을 보다 중시하고 있다는 점에서 외환부문의 건전성정책(이하 외환건전성정책)이라 할 수 있다.

통상 건전성정책은 개별금융기관 차원의 부실화나 도산을 방지하기 위한 전통적인 미시건전성 규제micro-prudential regulation와 금융시스템 전체의 안정을 최우선적으로 도모하는 거시건전성정책macro-prudential measures으로 구분할 수 있다. 글로벌 금융위기 이후 금융기관들의 미시적 건전성이 유지되더라도 거시적 차원에서의 금융안정 필요성이 점차 커지고 있어 거시건전성정책의 중요성이 높아지고 있다.

최근 들어서는 많은 신흥국에서 외환부문의 거시건전성정책이 중요해지고 있는데 이는 국제자본이동의 증가로 금융기관의 연계성 및 경기순응성이 확대되고 대외부문 취약성vulnerability이 커지면서 신흥국의 금융안정이 저해되는 사례가 빈번히 발생하고 있기 때문이다. 특히 경제의 대외의존도가 크고 개방화가 진전된 신흥국의 경우 급격한 자본의 유입 및 유출에 대응한 외환부문 거시건전성정책이 전체 금융시스템의 안정에 더욱 중요한 것으로 인식되고 있다.[123] 지금까지 설명한 자본유출입관리정책을 구분하여 정리해 보면 <그림 11-2>와 같다.

---

123 IMF는 거시건전성정책중 자본유출입에 영향을 주는 수단을 CFM/MPM으로 표현하기도 한다. 거시건전성정책은 자본유출입과 직접 관련이 없는 국내 정책수단들도 포함하는데 이에는 크게 신용관련 정책인 LTV, DTI, 신용증가율 제한 등과 자본관련 정책중 경기역행적 자본요구량, 동적/시변 대손충당금 및 이익 분배 제한 등이 대표적이다. 이와 관련한 자세한 내용은 "한국의 거시건전성정책(한국은행)" 등을 참고하기 바란다.

그림 11-2   자본유출입관리정책의 분류

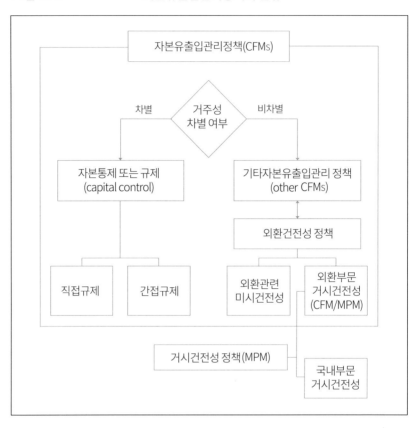

자본유출입에 대한 신흥국의 적극적인 정책대응 노력에 대해 IMF나 G20 등 국제기구의 입장도 글로벌 금융위기 이후 유연하게 변화하고 있다.[124] 즉 IMF는 국제자본이동의 자유화가 장기적인 세계경제의 성장에 중요한 요소라는 기존의 입장을 지지하면서도 각국의 경제상황에 따라 단

---

124 다만, 국가간 「자본이동자유화 규약」을 체택하고 있는 경제협력개발기구[OECD]의 경우에는 회원국의 자본유출입 안정화 조치가 거주성에 대한 차별이 없더라도 통화별로 차등을 두어서는 안된다는 보다 엄격한 기준을 유지하고 있다.

기적으로 자본유출입관리정책의 필요성을 인정하는 방향으로 입장을 선회하였다.

이에 따라 IMF는 대규모 외자유입에 대해 신흥국이 ① 자국 통화가 고평가되어 있지 않는 상황이라면 환율 절상을 우선 수용하고, ② 물가안정이 크게 위협받지 않는 범위 내에서 완화적인 통화 및 재정정책 등을 통해 대규모 외자유입에 대응해 나가는 것이 필요하나, ③ 이러한 거시경제정책을 통한 문제해결이 불충분한 경우 각국의 특수한 상황을 감안하여 외환부문의 거시건전성 정책을 도입할 수 있다는 견해를 보이고 있다. 다만, 이 경우에도 거시건전성정책이 거시경제정책보다 우선해서는 안 되며 비거주자에 대한 차별적인 조치는 바람직하지 않다는 입장이다. 또한 자본유출입관리정책은 단기간에만 사용할 것을 권고하고 있다.[125] 이러한 IMF의 기조변화는 글로벌 금융위기를 전후하여 급격한 자본유출입으로 국제금융시장의 변동성이 커지고 신흥국이 거시경제정책 만으로 금융안정의 달성이 어렵다는 인식을 배경으로 하고 있다.

자본통제는 장기비용이 단기효과를 상회

자본통제는 국가간 자본이동을 인위적으로 제한함으로써 자본유출입 규모와 속도, 만기 등을 직접적으로 조절하는 정책을 말하는데 거주자와 비거주자에 대해 차별적으로 적용하는 것을 특징으로 한다. 이에는 크게 자본유입에 대한 규제와 유출에 대한 규제로 나눌 수 있으며 규제방법에 따라서는 자본이동을 직접규제administrative or direct하는 경우와 거래비용 상승 등을 통해 거래유인을 축소시키는 간접규제market-based or indirect 방식으로 나누어 볼 수 있다.

---

125 IMF(2010) 참조

직접규제로는 거주자의 해외차입, 해외증권투자, 해외송금 등 특정 거래를 금지하거나 당국의 허가를 받도록 하고 비거주자에 대해서도 외화대출이나 외환거래에 허가의무를 부여함으로써 자본유출입을 통제하는 경우라 할 수 있다. 반면 간접규제에 의한 자본통제는 비거주자의 자본거래에 세금이나 추가비용을 부과함으로써 투자에 따른 기대수익률을 떨어뜨리고 거래유인을 축소시키는 가격규제 조치라 할 수 있는데 주로 대규모 자본유입의 억제수단으로 사용된다. 대표적인 간접규제 수단으로는 가변예치의무제$^{VDR:\ Variable\ Deposit\ Requirement}$, 무이자 지급준비금제$^{URR:}$ $^{unremunerated\ reserve\ requirement}$, 자본거래세$^{financial\ transaction\ tax}$ 등을 들 수 있다.

가변예치의무제는 주로 거주자의 해외차입이나 외화증권 발행시에, 무이자 지급준비금제는 비거주자의 외화예금에 대해 각각 일정 부분을 중앙은행에 예치토록 하는 제도이다.[126] 가변예치의무제의 경우 무이자 또는 낮은 이자로 예치하는 데 반해 무이자 지급준비금제의 경우 이자지급이 없다. 두 경우 모두 대규모 자본유입을 억제함으로써 자국 통화가치의 상승과 해외부문 통화증발을 조절하는 것을 주목적으로 한다. 자본거래세는 거주자의 해외차입시나 비거주자의 국내증권투자로 대규모 외자가 유입되는 것을 억제하기 위해 유입외환을 국내통화와 환전할 경우 일정률의 세금을 부과하는 방식을 말한다. 대표적으로 토빈세$^{Tobin's\ tax}$가 이에 해당되는데 투기세력에 의한 단기투기성자금의 유출입을 제한하기 위해 외환·채권·파생상품 등 광범위한 형태의 국가간 자본유출입 거래에 대하여 단일세율을 적용하는 외환거래세의 일종이라 할 수 있다.

---

126 우리나라의 경우 외국환거래법 제6조(외국환거래의 정지 등)에서 (i) 국제수지 및 국제금융상 심각한 어려움에 처하거나 처할 우려가 있는 경우 (ii) 대한민국과 외국간의 자본이동으로 통화정책, 환율정책, 그밖의 거시경제정책을 수행하는 데에 심각한 지장을 주거나 줄 우려가 있는 경우에 한하여 가변예치의무제도를 시행할 수 있도록 규정하고 있으나 아직까지 동 제도를 실제 시행한 적은 없다.

표 11-2　　　　　간접규제에 의한 자본통제 수단

종 류	내 용
가변예치의무제	거주자의 해외차입이나 외화증권발행에 대해 일정비율을 중앙은행에 예치
무이자 지급준비금제	일정한도 이상의 비거주자 외화예금에 대해 중앙은행에 무이자로 예치
자본거래세	거주자의 해외차입시나 비거주자의 국내증권투자시 일정률의 세금을 부과

이와 같은 자본통제 또는 규제는 비상시 외환수급을 인위적으로 조절하여 환율급변동을 방지하는 효과가 있으나 개방경제 체제하에서 국가신뢰도 저하를 초래하여 장기적으로 정책비용이 크고 금융시장 안정 효과도 대체로 단기간에 그치는 것으로 평가된다. 이는 직접규제의 경우 글로벌 금융시장의 통합과 고도의 금융거래기법에 의한 규제회피거래로 자본통제의 실효성이 떨어지는 데다 그 나라에 대한 시장의 불신 등 국가신인도에 부정적 영향이 크기 때문이다. 간접규제의 경우에도 자산분배의 효율성 감소, 기업의 자본조달 비용의 증가를 가져올 뿐만 아니라 자본통제가 적절한 거시경제정책과 함께 동반되지 않을 경우 정책효과가 반감된 사례가 적지 않다.[127] 따라서 자본통제는 위기시와 같은 특수한 상황에 국한하여 단기간 동안만 사용하는 것이 바람직한 것으로 인식된다.[128]

---

127 칠레의 경우 가변예치의무제를 사용한 직후 단기자본 유입 속도를 늦춘 것으로 평가받았으나 점차 우회거래에 따른 부작용이 증가하였다. 아시아 외환위기 당시 태국은 무이자 지급준비금제 시행 첫날 주가가 15% 급락하고 역외환율과 역내환율의 괴리가 커지는 등 금융시장이 크게 불안한 모습을 보이자 태국중앙은행이 다음날 주식투자자금을 예치대상에서 제외하였고 이후 면제대상 자금규모를 상향조정하는 등 규제를 점차 완화해나갔다.

128 Krugman(1998)은 일시적인 자본유출입 규제시 (i) 실질적인 경제활동에 미치는 영향 최소화, (ii) 변동환율제와 연계, (iii) 단기조치임을 공표, (iv) 구조조정을 위한 조치에 한정 등 네 가지 원칙을 제시한 바 있다.

국가 및 시기	주요 내용
칠레: 가변예치 의무제 (1991~98)	- 금융기관 해외차입액의 20%를 중앙은행에 예치토록 하였으며 직접 및 증권 투자자금 유입에 대해 최소만 기 요건(90일~1년)을 적용 - 기업의 해외차입시 최저신용등급 요건 적용(1994.9)
브라질: 자본거래세 (1993~97, 2009)	- 유입자본에 자본거래세(거주자 해외차입: 3%, 비거주 자 국내채권투자: 5%, 비거주자 국내주식투자: 1%)를 부과하면서 최소만기요건과 만기가 짧을수록 고세율 을 적용 - 2009년 10월 외국인의 헤알화표시 채권 및 주식투자 와 해외차입에 대해 각각 2%의 금융거래세를 다시 부과
콜롬비아: 가변예치의무 제 (1993~98, 2007~08)	- 만기 18개월 이하 단기자금유입에 대해 가변예치의무 제를 시행(해외차입액의 47%)한 이후 1994년중 두 차례에 걸쳐 규제를 강화 - 2007년 5월에도 외국인 증권투자에 대해 40%(2008.4, 50%로 인상) 및 6개월 무이자 예치를 의무화한 바 있으나 1년반 만에 폐지
태국: 포지션규제 (1995~1997), 대외송금 중지 (1997~1998), 무이자 지준제 (2006~2008)	- 1995년 비거주자 은행계정 및 바트화 차입시 지준부 과, 비대칭적 외환포지션 규제 시행 - 역외바트화포지션을 증가시키는 비거주자와의 거래 중지, 바트화표시자산 매각이익의 대외송금 중지 - 2006년 12월에도 1년 이하 2만달러 이상의 단기자본 에 대해 30% 무이자예치를 의무화하였으나 2008년 2월 폐지
말레이시아: 자금유출 직접 제한 (1998~2001)	- 역외 링깃화의 포지션 제한 - 역내 증권매각자금의 링깃화표시 예금 의무화 - 외환자산 매입시 중앙은행 승인 등 경상거래와 직접 투자를 제외한 광범위한 거래에 규제를 시행

사례 11-2　　　　　브라질의 금융거래세(IOF)

　　브라질은 글로벌 금융위기 이후 단기 캐리트레이드 자금유입을 억제하고 헤알화의 급격한 절상을 완화하기 위해 과거 1993년 도입한 바 있었던 금융거래세[IOF: Imposto sobre Operações Financeiras]를 2009년 10월 재도입하였다. 도입초기에는 주식 및 채권 투자 모두에 대해 금융거래세가 부과되었으나 2011년 12월에는 주식에 대한 금융거래세는 폐지하였다. 외화차입에 대해서는 글로벌 금융위기 직전에는 만기 90일내에 해당하는 자금에 거래세가 부과되었으며 이후 자금유입의 장기화를 유도하기 위해 11차례에 걸쳐 세율을 조정하였다.

　　금융거래세 도입 이후 포트폴리오 성격의 단기자본 유입 규모가 감소하고 장기자본 유입은 증가하는 등 자본유입 구조가 개선된 것으로 분석(IMF, 2013)되기도 하나 외국인투자자들이 캐리트레이드를 위해 달러매도/헤알화매입 스왑거래를 늘리면서 차익거래를 위한 자금유입이 지속되었고 브라질 은행들은 환리스크 완화를 위해 현물환시장에서 달러를 매도하면서 헤알화의 절상압력이 지속되었다.

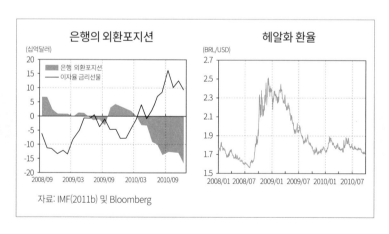

자료: IMF(2011b) 및 Bloomberg

외환건전성정책은 금융안정 및 위기대응력 강화에 기여

외환건전성정책은 비거주자에 대한 차별이 없이 금융안정을 주목적으로 하는 정책으로 외환부문의 미시건전성정책과 거시건전성정책을 포함한다. 특히 글로벌 금융위기 이후 외환부문과 관련한 거시건전성정책의 중요성이 부각되고 있는데 이는 개별 금융기관의 외환건전성이 양호하더라도 경제 전체적으로 취약한 외채구조, 통화 및 만기 불일치 위험 등 외환부문의 구조적 취약성이 큰 경우에는 대규모 자본유출입으로 금융시스템의 안정성이 위협받고 경제의 실물부문에도 부정적 영향이 빈번히 나타나고 있기 때문이다.[129]

외환건전성정책의 주요 수단들은 금융기관의 대차대조표 항목 변화에 따라 그 성격을 구분해 볼 수 있다. 첫째, 금융기관의 해외차입이나 외채 증가 등 과도한 외자유입을 억제함으로써 금융기관의 외화부채 증가를 일정수준으로 관리하는 방식이다. 이를 통해 대규모 외자유출 위험을 사전적으로 줄이고 금융시장 변동성 확대 가능성을 완화하는 데 초점을 두고 있다. 이에는 외화지급준비금$^{FX\ Reserve\ Requirement}$, 은행세$^{bank\ levy}$ 등이 포함된다.

둘째, 금융기관의 자산 부문에 주로 영향이 나타나는 조치들을 들 수 있는데 대표적으로 금융기관의 외화대출을 일정 범위로 제한하는 경우이다. 예를 들어 외화대출을 외화예금에 대한 일정비율 이내로 제한하거나 대출용도에 일정 요건을 부과함으로써 경제내의 과도한 신용팽창과 기업의 환리스크 노출을 억제하는 것을 들 수 있다.

---

129 외채구조가 취약하다는 것은 경제규모대비 총외채의 비중이 클 뿐만 아니라 총외채에서 차지하는 단기외채 비중이 높은 경우를 말한다. 통화불일치란 한 나라 전체 또는 금융기관의 외화부채와 외화자산의 차이를 의미하며 만기불일치는 이를 각각 만기별로 구분하여 [(외화자산-외화부채)/총외화자산]의 비중으로 시산한다.

셋째, 자산과 부채(또는 자본)의 비율을 적용하는 경우이다. 가령 금융기관의 외환파생상품거래에 따른 환리스크를 최소화하고 외채증가를 억제하기 위해 자기자본 규모 대비 외환파생포지션을 일정범위내로 제한하는 것을 예로 들 수 있다. 또한 금융기관이 외화부채 또는 필요지급액에 상응하는 정도의 외화유동성이나 자본을 충분히 확보하여 금융기관의 위기대응력을 높이는 수단으로 단기적인 외화유동성비율이나 중장기적인 순안정자금조달비율을 적용하는 경우도 이에 해당된다. 외환건전성정책 수단들의 성격 및 내용에 대해 정리해 보면 <표 11-3>과 같다.

표 11-3   외환건전성 정책수단 및 성격

구 분	종 류	성 격	내 용
거시 건전성	외화지급준비금	부 채	외화표시부채의 일정부분을 중앙은행에 예치
	은행세		금융기관 비예금성 외화부채에 부과금 징수
	외화대출규제	자 산	외화대출의 비율규제 또는 용도 제한
	외환파생포지션비율	비율 규제	은행의 자기자본 대비 외환파생포지션비율 규제
미시 건전성	외화유동성비율		단기 및 중장기 외화유동성비율 규제

이러한 외환건전성정책은 궁극적으로 외부충격으로부터 금융시스템의 복원력resilience을 높이고 구조적 취약성vulnerability은 낮추어 자본유출입에 따른 부정적 영향을 줄이는 데 주목적이 있다. 주요 정책수단들을 1차목표 및 파급경로에 따라 구분해 보면 외화지급준비금, 은행세 및 외화파생포지션규제 등은 일차적으로 대규모 자본유입을 억제하는데 주안점이

있다. 이를 통해 대규모 외자유입에 따른 통화가치 급등을 방지하고 외채 증가나 통화 및 만기 불일치를 최소화한다. 또한 외화대출에 대한 규제는 이러한 외자유입 억제수단과 더불어 국내 자산 및 금융시장에 대한 과도한 신용팽창을 방지하는데 초점을 둠으로써 경기순응성을 완화하고 자산가격 안정을 도모한다. 아울러 미시적 정책수단으로서의 단기 외화유동성비율규제나 중장기 자금조달비율규제는 위기시에 대응한 개별 금융기관의 외화안전자산의 확보를 용이하게 하고 금융기관 및 기업의 환리스크 관리를 강화하는 효과가 있다. 외환건전성 정책수단의 기대효과 및 목표를 정리해 보면 아래 <그림 11-3>과 같다.

그림 11-3   외환건전성 정책수단의 기대효과 및 목표

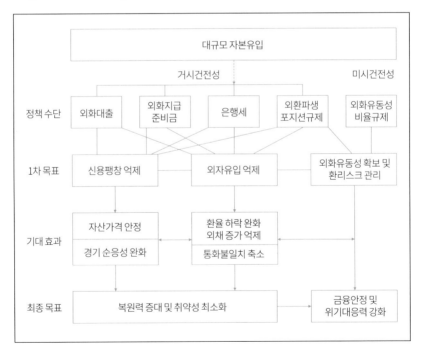

요약하자면 외환건전성 정책수단들은 대규모 자본유입을 억제하여 금융시스템 위험을 줄이고 외자유출에 따른 부작용을 선제적으로 차단함으로써 금융안정을 달성하고 위기대응력을 높이려는 데 주목적이 있다고 할 수 있다. 아래에서는 각 정책수단에 대해 주요 특징과 국별 사례를 부연하여 설명하였다.

◆ 외화지급준비금

외화지급준비금 제도는 은행의 외화예금이나 외화표시발행채권 등 외화부채를 대상으로 일정비율의 지급준비금을 중앙은행에 예치하게 함으로써 주로 과도한 자본유입을 억제하는 수단으로 사용된다. 외자유입을 억제하는 수단이라는 점에서 자본통제 수단인 무이자 지급준비금제와 유사하나 거주자와 비거주자를 차별하지 않고 자본유출입 자체보다 금융안정 목적이 더 우선시하므로 외환건전성 조치로 분류할 수 있다.[130]

국가에 따라서 부채의 유형, 만기, 표시통화 등에 따라 지급준비율을 차등 부과하는 등 세부적으로 매우 다양하게 운영되고 있다. 특히 단기성 부채에 대한 지급준비율을 장기성 부채보다 높게 하여 단기외채의 증가를 억제하는 경우가 많으며 자국통화예금과 외화예금에 대한 지급준비율에 차등을 두기도 한다.[131] 주요 신흥국의 외화지급준비금 사례는 아래 <참고 11-2>에서 설명하였다.

---

130 Forbes et al(2015)는 무이자 지급준비금제는 자본규제로, 차등지급준비금제Differential reserve requirement on liabilities는 거시건전성 조치로 분류한 바 있다.

131 페루, 러시아, 터키 등의 경우 비거주자 또는 외화예금에 부과하는 지급준비율이 자국통화예금보다 상대적으로 높다. 우리나라의 경우 원화와 유사하게 외화예금의 지급준비율이 만기별로 1%, 2%, 7%로 설정되어 있다.

주요 규제	주요 내용
러시아	- 외국은행의 부채를 대상으로 의무지급준비율(MRR: Mandatory Reserve Requirement) 도입(2006.8) - 준비율을 3.5%로 상향조정(2006.10)하고 이를 3.5~8.5% 내에서 조정(2007년 7월~2008년 9월중) - 외국은행의 외국환통화 및 자국통화 부채에 대해 각각 8%, 5% 수준으로 통화별 차별화(2018.7)
크로아티아	- 은행의 외화부채에 대해 24%의 한계지급준비금(MRR: Marginal Reserve Requirement) 도입(2004)한 후 2006년까지 대상기관을 확대하고 지준율을 55%로 인상 - 2008년 10월 글로벌 위기발생 직후 폐지
아이슬란드	- 채권 및 예금 등의 신규 투자자금에 대해 특별지급준비율(SRR: Special Reserve Requirement) 40%를 1년간, 무이자로 중앙은행에 예치하고 결제는 자국통화로 한정(2016.6) - 2018년 11월 특별지급준비율을 20%로 하향조정
브라질	- 은행의 FX매도포지션 규모가 현물환 시장에서 30억달러 또는 자기자본(Tier1 기준)을 초과하는 경우, FX매도포지션 규모의 60% 수준을 무이자로 중앙은행에 예치하는 URR을 시행(2011.1)
페루	- 2010년 9월 외화예금에 대한 차등지급준비율(75%)을 시행
콜롬비아	- 유입외자의 40%를 중앙은행에 6개월간 예치하는 URR시행(2007.5)하고 위반시 준비금의 1.6~9.4%의 페널티를 부과 - 직접투자부문의 해외 자본에 대해 2년 보유 의무화 - 외국인의 국내 증권투자자금의 예치율을 50%로 상향(2008)
터키	- 은행에 대한 지준율을 통화별 및 만기별로 차등 적용하여 외화부채에 대한 지급준비율을 상향 조정하고 이자지급을 중단(2010)

터키는 2000년대 초반 평균 7% 내외의 경제성장률을 보였으나 대규
모 자본유입에 따른 통화절상과 경상수지 적자 누적, 과도한 신용팽창 등
으로 대외부문의 취약성이 증가하였다. 글로벌 금융위기 이후 해외은행으
로부터 차입금 및 은행의 기업대출이 증가하면서 2010~2013년중 신용증
가율이 30%를 초과하는 등 경제의 붐-버스트 사이클 위험이 커졌다.

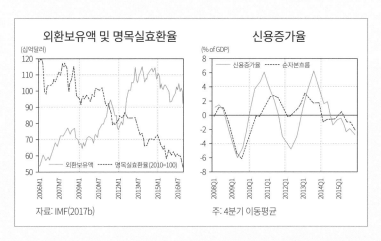

이에 대응하여 터키 당국은 외화지급준비금제도를 도입(2010)하여
단기 외자유입을 억제하고 신용증가율을 25% 이내로 유지하고자 하였
다. 특히 지급준비금을 자국통화와 외화로 선택적으로 지불케하는 지준
금옵션제[reserve option mechanism]를 도입하여 외자유입과 신용증가의 연계성
을 줄이고자 노력하였다. 그러나 2013년 미 연준의 테이퍼텐트럼 이후 자
본유출이 다시 증가하면서 환율이 큰 폭으로 상승하였으며 신용증가율이
2013~2014년경 30%를 상회하자 당국은 LTV를 강화하고 외화지준율 인
상을 통해 단기외채 증가의 억제를 도모하였다.

◆ 은행세

은행세는 금융기관의 차입금이나 발행채권과 같은 비예금성 부채 잔액에 대해 일정률의 부담금^{levy}을 징수하여 금융위기에 대응하는 수단으로 활용된다. 또한 많은 국가에서는 자국통화와 외화에 대한 구분 없이 은행세를 부과하는 경우가 일반적이다.

그러나 우리나라는 과도한 외자유입과 외채증가를 억제하기 위해 비예금성 외화부채에 대해서만 은행세의 일종인 외환건전성부담금 제도를 2011년 도입하였다. 이는 은행세를 통화별로 차등화하여 외환건전성 정책수단으로 활용한 경우라 할 수 있다. 제도도입 초기에는 외화부채중 중장기자금보다 단기자금에 대해 더 높은 세율을 부과하였으나 2015년 7월부터는 만기 1년 이하에 대해서만 단일세율(0.1%)을 부과하고 있다.[132]

◆ 외화대출 제한

외화대출이 과도히 늘어나는 경우 신용팽창을 가져오면서 대출재원 마련을 위한 외화차입이 함께 늘어나므로 외채를 증가시키고 금융불안시 급격한 자본유출의 원인이 되기도 한다. 외자를 차입한 기업의 입장에서도 자국통화의 가치하락시 원리금에 대한 상환 부담이 커지는 등 환위험에 노출된다. 따라서 일부 신흥국의 경우 외화대출의 규모나 용도 등을 제한하여 외환건전성을 확보하고자 한다. 우리나라의 경우에도 금융시장의 안정성 여부나 외화대출 증감 추이 등을 보아가며 은행별 대출한도나 대출용도를 조정해 나가고 있다.[133]

---

132 외환건전성부담금 적립액은 일반적인 조세수입과는 달리 외국환평형기금에서 구분하여 계리하여 향후의 위기발생시 금융기관에 대한 외화유동성 지원을 위한 재원으로 활용한다.

133 현재 우리나라는 외국환은행의 거주자에 대한 외화대출 용도를 원칙적으로 해외 사용목적으로만 허용하고 있다.

◆ 외환파생포지션한도

외환포지션한도제도는 금융기관의 환위험관리를 위해 은행의 외화 자산 및 부채간의 차이를 제한하는 수단이다. 국제적으로 통용되는 종합 외환포지션한도제도와 더불어 글로벌 금융위기 전후 선물환 및 통화스왑 등 외환파생상품거래로 인한 환율변동위험을 별도로 관리하는 외환파생 포지션한도제도가 일부 국가에서 활용되고 있다. 이 제도는 은행이 통화 선도 및 선물, 통화스왑, 통화옵션, NDF 등 다양한 외환파생상품거래의 결과 발생한 외환파생포지션을 자기자본대비 일정 비율로 제한함으로써 금융기관의 환리스크를 완화하고 거시적인 차원에서의 외환건전성을 확 보하는데 주목적이 있다. 우리나라가 2010년 도입한 선물환포지션한도 제도가 이에 해당된다.

참고 11-3 　　　주요국의 외환파생포지션한도 사례

국 가	주요 내용
브라질	- 은행의 외화 및 금(gold)에 대한 익스포저 한도를 은행 자기자본의 30%로 제한 (2007.8)
페루	- 매입초과외환포지션에 대해서는 자기자본의 50%, 매도초과외환 포지션에 대해서는 10%를 차등 부과 (2012)
콜롬비아	- 외환파생상품 매수·매도포지션 한도를 각각 자기자본의 500%로 제한 (2007.5)
한국	- 선물환포지션한도를 국내은행에 대해서는 자기자본의 50%, 외은지점에 대해서는 250%로 최초 설정(2010.6) 하고 이후 비율을 조정

◆ 외화유동성비율

위기예방 및 대응력을 높이기 위해서는 외환당국의 외환보유액 확충과 더불어 민간 금융기관도 평상시 외화유동성을 충분히 확보할 필요가 있다. 특히 금융기관의 외화 자산과 부채간의 괴리에서 비롯되는 통화 및 만기 불일치를 최소화하여 긴급한 외환수요에 대비하는 것이 중요하다. 이를 위해 각국 금융당국은 금융기관의 미시건전성 확보 차원에서 외화유동성비율을 설정하여 관리감독하고 있다.

금융기관 외화유동성의 안전성은 통상 유출가능 외화부채에 대해 즉시 활용가능한 외화자산의 비율로 판단하는 데 기간에 따라 세분화된다. 예를 들어 통상적인 외화유동성비율은 은행의 재무재표상 잔존만기 3개월내 외화부채 및 외화자산의 일정 비율을 통해 시산한다.

$$외화유동성비율 = \frac{외화자산_{(잔존만기3개월)}}{외화부채_{(잔존만기3개월)}}$$

이 보다 단기 외화유동성 지표로는 잔존만기 7일(또는 1개월)내 외화자산에서 외화부채를 차감한 금액을 총외화자산에 대한 비중으로 시산하는 만기불일치비율을 활용하기도 한다. 또한 중장기외자조달의 안정성을 확보하기 위한 목적으로는 중장기자금조달비율이 사용된다.

한편 글로벌 금융위기 이후 국제결제은행 산하의 바젤은행감독위원회[BCBS]는 외화유동성 관리와 관련하여 단기유동성 지표인 유동성커버리지비율[LCR: Liquidity Coverage Ratio]과 중장기 지표인 순안정자금조달비율[NSFR: Net Stable Funding Ratio]을 권고하고 있다. 일부 나라에서 이미 시행중인 유동성커버리지비율은 평상시가 아닌 시스템위기 상황에서 30일간 외화 순현금유출액을 감내할 수 있도록 고유동성 자산을 일정비율 이상 확보하도록 하고 있다는 점에 특징이 있다.

참고 11-4	국제결제은행의 외화유동성비율 규제

글로벌 금융위기 이후 은행들의 유동성 위험에 대한 관리가 중요해 지면서 바젤은행감독원회[BCBS]는 2010년 「은행 자본 유동성 규제기준(Basel III)」를 도입하여 단기유동성 지표인 「유동성 커버리지 비율[LCR: Liquidity Coverage Ratio]」과 중장기지표인 「순안정 자금조달 비율[NSFR: Net Stable Funding Ratio]」의 단계적 도입을 권고하였다. 특히 신흥국의 경우 금융위기 발생시 자국통화로 보유한 자산을 미달러화 등으로 전환하기 어려워 외화유동성비율 관리로는 한계가 있으므로 이 지표를 자국통화와 별도로 미달러화 등 주요 통화별로 구분하여 적용할 것을 권고하고 있다.

◆ 유동성커버리지비율[LCR]

단기유동성위험 관리 목적으로 순현금유출액[net cash outflows] 대비 고유동성자산[HQLA: High Quality Liquid Assets]의 비율을 의미[134]

$$LCR \equiv \frac{고유동성자산}{30일내\ 순현금유출액(현금유출액-현금유입액)} \geq 100\%$$

· 고유동성자산[HQLA]은 현금, 지급준비금, 국채 등 필요시 가치변화 없이 사용 가능한 자산을 의미하며, 순현금유출액에는 예금, 차입금 및 대출 등을 포함

◆ 순안정자금조달비율[NSFR]

중·장기 유동성위험 관리 방안으로 은행의 재무제표상 필요안정자금(자산)대비 조달가능한 가용안정자금(부채 및 자본)의 비율을 의미

---

134 BIS(2013) 참조

$$\text{NSFR} \equiv \frac{\text{가용안정자금}(\sum(\text{자본 및 부채} \times \text{가중치}))}{\text{필요안정자금}(\sum(\text{자산} \times \text{가중치}))} \geq 100\%$$

- 가용안정자금[ASF: Available Stable Funding]은 1년간 신뢰가능한 자금조달원으로 정의되며, 재무재표상 자본 및 부채 항목의 자금조달 유형이나 거래상대방 등에 따라 가중치를 부여하여 시산. 이 경우 장기자금 조달 및 소매예금과 관련한 거래상대방의 경우 안정성이 높은 것으로 평가
- 필요안정자금[RSF: Required Stable Funding]은 재무재표상 자산 및 난외계정[off-balance sheet account]의 잔존만기 및 유동성 가능 정도(자산처분제한여부 등)에 따라 가중치를 적용하며, 자산처분 비용이 높을 경우 필요안정자금이 증가

이러한 국제결제은행의 권고에 따라 외화LCR을 도입한 나라의 사례는 아래와 같다.

국가	주요 내용
아이슬란드	- 외화LCR비율≧100%(30일내 및 3개월내, 2013.12) - 외화 NSFRs비율≧80%를 도입(2014.3)하고 이를 90%(2016.1), 100%(2017.12)로 상향 조정
터키	- 은행에 대해 외화LCR을 도입(2014)하고 2019년까지 규제비율을 80%로 점진적 상향 조정
스웨덴	- 외화LCR비율≧100%를 도입(2013)하고 중요통화인 유로화, 미달러화에 대해서도 별도 적용
한국	- 외화LCR비율≧60%(30일내, 2016)를 도입하고 이를 점진적으로 상향 조정

한편 우리나라는 1997년 외환위기 이후 외국환은행의 외화유동성 확보와 통화 및 만기불일치 관리를 위해 다양하게 시행해 오던 외화유동성 관련 규제를 2016년 외화LCR 제도를 도입하면서 대폭 정비하였다. 즉 기존의 7일갭, 1개월갭 및 외화유동성비율(3개월)을 외화 LCR로 통합하고 외화안전자산비율은 폐지하였다. 외화LCR비율은 최초 60%에서 2019년까지 80% 이상으로 점진적으로 상향조정하여 시행하고 있다.[135] 반면 외국환은행을 대상으로 시행하고 있는 중장기 외화자금조달비율은 기존과 동일하게 운용하고 있다.

표 11-4   한국의 외화유동성 규제

외화LCR 도입이전		도입이후
규제내용	산출방식	
7일갭 비율	잔존만기 7일 (외화자산-외화부채)/총외화자산 ≧ -3%	외화LCR ≧80% 으로 일원화
1개월갭 비율	잔존만기 1개월 (외화자산-외화부채)/총외화자산 ≧ -10%	
외화유동성비율(3개월)	잔존만기 3개월 외화자산/외화부채 ≧ 85%	중요통화별로 LCR 모니터링
외화안전자산비율	외화안전자산/총외화자산 ≧ 2%	폐지
중장기 외화자금조달 비율(1년초과)	만기 1년초과 외화자금조달잔액/(만기1년 이상 외화대출잔액 +만기보유 유가증권 잔액)≧ 100%	좌동

---

135 외화LCR비율의 적용대상기관은 일반은행과 특수은행이나 외화부채규모가 5억달러(또는 외화부채비중 5%) 미만인 은행과 외은지점, 수출입은행은 제외하고 있다. 단, 산업은행은 60%를 적용하고 있다.

우리나라는 글로벌 금융위기 이후 외화유동성비율과 중장기 외화대출의 용도 및 재원조달비율을 강화한 데 이어 거시건전성정책으로서 선물환포지션한도제도(2010) 및 외환건전성부담금(2011, 은행세)을 도입하고 외국인 채권투자에 대한 과세(14%)를 환원(2011)한 바 있다.

선물환포지션한도는 최초 도입 이후 비율을 아래 표에서 보는 바와 같이 탄력적으로 조정해왔다. 외환건전성부담금은 도입당시 계약만기별로 0.02~0.2%의 세율을 차등적용하였으나 2015.7월 이후에는 계약만기 대신 잔존만기를 적용하여 세율을 0.1%로 단일화하였으며 적용대상기관도 은행외에 증권 · 카드 · 보험사로 확대하였다. 또한 금융기관에 대한 외화유동성비율 규제는 외화LCR로 개편하면서 긴급시에 대비한 외화유동성 확보 노력을 강화하였다.

선물환포지션한도 조정 추이

(단위: %)

시기	최초(2010.10월)	2011.7월	2013.1월	2016.7월	2020.3월
국내은행	50	40	30	40	50
외은지점	250	200	150	200	250

주: 수치는 자기자본 대비 한도를 나타냄

이러한 일련의 외환건전성정책에 힘입어 우리나라는 국제자본이동의 변동성 확대에도 불구하고 원화환율이 대체로 안정세를 보이는 가운데 단기외채비중이 30% 내외로 축소되는 등 외채구조가 개선되고 금융기관의 통화불일치는 크게 개선되는 모습이 나타났다.

한편 2020년 5월말 현재 우리나라가 채택하고 있는 다양한 외환건전성정책들은 대체로 국내 외국환은행과 기타 금융기관별로 차별화되어 있는데 이를 금융업권별로 정리해 보면 아래 표와 같다.

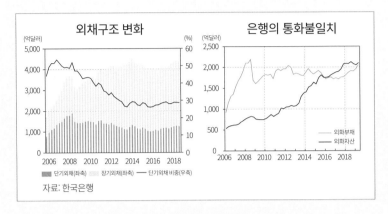

외채구조 변화

은행의 통화불일치

자료: 한국은행

금융업권별 외환건전성 정책수단 현황

구분	최초 도입시기	산출 방식	대상 및 비율				
			은행	보험	금투	여전	종금
종합 포지션	'81.4월	통화별 Max(매도 또는 매수 초과포지션) / 전월말 자기자본 (보험사: 전분기말 지급여력금액)	≤50%	≤20%	≤50%	×	≤50%
선물환 포지션	'10.10월	선물 외화자산-선물 외화부채 / 전월말 자기자본	≤50%	×	≤50%	×	≤50%
외화LCR	'17.1월	고유동성 외화자산 / 향후 30일 이내 외화 순현금유출	≥80%	×	×	×	×
중장기 외화자금 조달비율	'91.1월	1년 초과 외화조달잔액 / 1년 이상 외화대출잔액	≥100%	×	×	×	≥100%
외화유동성 비율	'97.7월	외화유동성 자산 / 외화유동성 부채	×	≥80%	≥80%	≥80%	≥85%
7일 갭비율	'99.1월	기간별(외화자산-외화부채) / 총외화자산	×	≥△0%	≥△0%	≥△0%	≥△0%
1개월 갭비율	'91.1월		×	≥△10%	≥△10%	≥△10%	≥△10%
외환건전성 부담금	'11.8월	비예금성외화부채 (총외화부채-외화예수금 등)	10bp	10bp	10bp	10bp	×

주: 2020년 5월말 기준

요약

국가간 자본이동의 확대와 자본유출입 변동성의 확대에 대응하여 신흥국은 자본유출입관리정책을 도입하며 금융안정을 위해 노력하고 있다. 글로벌 금융위기 이후에는 인위적인 자본통제보다는 외환부문에 대한 다양한 형태의 거시건전성 정책이 부각되고 있는데 이러한 외환건전성정책은 주로 대규모 자본유입을 사전적으로 줄여 금융시스템의 복원력 증대와 구조적 취약성을 최소화함으로써 금융안정을 도모하는데 주 목적이 있다. 이러한 외환건전성 정책들은 국가간 자본유출입에 영향을 미치므로 각국 환율에도 간접적인 영향을 준다고 할 수 있다.

참고문헌

Aizenman, Joshua, and Vladysav Sushko, 2011, "Capital Flows: Catalyst or Hindrance to Economic Takeoffs?", *NBER Working Paper* No. 17258.

Akinci, Ozge, and Olmstead-Rumsey, 2009, "How Effective Are the Macroprudential Policues? An Empirical Investigation", *International Finance Discussion Paper* No. 1136.

Ariyoshi, A., K.Habermeier, B. Laurens, I. Otker-Robe, J. Canales Kriljenko, and A. Kriljenko, 2000, "Capital Controls: Country Experience with Their Use and Liberalization", *IMF Occasional Paper* No. 190.

Avdjiev, Stefan, Robert McCauley, and Patrick McGuire, 2012, "Rapid Credit Growth and International Credit Challenges for Asia", *BIS Working Paper* No. 377.

BIS, 2013, *Basel III: The Liquidity Coverage Ratio and liquidity risk monitoring tools*, Basel Committee on Banking Supervision.

Balakrishnan, R., Tulin, V., 2006, "U.S. Dollar Risk Premiums and Capital Flows", *IMF Working Papers* No. 06/160.

Blanchard, Oliver, Jonathan Ostry, Atish Ghosh, and Marcos Chamon, 2016, "Capital Flows: Expansionary or Comtractionary?" *American Economic Review*, 106(5).

Calvo, G. A. and Reinhart, C. M., 2000, "Fear of Floating", *NBER Working Paper* No. 7993.

Catão, L.A.V. and Milesi-Ferretti, G.M., 2013, "External Liabilities and Crises" IMF Working Paper WP/13/113.

Cerutti, Eugenio, Stijn Classens, and Luc Leaven, 2017, "The Use and Effectiveness of Macroprudential Policies: New Evidence", *Journal of Financial Stability* 28.

CGFS, 2012, "Operationalising the Selection and Application of Macroprudential Instruments", *Committee on the Global Financial System Papers* No. 48.

Classens, Stijn, 2014, "An Overview of Macroprudential Policy Tools", *IMF Working Paper* WP/14/214.

Edward, Sebastian, 2007, "Capital Controls, Sudden Stops and Current Account Reversals in International Capital Flows", Iniversity of Chicago Press.

Forbes, K., Fratzscher, M., Kostka, T., Straub, R., 2015, "Bubble thy Neighbor: Portfolio Effects and Externalities from Capital Controls", *ECB Working Paper*, No. 1456.

Goldfajn, I., and A. Minella, 2005, "Capital Flows and Controls in Brazil: What Have We Learned?" *NBER Working Paper* No. 11640.

IMF, 2010, "Capital Inflows: The Role of Controls", *IMF Staff Position Note*, SPN/10/04.

———, 2011a, "The Effectiveness of Capital Controls and Prudential Policies in Managing Large Inflows", *IMF Staff Discussion Note* SDN/11/14.

———, 2011b, "Recent Experience in Managing Capital Inflows - Cross-cutting Themes and Possible Policy Framework", SPR Department.

———, 2011c, "The Multilateral Aspects of Policies Affecting Capital Flows", MCM and SPR Department.

———, 2013, "Key Aspects of Macroprudential Policy", *IMF Policy Paper*.

———, 2017a, "Increasing Resilience to Large and Volatile Capital Flows: The Role of Macroprudential Policies", *IMF Policy Paper*. SM/17/141.

———, 2017b, "Increasing Resilience to Large and Volatile Capital Flows: The Role of Macroprudential Policies-Case studies", *IMF Policy Paper*.

Kim, Soyoung, and Doo Yong Yang, 2011, "The Impact of Capital Inflows on Asset Prices in Emerging Asian Economies: Is Too much money chasing too little goods?" *Open Economies Review*, Vol. 22.

Korinek, Anton, and Damiano Sandri, 2016, "Capital Controls or Macroprudential Regulation?", *Journal of International Economics* 99.

Krugman, P., 1998, "What Happened to Asia?" mimeo.

McGuire P., and G. Von Peter, 2012, "The US Dollar Shortage in Global Banking and the International Policy Response", *International Finance* Vol. 15.

N"Diaye, P., 2007, "Capital Flows and the Yen-U.S. Dollar Exchange Rate: Japan - Selected Issues", *IMF Country Reports*, No. 07/281.

Ostry, Jonathan D., Atish R. Ghosh, Macros Chamon, and Mahvash Qureshi, 2012, "Tools for Managing Financial-Stability Risks from Capital Flows", *Journal of International Economics* Vol. 88.

Reinhart, Dennis, and R. Sowerbutts, 2015, "Regulatory Arbitrage in Action: Evidence from Banking Flows and Macroprudential Policy", *Bank of England Staff Working Paper*, No. 546.

한국은행, 2015, 『한국의 거시건전성정책』.

제12장
글로벌 금융안전망

With the growing financial and economic integration of emerging market economies into the global economy, the global financial safety net(GFSN) has become increasingly important.

- ECB Economic Bulletin, 2016

개 요

글로벌 금융위기 이후 위기예방과 금융안정을 위해서는 개별 국가의 노력 못지않게 국제공조에 바탕을 둔 글로벌 금융안전망이 매우 중요한 요소로 부각되었다. 글로벌 금융안전망에는 국제기구 긴급융자, 지역 금융안전망, 국가간 통화스왑 등이 있는데 위기의 사전적 예방과 효과적인 대응을 통해 환율의 안정에 도움을 준다. 본 장에서는 글로벌 금융안전망의 종류 및 특징에 대해 소개하고 위기대응을 위한 다층적 방어막의 필요성을 설명하였다.

글로벌 금융안전망은 제2선 위기방어막

한 나라가 외화유동성 부족에서 오는 외환위기를 예방하기 위해서는 일차적으로 그 나라 중앙은행이 외화유동성 부족시에 대비한 비상금으로서 외환보유액을 충분히 확보하여야 한다. 그러나 2008년 글로벌 금융위기가 발생한 이후 이러한 각국의 개별적인 노력만으로는 위기의 예방과 대응이 충분하지 않다는 주장이 설득력을 얻으면서 G20 국가들을 중심으로 범세계적인 차원에서 위기발생을 억제하기 위한 글로벌 금융안전망GFSN: Global Financial Safety Net에 대한 논의가 활발하게 진행되어 왔다.

글로벌 금융안전망이란 외화유동성 부족시 각국이 활용할 수 있는 범세계적 차원의 유동성 지원체계를 의미한다. 이에는 국제기구 긴급융자 제도, 지역 금융안전망, 국가간 통화스왑 등이 대표적인데 아래의 그림에서 보는 바와 같이 글로벌 금융위기 이후 글로벌 금융안전망의 활용 규모

가 크게 증가하였다. 이는 개별 국가의 독자적인 노력 못지 않게 국제적
공조가 금융안정과 위기대응에 매우 중요해졌음을 의미한다.

그림 12-1   글로벌 금융안전망 규모 추이

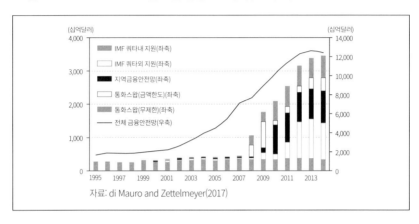

자료: di Mauro and Zettelmeyer(2017)

글로벌 금융위기 이후 글로벌 금융안전망의 중요성이 부각된 배경은
다음과 같다. 첫째, 외환위기의 가장 직접적인 요인인 급격한 자본유출입
은 각국의 대내적 요인보다 선진국 통화정책 변화와 국제자본이동 확대
등 대외요인에 더 큰 영향을 받는다는 점에서 각국의 위기대응만으로는
한계가 있으므로 국제적 차원의 공동대응이 중요해졌다.

둘째, 각국이 외환보유액 확충으로 국가부도와 같은 외환위기 발생가
능성을 크게 줄일 수 있다 하더라도 비상시 중앙은행의 외화유동성 공급
으로 외환보유액이 급감하는 경우 그 자체가 시장불안 요인으로 작용하
므로 환율변동성 확대를 근본적으로 차단하기 어렵다. 또한 외환보유액
의 유지에는 막대한 보유비용이 수반된다는 점도 글로벌 금융안전망의
필요성을 크게 하는 요인이다.

셋째, 위기발생시 IMF 등 국제기구의 융자제도는 주로 위기가 발생한

이후 사후적인 대책으로서 효과가 있으나 위기발생을 사전적으로 억제하는 기능은 미흡한 것으로 지적되었다. 따라서 사전적인 위기예방 목적에 보다 충실하도록 IMF의 긴급융자제도의 개선 필요성이 제기되었다.

넷째, 글로벌 금융위기시 미 연준과의 국가간 통화스왑이 해당국의 위기대응에 큰 효과를 발휘하면서 기존의 외환보유액 및 국제기구의 긴급융자제도와 더불어 보다 다층적인^{multi-layered} 글로벌 금융안전망의 필요성이 제기되었다.

글로벌 금융안전망의 확충은 주요국의 환율안정에 직간접적으로 도움을 준다. 한 나라의 외환보유액 수준의 적정성 여부와 더불어 글로벌 금융안전망 체계가 갖추어져 있는 경우 외부충격이 발생하더라도 시장의 불안심리 확대를 억제하여 외환시장에서의 쏠림현상이나 위기의 전염을 최소화할 수 있으므로 환율의 변동성 확대를 완화하는 데 도움을 준다. 또한 위기가 이미 발생한 경우에도 글로벌 금융안전망을 활용하여 실질적인 유동성 공급이 이루어질 수 있으므로 위기의 수습과정에서 환율안정에 도움이 된다.

따라서 주요국의 위기발생 가능성에 대한 판단이나 위기수습 과정에서 향후 환율변동에 대한 예측을 위해서는 해당 국가가 글로벌 금융안전망 체계를 효과적으로 갖추고 있는지 또는 이 체계가 원활히 작동할 것인지 여부 등을 평가해 보는 것이 중요하다고 할 수 있다.

IMF 긴급융자제도의 위기예방 목적이 강화

글로벌 금융위기 이후 IMF는 회원국에 대한 긴급융자제도에 있어 사전적인 위기예방 기능을 강화하였는데 이러한 제도 개선은 기존의 긴급융자제도에 대한 다음과 같은 비판에 따른 것이다. 첫째, 과거 IMF의 긴급융자가 회원국의 위기발생 이후 자금을 지원하는 사후적인 수단의 성격이 강한 반면 사전적인 위기예방 효과가 미흡한 것으로 지적되었다. 둘째, 과거 IMF는 위기가 발생한 회원국에 유동성을 공급하면서 해당국 거시경제정책 운영에 지나치게 엄격한 조건을 부과함에 따라 국별 특수성을 충분히 반영하지 못하고 경제주권을 과도하게 침해한다는 비판에 직면하였다. 셋째, IMF의 긴급융자를 받는 자금수혜국의 경우 위기수습에 도움이 되는 측면이 있음에도 불구하고 위기발생국이라는 오명이 수반되는 낙인효과^{stigma effect}가 나타남으로써 위기발생국이 IMF의 긴급융자를 활용하는데 제약요인으로 작용하였다.

이런 점을 배경으로 IMF 긴급융자제도의 개선이 이루어졌는데 그 결과 탄력적 크레딧라인^{FCL: Flexible Credit Line}과 예방적 크레딧라인^{PCL: Precautionary Credit Line}제도가 새로이 도입됨으로써 기존의 대기성차관^{SBA: Stand-by Arrangements}과 우발적 크레딧라인^{CCL: Contingent Credit Line}제도에 대한 보완이 이루어졌다.

기존의 대기성 차관은 회원국에 단기적인 국제수지 불균형 문제가 발생한 경우 회원국의 IMF쿼터 대비 600%까지 긴급유동성을 인출할 수 있는 제도이다. 신용인출기간은 통상 1~2년이나 최대 36개월까지 가능하며 5년내 상환하여야 한다. 대기성 차관을 제공받은 나라는 IMF의 경제정책 권고에 의무적으로 따라야 하며 경제상황에 대해 사후적인 검토를 정기적으로 받아야 한다.[136]

아시아 외환위기 직후인 1999년 들어 IMF는 우발적 크레딧라인을 도입하였는데 이 제도는 양호한 경제여건과 건실한 제도를 운영하는 나라가 이웃나라 위기의 전염으로 예상치 못한 유동성 위기에 처할 경우 IMF가 긴급유동성을 공급해 줌으로써 위기의 확산을 방지하는 것을 주목적으로 한다. 아시아 외환위기 발생시 우리나라와 같이 기초경제여건

---

136 우리나라의 1997년 외환위기시 IMF로부터 제공받은 유동성은 대기성 차관이라 할 수 있다. 당시 우리나라는 IMF의 정책권고에 따라 정책금리인 콜금리를 30%까지 인상하기도 하였다.

이 대체로 양호한 것으로 평가받고 있었음에도 불구하고 인접국 위기의 전염영향을 받은 경우를 제도도입 배경으로 한다. 이 경우에도 대기성 차관과 마찬가지로 자금수혜국은 사후적으로 대출조건에 대한 IMF의 엄격한 사후 검토를 의무적으로 받아야 한다.

2008년 글로벌 금융위기 이후 도입된 탄력적 크레딧라인 제도는 위기예방을 위해 경제여건이 양호한 회원국에 대해 언제든지 자금을 대출해 주는 제도이다.[137] 기존의 대기성 차관이나 우발적 크레딧라인과는 달리 위기발생에 따른 IMF의 긴급대출이 이루어지더라도 회원국에 사후적인 조건을 적용하지 않으며 대출금액에도 제한이 없다. 다만, 사전적으로 회원국이 신용을 공여받기 위해서는 양호한 기초경제여건과 건전한 제도 운영 및 유지 등 일정조건을 갖추어야 한다. 대출기간은 1~2년 단위이며 대출금리는 대기성 차관과 유사하다.

이와 유사한 예방적 크레딧라인 제도는 실제 위기가 발생하지 않더라도 IMF로부터 예방적 목적으로 긴급대출을 받을 수 있도록 한 제도로 2010년 8월 도입되었다. 기초경제여건이 양호한 회원국이 위기발생 가능성이 있다고 판단되는 경우 사전적인 대출이 이루어진다는 점에서 탄력적 크레딧라인과 유사하나 사후적인 조건이 부여된다는 점에서 다르다. 따라서 예방적 크레딧라인 제도는 탄력적 크레딧라인을 적용받기 힘든 나라에 대해 대기성 차관과 탄력적 크레딧라인을 절충한 형태로 볼 수 있다. 한편 예방적 크레딧라인 제도는 기존의 대출기간인 1~2년과 더불어 6개월 기간의 단기대출을 추가하고 융자신청도 위기발생 이전만 가능하던 것을 위기상황에서도 가능하도록 제도를 보완하면서 2011년 11월에는 예방적 · 유동성 크레딧라인$^{PLL: Precautionary and Liquidity Line}$으로 변경되었다.

---

137 2017년 현재 탄력적 크레딧라인을 활용하고 있는 나라는 콜롬비아, 멕시코, 폴란드 세 나라이다.

한편 IMF가 자금수혜국의 경제상황에 대해 사후적 및 사전적 검토를 시행하는 것은 자금수혜국의 도덕적 해이$^{moral\ hazard}$를 최소화하기 위한 것으로 볼 수 있다. 이는 자금수혜국이 일시적인 유동성 부족에 처하여 IMF의 긴급유동성을 지원받는 경우 해당국 쿼터를 초과하여 자금을 공여받게 되므로 다른 회원국들의 암묵적인 동의를 필요로 하는 데 따른 것으로 이해할 수 있다. 탄력적 크레딧라인과 예방적·유동성 크레딧라인에서 사전적 및 사후적인 신용공여 조건으로 검토하는 주요 분야 및 지표는 다음과 같다.

표 12-1   PLL 및 FCL 수혜자격 기준 비교

PLL 자격범위 (qualification area)	FCL 자격기준 (qualification criterion)
1. 대외포지션 및 시장접근성	1) 지속가능한 대외포지션(external position) 2) 민간부문에 의해 주도되는 자본수지(capital account) 포지션 3) 국제자본시장에서 양호한 조건으로 조달한 자본 조달 실적(track record) 4) 예비적 목적으로 협약 신청시 상대적으로 충분한 지급준비금(reserve) 포지션
2. 재정정책	5) 지속가능한 공공부채 수준 등 건전한 공공 재정
3. 통화정책	6) 건전한 통화 및 외환 정책을 바탕으로, 낮고 안정적인 물가상승률
4. 금융부문 건전성 및 감독	7) 은행시스템 안정성을 저해하는 은행부문의 지급불능 문제의 부재 8) 효과적인 금융부문 감독
5. 적절한 통계	9) 통계의 정확성 및 투명성

주 : FCL의 경우 9개 기준을 충족하여야 신용공여가 이루어지나, PLL의 경우 5개 자격범위 항목 중 1~2개의 항목에 취약성이 있는 경우에도 지원대상이 됨

자료: IMF(2014)

지역 금융안전망은 글로벌 금융안전망을 보완

전 세계적 차원의 금융안전망인 IMF의 긴급융자제도와 별도로 인접 국가들간의 금융안전망이라 할 수 있는 지역 금융안정망^{RFSN: Regional} ^{Financial Safety Net}도 그 중요성이 커져 왔다. 인접국가의 경우 경제구조가 대체로 유사하고 지리적으로 가까워 한 나라의 위기발생시 이웃국가로 쉽게 전이되는 특성이 있으므로 국가간 공동의 이해를 바탕으로 잠재적 위기에 공동 대응해 나갈 필요성이 크기 때문이다.

대표적인 지역 금융안전망으로는 아시아 지역의 치앙마이 이니셔티브 협정^{CMI: Chiang Mai Initiative}, 유럽의 금융안정 메커니즘^{ESM: European Stability} ^{Mechanism}, 중남미 준비기금^{FLAR: Fondo Latinoamericano de Reservas}, 중동지역의 아랍통화기금^{AMF: Arab Monetary Fund}과 최근 브릭스^{BRICs: Brazil, Russia, India, China} 국가간에 설립된 긴급 외환보유액 협정^{CRA: Contingent Reserve Arrangement} 등을 들 수 있다.

아시아 지역의 경우 1997년 아시아 외환위기를 경험하면서 IMF에 대한 의존도를 줄이고 위기재발 방지를 위한 역내 금융협력체계의 구축을 모색하였다. 이에 따라 2000년 5월 처음으로 한국, 중국, 일본과 아세안 10개국이 역내 국가 상호간 자금지원체계인 치앙마이 이니셔티브^{CMI}를 구축하였다. 이후 2005년에는 치앙마이 이니셔티브의 국가간 스왑규모를 증액하고 IMF 비연계비율을 확대하였다. 여기서 IMF 비연계비율이라 함은 역내 국가간 자금지원시 IMF 구제금융 규모와 관계없이 인출가능한 비율[138]을 말한다. 따라서 IMF 비연계비율이 높을수록 치앙마이 이니셔티브에 의한 지역 금융안전망 자체자금의 지원규모는 IMF로부터 제약을 덜 받게 된다.

---

138 최초 치앙마이 이니셔티브 출범당시 IMF 비연계비율은 10%에 불과하였다.

2006년 5월에는 기존의 양자간 스왑협정을 역내 다자간 협정$^{CMIM:\ Chiang}$
$^{Mai\ Initiative\ Multilateral}$으로 확대하는 논의를 시작하여 2010년 3월 발효되었다.
다자간 스왑협정의 총재원은 출범 당시 1,200억달러였으나 2012년 이를
다시 2,400억달러로 증액하였으며 위기해결용 자금$^{CMIM\ Stability\ Facility}$에 더하
여 위기예방 프로그램$^{PL:\ Precautionary\ Line}$을 도입하고 IMF와의 비연계비율도
30%로 확대하였다. 전체 분담금중 한 · 중 · 일 세 나라의 비중이 80%이
며 이중 한국의 비중은 16%로 중국 및 일본(32%)의 절반에 해당한다.

표 12-2   CMIM 분담금 및 수혜한도

		분담금		수혜한도[1]
		분담금(억달러)	비중(%)	(억달러)
한국		384.0	16.0	384.0
중국[2]		768.0	32.0	405.0
일본		768.0	32.0	384.0
한 · 중 · 일 합계		1,920.0	80.0	1,173.0
Big	인도네시아	91.04	3.79	227.60
	말레이시아	91.04	3.79	227.60
	태국	91.04	3.79	227.60
	싱가포르	91.04	3.79	227.60
	필리핀	91.04	3.79	227.60
	합계	455.2	19.0	1,138.0
Small	브루나이	0.6	0.02	3.0
	캄보디아	2.4	0.10	12.0
	라오스	0.6	0.02	3.0
	미얀마	1.2	0.05	6.0
	베트남	20.0	0.83	100.0
	합계	24.8	1.0	124.0
아세안 합계		480.0	20.0	1,262.0
총계		2,400.0	100.0	2,435.0

주 : 1) 수혜한도는 최대수혜금액(=분담금×인출배수)을 의미

    2) 중국은 중국 및 홍콩을 포함

자료: 한국은행

아시아 지역의 금융안전망이 구축된 이후 실제 역내국가에 자금이 지원된 사례는 아직 없으나 글로벌 금융안전망과 더불어 지역 금융안전망을 통한 위기대응 체제의 구축 자체만으로도 위기예방 효과가 있는 것으로 평가된다. 다만, 역내 위기예방과 대응에 보다 실질적인 효과를 발휘하기 위해서는 자금지원의 신속성, IMF 비연계비율의 확대, 자금수혜국의 도덕적 해이 방지 등이 향후 중요한 과제로 인식되고 있다.

국가간 통화스왑은 탄력적 외화유동성 공급수단

국가간 통화스왑bilateral swap agreement이란 금융위기나 외환부족 사태에 대응하기 위해 두 나라간 통화를 서로 맞교환함으로써 부족한 유동성을 상호공급할 수 있도록 한 글로벌 금융안전망 수단의 하나이다. 특히 신흥국의 경우 자국통화가 국제화되지 못하여 유동성 위기 발생시 외자조달에 어려움이 크므로 미국 등 선진국과 국가간 통화스왑을 체결할 경우 외화유동성 부족에 즉시 활용가능한 별도 자금이 확보되고 따라서 위기대응력이 강화되는 효과가 있다.

국가간 통화스왑은 IMF 등 국제기구의 긴급융자에 비해 다음과 같은 장점이 있다. 첫째, IMF 자금융자에 필요한 까다로운 조건과 절차에 비해 보다 신속하고 유연하게 유동성 공급이 가능하다. 둘째, IMF의 지원에 필요한 재원이 한정적인데 반해 미 연준과의 통화스왑은 기간 및 금액한도가 없는 형태로 발전하고 있다. 셋째, 자금수혜국의 입장에서 IMF 융자에서와 같은 낙인효과를 방지하고 자금수혜에 따른 정치적 부담이 적다. 넷째, 중앙은행간 이루어지는 통화스왑이므로 사전적으로 대상국을 선정하여 도덕적 해이를 최소화할 수 있다.

기축통화국인 미국은 미달러화 유동성을 공급하는 범세계적 차원의 최종대부자^{lender of last resort} 기능을 수행함으로써 국제금융체제의 안정을 도모하고 있다. 이를 위해 미 연준은 브레튼우즈 체제 이후 주요국과 국가간 통화스왑을 활용해 왔는데 이에 관해서는 <사례 12-1>에서 소개하였다.

사례 12-1   미 연준의 국가간 통화스왑

미 연준이 다른 나라 중앙은행과 체결하는 통화스왑 계약은 미달러화와 상대국 통화가 일정기간 맞교환된다. 미 연준에 의해 공급되는 미달러화는 미국 뉴욕연준에 개설되어 있는 상대국 중앙은행 계정을 거쳐 민간은행에 공급되며 반대로 상대국 통화는 상대국 소재 미 연준 계좌에 예치된다. 스왑계약의 만기 시에는 최초 시점에 두 통화간의 교환에 적용하였던 환율을 그대로 적용하여 다시 두 통화를 맞교환함으로써 통화스왑계약이 종료된다.

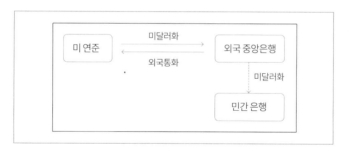

미 연준의 통화스왑 사례를 시기별로 소개하면 다음과 같다.

▶ 글로벌 금융위기 이전

1960년대에는 멕시코와 700백만달러 규모의 통화스왑을 체결하여 멕시코가 이를 수시로 인출한 바 있다. 1973년 브레튼우즈 체제 붕괴 무렵 미 연준은 벨기에, 프랑스, 서독, 네덜란드, 스위스 등 선진국들과도 통화스왑 계약을 체결하여 1998년까지 유지하였다. 1990년대 멕시코 외환위기시에도 미국은 멕시코에 대해 325백만달러의 추가적인 유동성을 제공하였다. 2001년 9.11 테러직후에는 유럽중앙은행과 500억달러, 영란은행과 300억달러 규모의 한시적 통화스왑을 체결하였고 캐나다와는 기존의 스왑규모를 30일 만기로 100억달러 증액하였다.

▶ 글로벌 금융위기시

글로벌 금융위기를 전후하여 통화스왑 계약이 대상국가나 규모 면에서 크게 확대되었다. 즉 미 연준은 2007년 12월 유럽중앙은행 및 스위스중앙은행과 달러공급을 위한 통화스왑계약을 발표한데 이어 리먼사의 파산 이후인 2008년 10월말에는 세계 금융시장의 붕괴를 방지하기 위해 유럽중앙은행, 영란은행, 일본은행 등 선진국은 물론 우리나라, 브라질, 멕시코, 싱가포르 등 신흥국을 포함한 전 세계 14개 중앙은행과 스왑계약을 체결하고 이를 2010년 2월 1일까지 한시적으로 유지하였다.

▶ 유럽재정위기시

2010년 5월에는 유럽재정위기가 발생하자 미 연준은 유럽중앙은행, 영란은행, 일본은행, 스위스 및 캐나다 중앙은행과 한시적으로 계약금액에 제한이 없는 통화스왑계약을 체결한 데 이어 2013년 10월에는 스왑계약기간 제한도 철폐하여 6개국간 통화스왑을 상시화하였다.(<그림 12-3> 참조)

▶ 코로나 위기시

2020년 3월에는 코로나19 바이러스의 세계적 확산에 따른 미달러화 자금시장의 경색을 완화하기 위해 우리나라를 포함한 9개국 중앙은행과 600억달러(또는 300억달러) 규모의 통화스왑을 최소 6개월 기간으로 체결하였다.

우리나라는 2008년 금융위기 당시 미국과 체결하였던 한 · 미 통화스왑이 우리나라 위기극복에 큰 효과를 발휘한 바 있다. 즉 글로벌 금융위기 여파로 급등하던 원/달러환율이 미 연준과의 통화스왑 발표 당일에는 큰 폭으로 하락하였다.[139] 이후 한국은행은 실제 미 연준으로부터의 통화스왑자금을 활용하여 163.5억달러를 시중에 공개경쟁입찰방식으로 공급하여 시장안정에 활용하면서 국내 외화유동성 사정이 호전되고 시장참가자의 불안심리도 빠르게 회복된 바 있다.[140]

그림 12-2   미 연준과의 통화스왑 발표시 환율 영향

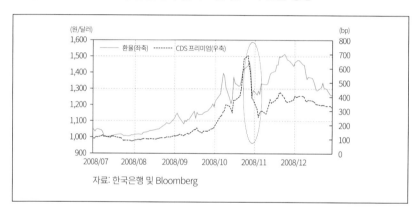

자료: 한국은행 및 Bloomberg

한편 우리나라는 2017년과 2018년 각각 캐나다 및 스위스 중앙은행과 양자간 통화스왑 계약을 체결하였다. 이는 미 연준이 6개 기축통화국과 상시 운영중인 통화스왑 네트워크에 우리나라가 부분적으로 연결된

---

139 원/달러환율(종가)이 2008.10.29일 1,427.0에서 발표일인 10.30일에는 1,250.0으로 급락하여 하루만에 원화가 14.2% 절상되었다.

140 당시 제1차 공개입찰이 있었던 2008.12.2일에는 평균 낙찰금리가 6.84%였으나 2009.1.20일 제5차 입찰에서는 낙찰금리가 1.19%로 크게 하락하였는데 이는 시중의 외화유동성 사정이 빠르게 호전되었음을 나타낸다.

것으로서 선진국간 통화스왑 네트워크의 효과를 간접적으로 누릴 수 있게 된 데 의미가 있다. 특히 캐나다 중앙은행과 우리나라가 맺은 통화스왑계약은 금액한도 및 만기가 없어 위기의 사전적 예방 및 대응 효과가 더욱 큰 것으로 평가된다.

그림 12-3 선진 6개국 통화스왑에 대한 한국 참여

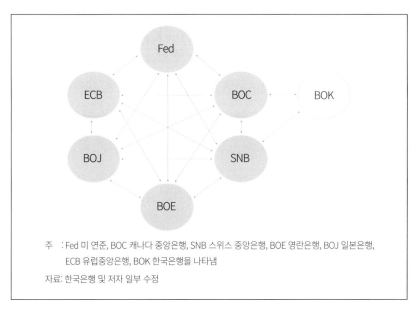

주 : Fed 미 연준, BOC 캐나다 중앙은행, SNB 스위스 중앙은행, BOE 영란은행, BOJ 일본은행, ECB 유럽중앙은행, BOK 한국은행을 나타냄
자료: 한국은행 및 저자 일부 수정

  범세계적인 코로나위기가 확산된 2020년의 경우에도 한국은행은 미 연준과의 통화스왑자금을 활용하여 시중에 198.7억달러의 미달러화를 공급한 바 있다. 이는 코로나위기의 확산으로 글로벌 주가가 폭락하면서 이를 기초자산으로 국내 증권사가 발행한 파생결합증권[ELS: Equity Linked Securities]에 대해 대규모 마진콜[margin call]이 발생함에 따라 국내 현물환 및 외환스왑시장에서 외환수요가 크게 증가한 데 상당 부분 기인한다.

참고 12-1   한국의 통화스왑 체결 현황[1]

		최초계약	현재	계약기간
양국간	일본[2] 원/엔	30억달러 (2005.5.27)	종료	2013.7.3 (기종료)
	미달러화	300억달러 (2011.12.15)	종료	2012.10.31 (기종료)
	미국	300억달러 (2008.11.19)	종료	2010.2.1 (기종료)
		600억달러 (2020.3.19)	진행중	2020.3.19~ 2021.3.31
	중국	1,800억위안 /38조원 (2009.4.20)	3,600억위안 /64조원 (560억달러)	2017.10.11 ~ 2020.10.10
	아랍 에미레이트	200억디르함 /5.8조원 (2013.10.13)	115억디르함/ 6.1조원 (54억달러)	2019.4.13 ~ 2022.4.12
	말레이시아	150억링깃 /5조원 (2013.10.20)	150억링깃 /5조원 (47억달러)	2020.2.3 ~ 2023.2.2
	호주	50억호주달러 /5조원 (2014.2.23)	120억호주달러 /9.6조원 (81억달러)	2020.2.6 ~ 2023.2.5
	인도네시아	115조루피아 /10.7조원 (2014.3.6)	115조루피아 /10.7조원 (100억달러)	2020.3.5 ~ 2023.3.4
	캐나다	금액한도 없음 (2017.11.16)	진행중	만기 없음
	스위스	100억스위스프랑 /11.2조원 (2018.2.20)	100억스위스프랑 /11.2조원 (106억달러)	2018.2.20 ~ 2021.3.1
다자간	CMIM	384억달러 (2010.10월)	진행중	–

주 : 1) 2020년 5월말 기준   2) 일본과의 통화스왑 계약은 현재 모두 종료된 상태임
자료: 한국은행

그 밖에 우리나라는 중국, 동남아시아, 호주 등과도 별도의 양국간 통화스왑계약을 체결하고 있다. 특히 중국과의 원/위안 통화스왑은 긴급유동성 지원 목적 이외에도 실물부문의 교류 촉진을 위한 용도로도 활용토록 하고 있다. 이러한 국가간 통화스왑은 제2선 위기방어막으로서 역할을 할 수 있어 위기예방과 환율안정에 도움을 준다. 우리나라가 체결하고 있는 국가간 통화스왑계약 현황은 <참고 12-1>과 같다.

위기예방 및 대응에는 다층적 방어막 구축이 중요

한 나라가 외환위기 발생이나 금융시장의 변동성 확대 가능성을 최소화하기 위해서는 일차적으로 양호한 경제기초여건을 유지하고 급격한 자본유출입에 대한 적절한 정책수단을 마련하는 동시에 비상시에 대비한 외환보유액을 충분히 확충하여야 한다. 이러한 개별 국가의 자체적인 노력에 더하여 국제공조에 바탕을 둔 글로벌 금융안전망 체계가 갖춰질 경우 위기예방과 대응은 더욱 효과적이라 할 수 있다.

양호한 기초경제여건이라 함은 물가안정이나 대외균형, 그리고 재정건전성 등을 유지하는 가운데 건실하고 지속가능한 경제성장의 달성과 금융안정을 유지하는 경우라 할 수 있다. 이러한 기초경제여건의 유지는 외부충격 발생시 외국인투자자에 대해 그 나라에 경제에 대한 상대적인 신뢰를 유지하게 해 줌으로써 그 나라로부터 급격한 자본유출 가능성을 억제하고 위기발생 가능성을 줄일 수 있다. 국제자본은 그 속성상 투자수익률 대비 위험을 최소화하기 위해 글로벌 투자환경 변화나 외부충격시 기초경제여건이 취약한 국가로부터 우선적으로 자본유출을 진행하기 때문이다.

그러나 양호한 기초경제여건의 유지만으로 위기가능성을 완전히 차단하기는 어렵다. 최근 국제자본의 흐름은 기초경제여건이 양호한 국가라 할지라도 과도한 자본유입에 따른 경기순응성의 확대와 급격한 자본유출에 의한 금융시장 변동성 확대가 반복적으로 일어나고 있기 때문이다. 따라서 국제자본이동의 부작용을 선제적으로 차단하고 금융안정을 유지하기 위해서는 신흥국의 적절한 자본유출입관리정책이 요구된다. 최근 중요성이 부각되고 있는 외환부문의 거시건전성정책은 외부충격에 대한 복원력을 높이고 취약성은 낮추어 줌으로써 위기발생 가능성을 줄이고 금융안정에 기여한다.

양호한 기초경제여건과 적절한 자본유출입관리정책 하에서 한 나라가 외환보유액을 충분히 보유하고 있는 경우 위기가능성은 더욱 낮아진다. 외환보유액은 위기시 국가 채무불이행 위험에 대비할 수 있는 유동성 역할을 하며 이 경우 중앙은행은 외화유동성에 대한 최종대부자[lender of last resort]의 기능을 수행한다. 그러나 비국제화된 통화를 보유한 대부분의 신흥국에서 외환보유액의 보유에 따르는 비용이 적지 않을 뿐만 아니라 외환보유액의 소진이나 고갈시에는 추가적으로 시장의 불안감이 증폭되는 한계가 있다.

따라서 외환위기의 예방과 대응을 위해서는 양호한 기초경제여건, 적절한 자본유출입관리 및 외환보유액의 확충 등 개별 국가의 다각적인 노력과 함께 국제적 공조를 통한 글로벌 금융안전망을 확충함으로써 다층적인[multi-layered] 방어막을 구축하는 것이 중요하다. 다층적 방어막은 상호보완적인 기능을 통해 한 나라의 위기대응 능력에 대한 신뢰를 높이고 외부충격에 대한 시장의 불안감을 억제함으로써 사전적인 위기예방 역할을 한다. 이런 점에서 글로벌 금융안전망을 위기에 대한 제2선 방어막[second line of defence]으로 표현하기도 한다. 위기의 예방 및 대응을 위한 다층적인 대응체계를 요약해 보면 <그림 12-4>와 같다.

그림 12-4 　　　　　 다층적 위기방어막 체계

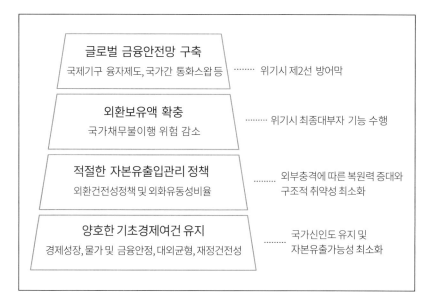

국가간 환율갈등은 신흥국환율 상승을 초래

　　미국은 주요국과 통화스왑을 체결하여 글로벌 금융안전망의 중요한
일환을 담당해 오고 있으나 이와 반대로 주요 교역상대국과 환율문제와
관련한 분쟁을 야기하기도 한다. 이는 미국이 자국의 무역수지 불균형 원
인이 교역상대국 환율의 저평가에 크게 기인하고 있다는 견해를 가지고
있는데 따른 것으로 미국과 주요국간의 환율 분쟁은 글로벌 경제의 불확
실성을 크게 하여 신흥국 환율의 상승요인으로 작용한다. 또한 미국의 환
율압력은 상대국의 환율정책 운영에 제약요인으로 작용하기도 하며 실제
시장참가자들이 환율압력의 강도나 이에 대한 해당국의 대응수위 등에
따라 환율전망에 영향을 미치기도 한다.

그 예로 미국은 과거 1980년대말 우리나라와 중국 및 대만을 환율조작국으로 지정하여 관세 등을 활용한 통상압력을 강화한 바 있다. 최근에도 미 재무부는 반기별로 주요국의 환율정책을 평가하는 보고서를 발표하면서 주요국에 대해 환율압력을 가하고 있다. 2019년 들어서는 미국과 중국이 서로 관세율을 대폭 인상하는 등 무역분쟁이 격화되면서 미국이 같은 해 8월 중국을 환율조작국으로 지정한 바 있다.

미·중간 무역갈등은 아래 <그림 12-5>에서 보는 바와 같이 위안화 환율은 물론 신흥국 통화에 영향을 미치는 요인으로 작용하였다. 즉 미·중간의 무역분쟁이 격화되는 뉴스가 나올 경우 신흥국 통화의 약세가, 반대로 분쟁해결과 관련한 보도가 나오는 경우 신흥국 통화의 강세가 뚜렷이 나타났다. 이는 두 나라의 환율분쟁이 글로벌 무역이나 실물경제의 위축을 가져올 뿐만 아니라 중국이 위안화 약세를 대응전략으로 사용하면서 중국과 수출경쟁관계에 있는 여타 신흥국의 수출가격경쟁력이 약화될 우려가 커지기 때문이다.

그림 12-5　　　미·중 무역분쟁과 위안화 및 신흥국통화 환율

주 : 신흥국통화지수는 MSCI 기준으로 수치의 상승(하락)은 신흥국 통화의 강세(약세)를 나타냄
자료: 한국은행 및 Bloomberg

우리나라 원화의 경우에도 신흥국 통화의 움직임과 유사하게 미ㆍ중 무역분쟁의 격화시 원/달러환율의 상승요인으로 작용하는 것으로 나타났다. 이는 미ㆍ중간의 무역분쟁이 글로벌 경기에 부정적 요인으로 작용함으로써 무역의존도가 큰 우리나라 경제의 수출 및 경제성장에 악영향을 줄 것이라는 우려가 크기 때문이다. 특히 우리나라의 경우 전체 수출에서 대중 수출이 차지하는 비중이 약 25% 내외에 달함으로써 미ㆍ중간 무역분쟁이 원화환율에 미치는 영향이 상대적으로 큰 편이라 할 수 있다.

사례 12-2   미국의 환율조작국 지정 요건 및 사례

▶ 통상압력 및 환율조작국 지정(1988~1992)

미국은 과거 만성적인 무역수지 적자를 시정하기 위한 조치의 일환으로 1988년 「종합무역법(Omnibus Trade and Competitiveness Act of 1988)」을 제정하고 주요 교역상대국의 불공정 행위를 조사하였으며 특히 '세계경제 및 환율정책 보고서'를 매년 2회 작성해 발표하기 시작하였다. 특히 「종합무역법(1988)」에 의거 통상관련 슈퍼 301조 권한을 마련하여 대미 무역흑자국에 통상압력을 가하였다.[141] 즉 미 무역대표부USTR는 301조를 위반한 국가에 대해 크게 4가지 방향으로 보복조치를 시행하였다. 이에는 ① 무역협정 내 미국의 관세 및 비관세 양허 등을 유예, ② 해당국의 위반 품목에 대한 관세 인상 및 수입 제한, ③ 일반특혜관세General System of Preference 등 특혜 유예, ④ 법적 효력이 있는 합의 체결 등을 포함한다. 또한 중국, 한국 등 아시아 국가들을 환율조작국으로 몇 차례 지정한 바 있다.

---

141 슈퍼 301조란 미국의 교역상대국의 불공정한 무역행위 중 우선협상 대상을 지정하여 협상을 진행하고 장벽이 해소되지 않을 경우 일방적인 보복조치를 취할 수 있도록 하는 강력한 대응책이라 할 수 있다. 슈퍼 301조 권한은 1990년에 만료되었지만, 빌 클린턴 대통령이 총 3차례(1994~1995, 1996~1997, 1999~2001) 권한을 부활시킨 사례가 있다.

환율조작국 지정 사례

시기	국가	시기	국가
1988년 10월	대만, 한국	1992년 12월	중국, 대만
1989년 4월	대만, 한국	1993년 5월	중국
1989년 10월	한국	1993년 11월	중국
1992년 5월	중국, 대만	1994년 7월	중국

▶ 환율보고서 및 환율조작국 요건 강화(2015~)

미국은 2015년에도 「교역촉진법(Trade Facilitation and Trade Enforcement Act of 2015)」을 통해 주요 대미 무역수지 흑자국에 대한 환율압박을 강화한 바 있다. 「교역촉진법」 제7장에서 미국의 주요 무역 상대국에 대해 환율보고서 작성, 심층분석 실시, 양자협의 강화 및 시정조치 등을 규정함으로써 「종합무역법(1988)」을 보다 구체화하였다. 미 재무부는 ① 대미 무역흑자 ② 경상수지 흑자 ③ 외환시장개입 등 3가지 요건을 충족하는 국가를 환율조작국으로 분류하고, 3가지 요건 중 2개의 항목에서 기준치를 초과한 경우 관찰대상국으로 지정함을 명시적으로 밝히고 있다.

미국의 환율조작국 지정 기준

요 건	세부기준
1) 상당한(significant) 대미무역흑자	200억달러 초과
2) 현저한(material) 경상흑자	GDP대비 2% 초과
3) 지속적인 일방향 시장개입	연간 GDP대비 외환순매입액 2% 및 6개월 이상 순매입 지속

주: 2019년 상반기 환율보고서에서 경상흑자 및 시장개입 부분의 기준이 위의 내용으로 변경됨

요 약

글로벌 금융위기 이후 외환위기의 예방과 대응을 위한 글로벌 금융안전망의 중요성이 부각되었다. IMF 등 국제기구의 긴급융자제도는 사전적 위기예방 기능이 강화되었으며 미국을 중심으로 한 국가간 통화스왑이 실질적인 글로벌 유동성공급 수단으로 활용되고 있다. 위기 대응을 위해서는 양호한 기초경제여건의 유지, 적절한 자본유출입관리정책, 충분한 외환보유액 확충 등 개별국가의 노력과 함께 글로벌 금융안전망을 제2선 방어막으로 하는 다층적 방어막을 구축할 필요성이 커지고 있다. 국제공조를 바탕으로 한 글로벌 금융안전망과 반대로 미 · 중간 무역갈등은 신흥국 환율의 상승요인으로 작용하고 있다.

참고문헌

Corsetti, Giancarlo, Bernardo Guiraes and Nouriel Roubini, 2006, "International Lending of Last Resort and Moral Hazard: A Model of IMF's catalytic Finance", *Journal of Monetary Economics*.

Denbee, Edd, Carsten Jung and Francesco Paterno, 2016, "Stitching together the Global Financial Safety Net", *Bank of England Financial Stability Report* No. 36.

ECB, 2016, "The layers of the global financial safety net: taking stock", *ECB Economic Bulletin*, Issue 5.

Eichengreen, Barry, Kenneth Kletzer and Ashoka Moddy, 2006, "The IMF in a World of Private Capital Market", *Journal of Banking and Finance* 30.

Fisher, Stanley, 1999, "On the Need for an International Lender of Last Resort", *Journal of Economic Perspectives* 13.

G20, 2011, "G20 Principles for Cooperation between the IMF and Regional Financing Arrangements", G20 Finance Minister and Central Bank Governors.

Goldberg, Linda S., Craig Kennedy and Jason Miu, 2011, "Central Bank Dollar Swap Lines and Overseas Dollar Funding Costs", *Economic Policy Review* 17(1).

Henning, Randall C., 2016, "Global and Regional Financial Governance: Designing Co-operation" *Discussion Paper Series on Global and Regional Governance*.

IMF, 2014, "The Review of Flexible Credit Line, The Precautionary and Liquidity Line and the Rapid Financing Instrument", *IMF Policy Paper*.

——, 2016, "Adequacy of the Global Financial Safety Net", Washington D.C.

——, 2016, "IMF Reforms Policy for Exceptional Access Lending", *IMF Survey*, Washington D.C.

——, 2018, "Precautionalry and Liquidity Line–Operation Guidance Note", *IMF Staff* Report.

Jeanne, Oliver, Jonathan Ostry, and Jeromin Zettlemeyer, 2008, "A Theory of International Crisis Lending and IMF Conditionality", *IMF Working Paper* 08/236.

Mauro, B.W., and Zettelmeyer, J., 2017, "The New Global Financial Safety Net", *Essays on International Finance*, Volume 4, Center for International Governance Innovation.

Obstfeld, Maurice, 2009, "Lender of Lasr Resort in a Globalized World", *Institute for Monetary and Economic Studies Discussion Paper* No. 2009-E-18, Bank of Japan.

Obstfeld, M., Shambaugh, J., Taylor, A., 2009, "Financial Instability, Reserves, and Central Bank Swap Lines in the Panic of 2008", *NBER Working Paper*, No. 14826.

Papadia, Francesco, 2013, "Central Bank Cooperation during the Great Recession" Bruegel Policy Contribution.

Schdler, Susan, 2016, "Living with Rules: The IMF's Exceptional Access Framework and the 2010 Stand-by Arrangement with Greece" *IEO Background Paper* BP/16-02/08, Washington D.C.

Truman, Edwin M., 2010, "The IMF as an International Lender of Last Resort", Peterson Institute of International Economics.

———, 2013, "Enhancing the Global Financial Safety Net through Central Bank Cooperation", Voxeu.org.

<찾아보기>

| ㄱ |